걷는 사람 **차재문**의

백화만발

걷는 사람 **차재문**의

백百화話만滿발發

차재문 지음

불휘
미디어

나를 놓아주는 텍스트

오랫동안 길을 걷는 사람은 특권을 만들지 않는다. 나와 오랫동안 동행했던 '길섶'은 잡다한 생각을 만들지 않았다. 길섶은 나에게 앞을 보고 걷지 말고, 옆도 곁눈질하면서 걸으라고 한다. 나는 이를 무게로 재단할 수 없는 가벼운 '보편성'을 지향한다고 믿는다. '믿음'이 강하면 진리가 된다. 두 발이 균형을 잡고 두 눈은 수평을 이룬다. 낯설고 불편한 시선이 말간 눈빛이 된다. 비로소 인지된 '길섶'이 남긴 자리에 '풀 섶'이 나타나고 가슴팍이 열린다. 풀꽃이 수줍게 웃고 나는 그윽하게 바라본다. 그는 가뭄 살에 맞서고 천둥번개에 엎드릴 줄 아는 서사가 아름다운 낮은 혁명가인가. 그렇게 묻고 맞장구를 치고 응원하면서 길섶과 나란히 하고 싶었다.

첫 번째 지리산 둘레길을 완보하고 용감해졌다. 두 번째 완보할 때는 지리산자락의 속살이 보이면서 부끄러움이 따라왔다. 세 번째 완보하고는 이 순간을 사랑한다는 의미를 새겼다. 지금은 여수를 관통하는 남파랑길을 걷는데, 영원토록 이 순간이 되겠다고 다짐을 하면서 걷는다. 그 이상한 울렁거림이 풀 냄새로 다가오고 흙냄새로 남는다. 격한 시간이 정지되고 찰나가 찰나를 탄생시킨다. 나에게 좀처럼 주어지지 않는 허송세월도 만끽하는 여유도 생기고 그렇게 나를 놓아주고 싶다.

내가 길을 걷는 목적은 단순하다. 그리고 평범이란 도대체 무엇인가. 저 앞 산길 들길을 걷고 징검다리를 건너는 것이다. 우주는 공기 한 줌이지만 세속의 무게는 천근만근이다. 나도 당신도 살아 있는 것이 아니라, 살아내고 있다. 풀과 나무의 무게는 가늠할 수 없는 생존 투쟁기의 고수다. 그대는 나와 함께 있다. 숲을 이룬 나무나 군락을 이룬 풀이 빛나는 것은 개별성 존재로 살아가기 때문이다. 인간은 인간에게 신세를 진다고 말할 때 나무와 풀은 자연에 빚진다고 생각하는지 차고 넘치는 게 없다. 나도 길을 오랫동안 걷다 보니 가시 돋는 말이 줄어들고 어느 순간부터 고개를 아래로 숙이고 걷고 있었다.

글을 끄적인다고 불면의 밤을 보낸 적이 부지기수이지만 그 벽 앞에서 다시 부지기수로 절망했다. 어느 날 문득 발걸음이 거칠어지니 생각도 거칠어지고 있었다. 곱고 반듯한 글이 더 어렵고 내 글에 대한 믿음은 시간이 갈수록 흐릿해지기를 반복했다. 그럴 때마다 맹렬하게 나를 몰아세웠다. 한 편의 수필이 만들어지기까지 고역 아닐 때가 없었다. 수필 작품의 질이 함양 미달이라고 꾸짖는 환청에 시달리고 간간이 듣는 '작가'라는 호칭조차도 어색하고 불편했다. 내가 의지하는 대상이 읽고 쓰는 일이라서 그나마 다행이지만 글 농사는 '헛수고가 아닐까.'라는 자괴감이 몰려올 때마다 나는 내가 걸었던 길을 떠올렸다.

나의 글이 많은 독자에게 닿기를 원하지만 그건 내 생각일 뿐이다. 본원적 충동이 신명을 낳는다고 하는데, 글쓰기는 여전히 추상적 '세계'라는 넓은 카테고리에 갇혀 있다. 이제는 내 개인에 집중하는 삶과 글이 선명해지면 좋겠다. 문학 안팎으로 나를 놓아주는 텍스트로 단단한 글 집을 짓고 흔들어 깨우고 '수필이 나를 방사했다'라는 원초적 감각을 살리고 싶다. 그런 생각의 고수가 되기 위해 길 위에서 놀아야겠다.

—— 차재문

차례

나는 별을 물고
태어났다
Part 4

24년 봄, 아라가야
역사교실 일본 기행
Part 5

25년 봄, 아라가야
역사교실 일본 기행
Part 6

꽃 의 존 재 론
Part 7

당 신 의 얼 굴
Part 8

Part 1

남파랑길, 슬픔을 맡기는 곳

슬픔을 맡기는 곳

봄은 서두르는 계절이다. 꽃이 앞다투어 피는 이유를 제대로 알지는 못하지만 희미하게나마 느낌으로 닿는다. 그 꽃들은 하룻밤 자고 나니 거침없이 피었다. 나는 꽃불 속에 뛰어든 철없는 아이처럼 그 이유를 알기 위해 눈동자를 굴러댄다.

상념에 젖는 꽃은 거룩하다. 지난밤에 꽃 문을 열기 위해 견뎌낸 고통과 아침나절의 말쑥한 환희도 잠시 멈춘다. 봄꽃이 저절로 내게 왔다고 마중 나간 나만 우스꽝스러운 꼴이다. 꽃도 인생의 희로애락처럼 가지에 매달려 있을 때가 아름답다. 비바람을 맞아 한꺼번에 떨어지는 꽃처럼 인생의 삶도 길게 보면 뒤돌아보는 숙명이 묶인 슬픈 족속이다. 피고 지고 뻗고 꺾이는 것은 순간이고 찰나다. 봄꽃을 향해 연민을 보내다 보니 누군가가 나에게 향한 연민의 감정을 느끼겠지. 연민은 당신에게도 있는데, 꽃이나 사람이나 연민의 대상이 된다는 것은 참으로 간절한 염원이 드러낸 통증이다.

이른 봄에 삼천포 남일대 해수욕장으로 갔다. 그곳은 봄의 전령들로 가득하다. 봄 햇빛을 받은 파도는 하얗게 빛난다. 시큼한 바다 내음은 모래톱에 바짝 다가와 서성이다 푸른빛의 바다로 되돌아간다. 코끼리 형상을 한 기암절벽은 파도를 철썩철썩 맞으면서도 인고의 세월을 보듬는다. 방파제 끝에는 밤 노동을 끝마친 흰 등대가 아침잠이 들었다. 햇빛에 반사된 수직의 둥근 몸체가 눈이 부시 온다. 잘게 부서진 파도가 등대 하단을 때리자 등대지기를 자처한 갈매기가 제 몸을 파도에 맡긴다. 사나운 밤을 건너온 바다는 평온하다. 괭이갈매기는 얇은 파도에 얹혀 시소게임을 하다가 끼룩끼룩 목청을 높이면서 뱅뱅 날아오르고 있다.

　모래톱으로 시선을 돌렸다. 모래톱이 새들을 불러 모은다. 새 발자국은 들 물이 들기 전까지는 하루살이 화석이다. 하늘을 나는 것은 나의 꿈이고 상위 포식자를 피해 모래톱을 천천히 걸어보는 것은 바닷새의 꿈이다. 새에게 모래밭은 몸을 말리려고 가볍게 찾아온 곳이 아니다. 그가 걸었던 모래톱에서 나는 문진 온 의사처럼 발자국에다 청진기를 들이댔다. 발자국은 곧 밀려올 파도에 사라질 것처럼 행색이 불안하다. 어스름이 들면 걸었던 흔적도 파도에 씻겨가리라. 하루는 하루를 먹어 치우고 밤은 어둠을 받아들이고 잉태하는 진리 앞에서 나는 쫄쫄거리며 입맛을 다신다.

　아침 10시경의 백사장이 적막하다. 여름 한 철 장사가 막 끝난 곳처럼 공허하다. 해수욕장으로 이어진 동선을 터벅터벅 걷다가 더 가까이서 바다가 보고 싶었다. 바다 한주먹을 손에 쥘 정도에 다가가니 아버지의 목에 아이가 목말을 타고 있었다. 아니 감겨 있었다. 뭔가 울컥하면서 찡하게 다가왔다. 얼마 있으면 출산을 기다리는 딸

지현이가 오버랩으로 돌아왔다. 거제 몽돌해수욕장과 남해 상주 해수욕장에서 놀았던 빛나는 추억을 소환했다. 그때 나는 젊었고 딸아이는 광채 나는 네다섯 살 아이였다. 나는 간간이 바다를 주시했고 지현이는 몽돌과 모래밭을 뛰어다녔다.

아버지가 두 팔을 벌려 아이를 번쩍 안았다가 내려놓는다. 그다음에 납작한 돌멩이를 주워 바다를 향해 오른손을 높이 들었다. 조건반사적으로 아이도 돌멩이를 들고 파도를 노려보고 있다. 착한 구름이 응원가를 준비하고 있는 사이 아버지의 물수제비가 낮게 날아올랐다. 팽팽한 긴장을 뚫고 모래톱 위로 거침없이 날다가 물 위로 떼구루루 구른다. 그때까지 아이는 조막만 한 돌멩이를 움켜쥔 손을 쉽게 펴지 못한다.

아버지가 던지는 무언의 말들이 공기 질을 뚫고 허공을 가른다. 아이야, 너는 잔잔한 바다를 닮아야지. 파도는 더 분주하게 모래톱을 들락거려야지. 모래톱은 누군가가 딛고 간 그 자리에 더 많은 생채기를 내야지. 눅진한 바람은 바닷물의 짠 내음을 밀어내야지. 바다는 이렇게 우리에게 너는 누구냐고 묻지 않으니 이름을 지워도 되겠지.

나의 사랑하는 아이야. 어른이 되면 착해질 수 없단다. 신발을 들고 맨발로 백사장을 걷는 낭만은 나이 들었다는 사실로 무너지고 삶의 군더더기는 헛기침 몇 개로 때울 수 없단다. 파도가 뒤 파도에 떠밀려 모래톱에 닿을 때 모래는 파도를 바다로 밀어내면서 새벽을 기다린단다. 바다는 자신을 폭풍과 산들바람에 맡기고 나서야 비로소 낮과 밤의 파수꾼을 자청한단다. 인생이란 그냥 걸으면 밋밋한 길이지만 선물을 들고 걷는 길은 구김이 없단다. 최고의 선물은 바다를 오랫동안 바라보는 것. 아이야, 너를 그렇게 바라보는 바다를 바라보거라. 천천히.

아이야, 홀로 바다에 들린 어떤 사람은 파도 소리보다 더 크게 펑펑 울어버렸는지 모른다. 아니면 울음을 삼킨 사람도 더러 있을 거야. 누가 아나. 설한풍에 윙윙 우는 나무처럼 피 울음은 자신의 온 존재를 삼킨 아픔이지. 인생이란 모래톱에 밀려온 파도가 되돌아가지 못하고 질척한 모래에 스며들 때처럼 상심도 시도 때도 없이 몰려와 똬리를 튼단다. 이불을 덮어쓰고 울어본 사람은 어두운 바다가 출렁인 파도가 얼마나 무섭고 홀로 남겨진 자화상이 또 얼마나 먹먹하다는 것을 알아차린단다. 그렇게 실컷 울고 나면 마음이 평온해지는 게 신기하지. 체념은 받아들인다는 것. 파도는 그가 감내하는 고통의 바다를 원망하지 않는 목석이란다. 어둠을 가르면서 회항하는 만선의 고깃배는 등대의 가느다란 불빛이 얼마나 소중한 동아줄인지를, 아이야 너의 동아줄은 바다고 나의 동아줄은 올망졸망한 너라고 말해도 되겠니!

해무 속에서 해무의 일부로. 빗속에서 떠나지 못한 빗방울로. 파도를 넘지 못하고 물거품이 된 마음을. 갈매기를 올려다보는 너의 천진함을. 꿈은 이제부터 너의 몫이다. 벼랑으로 굴러떨어지는 돌멩이보다 낙하 직전의 물수제비가 취한 자세를 맘껏 사랑해야지.

빗방울 몇 개가 우두둑우두둑 떨어진다. 비는 빌지 않아도 오는 존재다. 비 오는 날, 사람들은 왜 창밖을 우두커니 바라보며 상념에 잠기는지 아이야 너는 모르지. 그리움이 한없이 커지기 때문이란다. 바다는 안심하고 슬픔을 맡기는 곳이기 때문이란다.

아이야, 네가 어른이 되었을 때 아버지는 네 마음속 둥지에 무엇이 남을까. 아마도 그리움이겠지. 너는 그 빈자리를 채울 바다를 믿고 아늑한 시선으로 바라볼 게지. 두 팔을 벌리고 너의 감정까지도 받아들이는 바다! 감성 끝에 매달린 시인의 바다처럼 슬픔을 맡기는 바다를.

동백꽃

삼천포는 남해안의 작은 도시다. 사천군과 통합해 사천시가 되었다. 해협 따라 포구가 수없이 널려 있다고 삼천포(三千浦)라는 지명을 얻었다고 한다. 혹자들이 말하는 "길을 잘못 들어 삼천포로 빠졌다."라는 어투는 살가운 표현이 아니다. 이런 말투는 해당 지역에 대한 상투적인 비속어로 남는다.

속담이나 말은 동시대 애환을 담는다. 포구의 비릿한 생선 냄새에 길손은 고개를 들어 그들이 살아가는 삶의 정경을 지켜본다. 새벽 수산시장에서 오가는 거친 말도 그곳 사람들이 건강하다는 증표다. 바닷가 삶은 억세고 순박하다. 수면 위로 솟구치기까지 가난을 견뎌 온 사람들이다. 막막한 시간을 견디는 것. 어쩌면 그것이 우리 삶의 지난한 행로 아닌가.

남일대 해수욕장을 지난 남파랑길은 '진널 전망대'로 이어진다. 이곳은 낙조에 물드는 바다 경치로 유명한 숨겨진 명소로 대접받는 곳이다. 태양이라는 절대자와 맞서 싸운 파도가 남긴 거대한 자국이 낙조다. 그러니 낙조는 태양의 패배자도 아니고 어둠을 걸어 나온

바다의 승자도 아니다. 서쪽으로 향하는 태양이 짊어진 고행일 뿐이
다. 저녁노을이 장엄할 때면 바다는 밤새움을 포효할 만반의 준비를
한다. 인간의 삶도 그렇다. 빛나는 젊음도 인생 고비 몇 개 넘다 보면
서산에 지는 석양을 앞에 놓고 생의 마지막 불꽃을 지피고 거둔다.

해안 산책로를 천천히 걸었다. 오르막 시멘트 난간에 손을 얹어 바
다를 덮은 해무를 바라보았다. 괴어 있는 해무들이 물속에서도 진을
치고 있는지 푸른 파스텔 물색이 자취를 감추었다. 바다가 깨어나기
전에 몰려온 해무는 태양이 솟아오르면 휘발된다. 여러 풍경이 스러
지고 나타나기를 되풀이하는, 알 수 없는 공간이 한없이 넓다. 딱 한
뼘 떨어진 바다에 뿌려진 해무도 아득하여 손에 잡히지 않는다.

전망대로 오르는 공원길에는 동백꽃이 소담하게 피었다. 초록이
진하게 물든 잎들은 매끈한 자태를 뽐내며 동백꽃을 감싸 안았다.
도톰한 노란 꽃술은 툭툭 터지려고 용을 쓰고 있다. 어디선가 날아
올 꿀벌을 기다리고 있다면 오늘이 그런 날이면 좋겠다. 그 사이에
꽃은 점점 더 붉어지고 사람 애간장을 태우고 있다.

낙화가 차가운 땅바닥에 깔린다. 송이째 떨어진 동백꽃을 바라보
면 마음의 평정을 유지하기 어렵다. 구성지게 울어대는 동박새를 멀
리하고 파도 너머 멀리서 가냘프게 들리는 갈매기의 울음소리도 지
운다. 마음 동요를 일으키고 싶다. 인간의 눈물방울은 심장 속으로
들어온 슬픔이라 시퍼렇게 흐른다.

널브러진 동백꽃을 바라보는 감정이 어지럽게 만발한다. 떨어지
지 못한 꽃이 메말라 가는 수분을 붙들고 있으니 아릿하다. 어떤 동
백꽃은 지금 당장 낙화할 것 같아 불안하다. 아니 살 떨린다. 떨어진

꽃에는 잔향이 남아 있고 사람의 발길에 밝히면서도 그곳을 떠나지 못하고 있다. 봄비 몇 번 얻어맞고도 송이째 뒹구는 동백꽃은 죽음이 더 고고한 것 같아 어떤 위로를 보내야 할지 모르겠다.

동백꽃은 겨울에 피는 꽃이라 수분 매개 역할을 하는 벌이나 나비가 잘 찾아오지 않는다. 수분을 마치고 나면 다음 꽃을 위해 순번이 먼저인 앞선 꽃이 먼저 떨어진다. 한꺼번에 피고 지는 벚꽃과는 정반대로 죽음의 순서를 스스로 결정하니 살신성인이 고와도 너무 곱다.

스스로 등을 떠밀어 떨어지는 동백꽃은 초월적 경지에 오른 꽃이다. 먼저 떨어진 레드카펫에 송이째 앉으니 슬프면서 매혹적이다. 자신의 피붙이인 꽃을 떨어뜨린 동백나무는 이 악물고 가부좌를 틀었다. 길을 걷는 구도자처럼 슬픔이 고인 엄동을 받아들인다. 설한풍과 맞서지 않는다. 성정이 한없이 착한 사람만이 길바닥에 송이 채로 누워있는 동백꽃 눈을 감길 수 있으리라. 인간의 마음으로 어떻게 연약한 꽃송이를 어루만진단 말인가. 울지 못하는 삶은 슬픔이 고프지 않아서 그렇다. 그러니 나는 더더욱 아니다. 전망대 주변의 안개는 여전히 자욱하다. 연안의 섬들이 인간의 눈(眼)이 닿지 않는 섬으로 남는다.

"붉은 꽃이라" 몇 번을 되뇌다 보니 제주의 동백이 떠올랐다. 핏빛 꽃들이 겹쳤다. 작가 현기영의 '순이 생각'이 따라왔다. 수년 전에 아들 상현이와 3일 동안 자전거를 타고 제주 여행을 했다. 조천읍 북촌리에 들려 시로 아픔을 애도했다.

＜너븐숭이＞**

제주시 조천읍 동쪽 끝에 자리 잡은/ 북촌리 해변마을/ 1949
년 엄동이었다./ 어린 생명이/ 촉촉하게 젖지 못한/ 엄마의
피 젖을 물고/ 세상 밖으로 몸을 내밀었다./ 한라산에서 불어
온 야만의 삭풍은/ 꽃망울 같은 아기가/ 꽃으로 피지 못하도
록/ 어둠 속을 휘저으며/ 꽃봉오리를 다 따버렸다./ 어린 꽃
망울에게 이별의 절차도 묻지 않았다./ 이별의 종지부를 강요
당한 어린 꽃망울도/ 눈이 부신 북촌리 마을 해변도/ 엄동이
다가오면/ 마음이 붓고 살이 탄다.

　내려오면서 만난 동백꽃이 발에 툭툭 차인다. 계절이 쓰고 버린 것
들이라 볼품없이 며칠 동안 굴러다니다 쪼그라질 것이다. 흙살이 붙
은 작은 꽃송이. 바다 내음에 취해 비틀거린 꽃송이. 이른 봄을 털어
낼 빗자루가 저벅저벅 걸어오고 있다.

　하산길에 선득해진 바람이 따라왔다. 봄이 왔으니 봄이 떨어뜨린
잔상을 치워야 한다고 사람들도 한마디씩 거든다. 이렇게 연약만 꽃
송이 언저리에도 아침 벌레들이 덤벼드니 사는 방법은 달라도 다들
최선을 다한다. 꽃송이로 쉽게 죽지도 못하고 살지도 못하는 동백
꽃. 뭉개지고 있는 한 생애 앞에서 고개를 떨군다.

** '너븐숭이'는 어린 아기의 돌무덤을 가리키는 제주 방언이다.

대방사 미륵세상

봄을 붙들고 있는 것은 기억이다. 그 기억은 허공의 공기처럼 떠돌아다니다가 불쑥 어깨를 툭 치면서 지나간 잔상을 들추어준다. 그러고 보니 해마다 봄을 맞이하지만 봄을 제대로 본 적이 없다. 오늘처럼 봄날을 예찬하면서 걸어도 달포만 넘기면 여름이다. 봄은 꽃피는 모양 따라 오락가락 출렁거린다. 얼음 같은 인생길을 걸은 사람은 그저 주어진 꽃길이 얼마나 아쉬운지 금세 알아차린다.

대방사 절집 가는 길에서 연두색 이파리들을 보았다. 봄볕을 받아 살랑이고 배냇짓 하는 아기처럼 배시시 웃다가 잠이 들기를 반복한다. 태어날 때 봄이었던 인간들은 '희망'이 전부인 줄 안다. 내 이웃의 어떤 사람은 실낱같은 내일을 동여맬 '희망' 노끈을 붙들고 사방을 두리번거리고 있다. 말 한마디와 진심인 담긴 글 한 줄이 절실하고 봄의 따스함을 당긴다. 어떻게든 봄은 이어지고 있다.

남파랑길 35구간에 있는 대방사는 각산(角山)에 터를 잡고 있다. 남해안의 크고 작은 수려한 섬들을 조망하며 오르막을 천천히 걸어와 경내 마당에 앉은 나무와 눈인사를 나눈다. 어제 뭘 했는지도 기억하지 못하는 나의 표정과 다르게 마치 그곳에서 오랫동안 기다렸다는 듯이 환한 표정을 짓는다. 그런 나무도 생명인지라 사나운 중생의 발걸음이나 좁쌀 같은 물욕이 생길 때는 찡그릴 때도 있겠지.

중생이 산문에 들어서면 약속이나 한 것처럼 여러 근심과 소원을 모아 부처의 덕호인 대웅전에 절을 올린다. 법당의 상단에 놓인 촛농은 착착 포개지면서 사르르 푸른 꽃을 피운다. 스님이 예불을 올리려고 바닥에 엎드린다. 중생인 길손도 대방사 법당에서 삼배를 올린다. 나를 위한 삼배가 아니라 부처가 거기 있으니까 바닥에 엎드린다. 뭔가 무겁다. 부처가 나를 지켜줄 것인가. 이 또한 부질없다. 나는 극락이나 열반을 믿지 않는다. 내 몸 한 줌 흙으로 돌아가는 진리의 본색인 순리만 믿는다. 그런데 왜 삼배를 올리는가. 마음 줄이 심란하고 흔들리기 때문이다. 그러면서 구원을 바라지 않는 형용모순에 빠진다.

이 세상 어디에도 마음 하나만을 법당에 올리는 예불이 가장 어렵다. 마음만 받아주는 부처가 없어 그런가 보다. 서울의 유명사찰과 시골 절집은 연등값도 다르다. 푸른 입줄이 선명한 수박 등값은 하품 값이다. 부처꽃인 연꽃 등은 부르는 게 값일 때도 있고 사람 봐가면서 제값을 두둑하게 받는 절집도 있다고 한다. 나는 대학 시절 부처님 오신 날이나 칠월칠석날에 축문을 적어주고 연등을 팔았던 아르바이트 경험을 잊지 않고 있다. 산길을 힘들게 올라온 촌로는 비싼 연꽃 등을 바라보면서 망설이는 경우를 볼 때는 마음이 아릿했다.

대방사 절집은 바다를 바라보고 있다. 거기 바다에 널린 섬들이 절집의 대웅전을 닮아 보인다. 섬 주변을 유영하는 물고기도 지치고 허기진 몸을 부처에게 기대고 싶은 건 어(漁)지상정 아니겠나. 어둠이 내리면 부처는 섬으로 몰려드는 물고기에게 독경을 들려주겠지. 사실 물속은 컴컴해. 감옥이야. 물고기의 넋두리는 진심이라고 나는 믿는다.

하얀 포말을 일으킨 파도는 또 어디로 밀려오겠나. 낮은 섬의 둔덕에 솟은 봉우리로 향하지 않겠니. 길손은 그것이 부처가 받아준 구원의 등대로 보일 때마다 바다의 신 포세이돈 앞에서 낮게 무릎을 꿇는 파도를 떠올린다. 섬들이 평온할 때도 등대는 분주하게 오간 물살을 가르면서 다가오는 물고기를 받아들인다. 서치라이트로 조도를 높일 때는 허기를 다 채우지 못한 물고기들이 등대 아래로 모여드는 광경을 상상해 본다.

대방사는 여러 불상을 경내에 모시고 있다. 대웅전에는 한글로 '큰법당' 현판을 걸어 놓았다. 유순한 법당이 한글 표기답게 소박하다. 크기가 동양 최대라는 웅장한 석조 미륵반가사유상 머리 위로는 해상케이블카가 "슝슝"거리며 날아다닌다. 부처의 안위가 위태롭다보니 대웅전은 아침 햇살을 받자마자 하루 동안의 근심을 잠재우기에 급급해 보인다.

미륵 세상은 억겁의 공간이다. 지상의 모든 길을 다 걸어도 서방정토에 닿지 않는다. 어디에 닿으면 또다시 이어지는 업보 같은 길 아닌가. 길목마다 이정표를 놓아도 돌아서면 지워지는 길 아닌가. 선문답 같은 불법도 뭔 말인지 알아들을 수 없는 얼음처럼 차갑지 않던

가. 미륵 세상에 닿는 길은 석양이 퍼지고 노을이 번지는 서쪽으로 가는 길이다. 각산 능선에서 바라본 실안 노을도 서방정토로 이어져 있으리라.

경내에 터를 잡은 풀밭은 적막이 덮었고 밟힌 풀들은 흙살을 밀어낸다. 풀잎도 흔들지 못하는 바람이 스칠 때는 선득하다. 여든 언저리쯤 돼 보이는 할머니가 바구니를 옆에 놓고 앉은 자세를 취하고 있다.

저기 덤불 앞에서 봄나물을 캐고 계시는 할머니가 미륵인지도 모른다. 저녁 성찬의 미륵 세상에 퍼지는 향기가 할머니 발아래에 있다. 땅에 엎드린 할머니의 저 낮은 자세가 "미륵반가사유상"처럼 보인다. 지금 이 세상에 없는 내세의 구원을 어디서 찾으려 하는가. 길손인 내가 묻고 답하면서 경내를 천천히 걷는다.

오늘 들린 대방사 절집에서 번뇌 하나 더 얻는다. 번뇌는 이웃에도 있다. 오늘 나는 당신의 이야기를 듣고 싶다. 부처의 말씀은 너무 진지하고 어렵다. 절집에서만큼은 두 손만 모으고 부처에 귀의 하고 싶다. 동물이나 나무나 곤충의 마지막 가는 길도 그러면 좋겠다. 선한 존재의 세존이 걸어간 그 길을 뒤따르는 중생이 되고 싶다.

대방사를 빠져나와 호젓한 숲길을 걷는다. 녹음이 짙어 오는 숲을 바라본다. 나무들이 제 몸을 출렁이며 억겁을 견디고 있다. 바람이 스칠 때마다 나무들은 사유하는 반가상처럼 가부좌로 튼다. 이곳이 '미륵세상' 아닌가.

각산산성

　　　　　　　　　삼천포대교 사거리에서 대방사 옆길로 나 있는 오르막은 가팔랐다. 힘들게 올라온 각산 능선이 우측 능선 너머 실안 산책로와 남파랑길 구간인 좌측 오르막 각산 전망대로 이어진다. 나무 벤치에 수북하게 앉은 솔가리를 손으로 치우고 앉았다. 생수로 목을 축이고 고요가 깃든 숲을 바라본다. 오랫동안 길을 걸으려면 웬만한 불편은 견뎌야 한다. 몸으로 걷고 생각으로 걷고 홀로 걸을 각오를 다져야 한다. 지금 숲은 전쟁통이다. 어두운 쪽으로 광선이 드나드는 곳마다 키재기를 하면서 몸을 비틀어 광합성을 하고 있다. 숲은 곤충이 진득한 페로몬을 발산하고 새들이 날아다니는 삶의 현장이고 노동이 일상이 만연한 곳이다. 꽤 넉넉하게 쉬다가 일어서니 엉덩이에 하얀 먼지가 더덕더덕 붙었다. 손으로 쓱쓱 털어내면서 오르막으로 나 있는 산길을 따라 걸음을 딛는다.

　숲을 파고든 아침 해가 각산산성 앞에서 멈춘다. 오래전에 산성 사람들은 제 갈 길로 떠났고 축대는 곳곳에 허물어진 채로 방치됐다가 최근에 복원되어 옛 모습의 원형이 되살아나 그나마 다행이라고 한다. 빛바랜 벽돌은 나무 사이로 굴러다니다 상처를 남기고 뒹굴고 스러지고 흙에 파묻혔다. 해풍을 견딘 나무만이 돌흙에 붙어 끈질기게 뿌리를 내렸다.

산성의 본질은 방어용이다. 문헌상에는 고려 때부터 왜구가 빈번하게 각산산성을 침략했다고 기록하고 있다. 성안의 마을이 불탈 때마다 백성은 도륙되었고 창고는 화마를 비켜나지 못했다. 용케도 살육의 현장에서 살아남은 아이는 슬피 울어댔고 산짐승은 산골짜기 어디로 피신했을 것이다. 환란을 피한 성 밖의 사람들은 성문을 열고 들어와 솥을 걸어 쌀 톨을 안쳐 아이에게 먼저 먹을 것을 입에 물려 달랬다. 이번에는 아이들이 어른들을 달래듯이 볼을 실룩거리며 바라보았다. 어른들은 마른 울음을 삼켰다. 전쟁터는 인간의 삶과 죽음을 눈앞에서 결정한다. 생존 값과 목숨의 대가는 별반 차이가 없다는 것을 역사는 증언하고 있다. 나무를 살리는 바위는 있어도 인간의 존엄을 지키는 전쟁은 없다.

왜구가 오랫동안 한반도 남단을 유린시킨 기억의 상처는 후대에도 멈추지 않는 현재 진행형이다. 일본은 헤이안 시대와 막부 정권을 거치면서 다이묘와 관계를 맺은 해적집단을 의도적으로 키웠다고 사서는 기록하고 있다. 전쟁 앞에 차지게 붙는 수식어는 고통이 수반된 야만이다. 우리가 자주 분노하고 예의주시하고 잊지 말자는 역사에 밑줄을 치는 것도 동시대의 고통을 나누기 위해서다. 민족의 자존을 지키지 못하면 얼마나 우리의 정신세계를 무너지게 하는 전쟁은 멈추지 않을 것이다.

산성 석벽 위를 걸었다. 나뭇잎과 새들과 바람이 서성인다. 가까이 보이는 초양도, 늑도, 창선도만 선명하게 다가온다. 서쪽으로는 신도, 마도, 저도가 희뿌연 모습을 드러내면서 가물거린다. 섬들은 미세먼지 경보에 자욱하다. 맑은 날에 들렸으면 파란 물이 들은 바다 정경을 보느라 널뛰는 감정의 진폭을 느꼈을 텐데, 아쉽다.

비릿한 바다 내음이 산성의 풍경을 잘라내고 있다. 사람의 발길이 멈춘 산성의 고적함도 자꾸만 낯설어진다. 산성은 폐사지처럼 세월의 공간이 이어주는 영감의 부재다. 사람이 살았던 곳. 짐승이 기웃거린 곳. 별들이 산성을 향해 빛을 내리는 곳. 산성 위쪽의 봉수대에 피어 올린 연기에 안절부절못하는 백성들의 애환이 서려 있는 이곳에선 길손의 발걸음이 무겁고 상념에 잠긴다.

산성의 목조누각에 올랐다. 옅은 바람이 서늘하게 옷깃을 스친다. 숲과 섬과 섬을 이어가면서 눈을 맞추다 보니 미세먼지인지 안개인지 구분이 되지 않는다. 한순간 섬광처럼 길이 환해졌다가 가뭇없이 사라진다. 처음 산성의 사람들은 섬인 남해도에서 거주하다가 왜구의 빈번한 침범을 견디지 못하고 각산 산성으로 옮겨왔다고 한다. 섬사람들은 육지는 불편하고 산성은 고립된 섬이다. 육지의 섬과 바다의 섬에는 평안하기를 염원하는 동병상련의 간절함이 묻어 있다.

각산의 정상에는 고려 원종 재위(1259~1274)때 설치한 봉수대가 남아 있다. 남해 바다를 굽이 볼 수 있는 전망대 역할을 하면서 왜구의 동태를 주시했던 곳이다. 1350년(공민왕 9년)에 왜구가 각산마을에 들이닥쳐 마을이 불탔다고 한다. 얼마 지나지 않아 이승을 떠난 식솔의 무덤에는 키 작은 풀들이 무성하게 자랐을 것이다. 살아남은 사람들은 낮에는 연기를 올리고 밤에는 횃불을 높이 들면서 시름을 토닥였을 것이다.

산성 아래의 대방사는 새벽 예불을 마칠 즈음 해가 떠오른다. 바다를 건너고 있는 중천의 해가 서산으로 기울면 바다는 약속이나 한 것처럼 노을을 받아들인다. 오늘은 각산산성 담장 너머 누군가에게 나 여기 있다고 목청을 높이고 싶다. 아니 나지막하게 나 여기서 사라지겠다고 담장 안의 백성 누군가에게 속삭이고 싶다.

산성 후문을 향해 쉬엄쉬엄 걷는다. 석축 위에는 솔가리가 수북하게 쌓였다. 불탄 석축을 위로하면서 걷는 상념을 채운다. 지금 성문을 지키는 방패는 병사가 아니라 세월이다. 어슴푸레할 무렵에 떠오르는 달빛이 에나 지금이나 백성의 머리 위를 비추니 각산산성에서만큼은 소소한 걸음으로 디디야 한다.

'창선삼천포대교'에 서다

　　　　　　　　　　　　　늦은 봄비가 오월의
끝자락을 시샘하듯 퍼붓고 있다. 해무가 몰려온 아침 바다는 지척의
물씬하고 비릿한 내음이 분간을 거둔 풍경이 되었다. 가까이 있는
섬들도 가물거린다. 지난밤에 출어를 나간 배들이 육지로 돌아오는
뱃고동 소리가 귓전에 울리니 바다는 서서히 환해지면서 생기가 돈
다. 해무가 걷힌 뱃길 바깥은 아직도 신비감이 덮인 안개 자욱한 바
다로 남았다.

　바다에 진을 친 해무의 몽환적 분위기에 편승한 질문을 던져 본다.
"이 바다를 어찌할 것인가." 감정선이 넘나들다 보니 해무가 덮인 눈
앞의 '창선삼천포대교'는 바다의 길을 밀어내고 하늘의 섬이 되었
다. 인간이 건설한 연륙교도 발을 딛지 않으면 바다의 섬으로 남는
다. 삼천포에서 남해 창선도로 가는 길은 섬과 섬으로 이어지는 연
도교를 건너야 한다. 창선도 가는 길이 조금씩 열리고 환상이 걸친
해무는 오래 머물지 않을 기세다. 보이는 것과 안 보이는 자욱한 풍
경이 절묘하게 겹친다.

남파랑길 36구간은 대방교차로에서 창선삼천포대교를 거쳐 창선
파출소까지 17.5km를 걷는 길이다. 삼천포대교로 나 있는 오르막
길을 걸었다. 세찬 비바람에 우산살과 지붕을 감싼 천이 요동쳤다.
우산대를 쥔 손목은 빗물에 미끄러지기를 반복했다. 그런데도 짜릿
한 희열이 몰려왔다. 비 오는 날의 분위기에 편승해 우산을 던져버
리고 온몸으로 걷고 싶다. 그보다 더한 상의 정도는 벗어 던지고 무
작정 창선대교를 내 달리고 싶다. 부끄러움을 걷어낸다는 것은 내
안의 나를 응원한다고 하지 않는가. '창선삼천표대교 개통 마라톤대
회'에 참가한 기억이 스쳤다. 그날도 봄비가 추적거렸고 참가한 마
라토너들은 새천년이 왔다고 환호했다. 잠시나마 'IMF'의 고통도 잊
었다.

　비 오는 날 바다 풍경에 젖다 보니 내면에서 분출하는 삶의 용기
도 꿈틀거린다. 타인에게 무작정 내세운 체면과 구겨진 체면, 속마
음을 감춘 체면과 맹렬한 싸움을 걸고 싶다. 경쟁 사회는 아파트와
자동차와 명함의 위력이 대단하다. 자연에 익숙해지고 사물의 힘을
빌리면 욕망의 산실은 조금씩 묽어진다. 무엇이 필요한가의 반작용
인 '필요할까'의 헐거움도 진중해진다. 조금은 불편하고 서툴고 낯
설어도 삶의 행간에는 온갖 감정이 만발하다 수습되기를 거치면서
'있는 그대로'를 인정하고 만족하면서 살아가고 싶다. 그런 내면은
삶이 어느 정도 숙성되었다는 신호이다. 고립도 내가 선택하고 흔들
리면 그만이다. 생각들이 모였다 흩어지는 '남파랑길'도 내가 걷는
길이다.

　삼천포대교에 설치된 보행자 전용 가변을 따라 걸었다. 각산 정상

전망대에서 보았던 섬과 섬 사이를 잇는 다리는 공간성과 색채감이 웅장하다. 해상케이블카 선로 너머의 신도, 마도, 저도는 형체만 보이는 데도 몽환적 분위기를 연출한다. 창선 방면으로 향하는 자동차는 쏜살같이 질주하고 반대차선의 자동차는 굉음을 지르며 스쳤다. 빗물에 젖은 몸이 오싹해지면서 보폭을 줄이고 빠르게 움직였다. 해무가 덮은 바다는 신비감이 덮인 낭만을 연출한다. 실컷 걷는 것 같은데, 분위기에 편승해 제자리걸음처럼 비바람과 해무에 갇히고 말았다. 앞만 보고 걷고 바다 보고 걷고 나랑 놀면서 걷다 보니 나의 눈으로 너를 보고 나를 만난다.

장대비는 퍼붓다가 멈추기를 반복한다. 해무도 걷히다가 다시 제자리를 자욱하게 채우고 바람은 쉴 새 없이 다리난간을 넘나들고 들이받는다. 고기잡이배 몇 척이 바다를 가로지르며 유유히 다가오고 있다. 지난밤에 출어를 나간 어선들이 만선을 채우고 귀항의 꿈을 이루었는지 모른다. 상심의 그늘이 짙게 드리웠을 빈손으로의 귀항은 또 얼마나 많았을까. 아테네 사람들이 바다의 신 포세이돈에게 바치는 속세의 재물은 살아남지 못한 생명과 살아남은 자의 부와 명성이 교차하면서 희비가 엇갈렸다.

바다가 기억하고 있는 뱃사람의 상심은 바닷길 어딘가에 남아 있다. 그들은 바다처럼 제 모습을 쉽게 드러내지 않는다. 만선의 순간을 위해 동이 터는 새벽이나 해질 무렵에 출항하던지 귀항하면서 보낸다. 다리난간으로 다가오는 어선을 향해 손을 흔들었다. 뱃고동을 울리는 엔진소리는 잠잠한 바다의 물살을 가른다.

포구로 돌아오는 뱃사람은 고단하다. 뱃길을 따라온 괭이갈매기는 눈치도 없이 먹이를 달라면서 날개를 펼친다. 배 바닥에서 펄떡이는 고기는 가쁜 숨을 몰아쉬고 바다와 사투를 벌인 어망은 곳곳에 생채기를 낸다. 길손만 해무 속으로 들어가 바다를 베고 누울 자리를 찾아 두리번거린다. 바다는 소유자가 따로 없다. 그 세계는 바라보는 자가 주인이다. 다르게 경험하는 차이만 있을 뿐이다.

능도대교에서 바라본 능도항과 마을은 눈부시면서 한가롭다. 비탈진 계단에 터를 잡은 집들은 붉은색 지붕으로 덮었다. 마을 앞에 진을 친 능도 항은 방파제에 둘러싸여 거친 물살을 잠재우고 있다. 만(灣)으로 몰려든 고깃배들은 다시 출항을 기다리며 고적한 풍경에 힘을 보태고 있다.

섬에 터를 일군 마을은 속성이 거칠다. 순박한 섬의 향기가 온순하게 번진다는 표현이야말로 말의 남용이고 섬에 대한 예의가 아니다. 왕조시대에 섬으로 들어갔던 사람은 마음이 파랗게 물든 적이 얼마나 있었을까. 육지 사람들은 어디 사는 사람이라고 소개할 뿐, 스스로 '육지 사람들'이라고 표현하지 않는다. 미국은 '백인'을 미국 사람이라고 표현한다. 당연한 현상이다. '흑인'을 미국 사람이라고 표현하는 것에는 얼마나 인색하고 인식의 범주가 협소한지, 차별의 어두운 그림자가 깔린다. '섬사람들'이란 표현은 어떤가. 고립을 떠올리고 스스로 '섬에 남은 사람들'이라고 자책 같은 말을 잇대면서 살아왔다. 섬사람들의 삶에서 베인 향기가 얼마나 진득하고 오래가는지를 우리는 너무 쉽게 간과하지 않았는지 짧은 생각이 스친다.

삼천포대교에서 창선대교를 걸어가는 동안 초양대교와 능도대교를 거쳤다. 섬은 언제나 섬의 존재를 각인시키면서 부재의 섬으로 남는다. 섬은 고립의 흔적을 남긴다. 그 섬의 잔상을 망각하고 이별하면서 다시 찾고 떠올린다. 해님과 달님이 밤낮을 이동하는 동안 수많은 사연을 남긴 파도도 아무 일도 없었던 것처럼 말없이 흐른다. 나도 먼 훗날 오늘처럼 기억을 빌러 기억하면서 창선삼천포대교를 건널 것이다.

순신의 바다

오월에는 수많은 함의가 있다. 무수한 생명이 제 자리를 비추는 계절이다. 어딜 가나 꽃이 피고 향기가 스민다. 여윈 가지에 잎을 메달은 나무가 있고 무성한 잎을 흔드는 바람이 숲을 돌아다닌다. 반면에 내가 걸었던 남파랑길 시멘트 틈새에 둥지를 튼 민들레꽃은 생존의 서사를 옹골차게 그려내고 있다. 그들은 질주하는 자동차에 떡하니 버티면서 다음 세대를 이어갈 노란 꽃을 피운다. 모질게 살다가 단숨에 절명할 운명에 맞닥뜨린다. 오직 빈손으로만 걷는 나도 횡재한, 그냥 좋아진다.

그뿐 아니다. 역사적 굴곡인 군사 정변과 광주항쟁이 오월에 발생했다. 민초의 꽃대는 꺾이고 민주주의의 불꽃은 스러졌다. 그 후 오랫동안 권력을 찬탈한 정치군인이 한국사회의 정치 권력 헤게모니와 안보 이데올로기를 장악했다. 숲의 나무가 비추는 눈부신 푸르름이 희망이 꺾인 계절을 보듬고 있다.

눈부신 오월의 아침에 '노량'을 만났다. 이순신이 전사한 노량 바다는 간밤에 파도가 일렁인 물결터널이 멈추었다. 이 바다에서 침묵을 깨우는 건 도톰해진 고깃배와 갈매기다. 남파랑길을 걷는 오늘이 우연케도 5월 18일이다. 망월동에는 '5·18 기념식'이 열렸다. 보수의 상징인 대통령도 참석했고 여야는 손을 잡고 '임을 위한 행진곡'을 제창하면서 희생한 영령들을 추모했다.

　오월 중순의 나무는 나뭇가지를 휘어지게 할 만큼 무거워지고 있다. 여름 햇빛을 기다리며 힘찬 광합성을 준비하는지 분주하다. 숲은 그늘이 깊어지면 잎사귀도 어둠에 닿을 듯 검푸르다. "역사의 바다"인 노량이 그렇다. 잠시 바다를 바라보는데도 이순신이 남긴 그늘이 깊다. 남해대교와 노량대교는 육지와 섬을 잇는 연륙교이면서 동시대 전쟁터를 누빈 이순신을 끌어당기고 있다. 역사를 소환하다 보니 기행 글이 굳어지려고 한다. 천천히 걸어야겠다.

　오늘 걷는 남파랑길 47구간은 하동 금서면 노량리를 통과한다. 지명이 같은 남해 설천면 '노량리'와 맞닿아 있다. 출발지인 남해대교 공영주차장 아랫길 계단에서 남해대교를 바라보니 반세기를 넘긴 대교는 단출하다. 좁은 바닷길의 거친 물살도 숨을 죽인다. 아침 해가 비춘 햇살이 남해대교의 교각과 바다에 꽂힌다. 남해 섬으로 이어준 도선장은 세월의 흔적을 지운다. 두 기둥이 수면에 잘린 붉은 주탑의 현수교가 강렬한 색채로 한눈에 들어온다.

　노량 해변 길은 살랑한 바람을 타고 넘어온 소금 냄새가 옷깃에 닿는다. 이 길은 이순신이 바다에 잠든 당시를 떠올리며 걷는 성스러운 길이다. 전란의 참혹한 고통을 당한 조선 백성의 원한도 짚어보고 당대의 역사와 이순신을 되새김질하면서 나를 돌아보아야겠다. 이 글을 쓰면서 가장 괴로운 것은 저항다운 저항을 제대로 하지 못하고 20일 만에 수도인 한양을 너무 쉽게 적의 수중에 넘겨준 조선 조정의 무능 앞에 자조에 빗댄 탄식이 절로 나온다. 더 한심한 것은 임진왜란이 끝나고 38년 후에 일어난 병자호란 때는 수도 한양이 적의 수중에 들어간 것은 불과 5일밖에 걸리지 않았다. 그 후 남한산성에서의 항전이 막을 내리고 칼바람이 몰아치는 삼전도에서 인조는 청 태종 앞에서 '삼배구고두례'의 치욕적인 항복 의식을 치러야 했다.

1598년, 그해 음력 11월의 노량 바다는 매서운 칼바람이 불었다. 본국으로 후퇴하던 일본군 군함 500척은 '노량도' 인근에서 조선 수군 군함 200척과 마주했다. 국가의 명운을 걸고 건곤일척의 사투를 벌였다. 인근의 관음포로 도망가던 일본군을 뒤쫓던 이순신 장군은 적의 총탄에 전사했다. 새벽이 왔고 장엄한 해가 떠올랐고 일본군 군함 200여 척이 지난밤에 불타거나 침몰했다. 마지막 전투에서 죽음을 맞은 영욕이 대장 배의 갑판에서 멈췄다.

이순신은 새벽 별을 보지 못하고 어둠의 바다에 잠이 들었다. 조선 수군을 이끌었던 바다의 우두지는 제 몸을 꺾었다. 새벽 별이 영롱했다. 간밤의 어둠을 걷어낸 하늘이 바다에 앉았다. 바다가 편하다는 이순신은 다시 뭍으로 올라왔다. 관음포는 저승길을 걸어온 이순신을 안았다. 영웅의 몸이 아니라 싸늘한 형색의 인간을.

동아시아 7년 전쟁이 막을 내렸다. 살아남은 조선 백성은 이승을 떠돌았다. 관음포의 관음(觀音)은 현생의 중생이 바다에 기댄 연약한 인간의 고통을 담은 그릇이다. 장군은 관세음보살의 자비를 백성의 몫으로 남겼다. 후손인 충무공의 8대손 삼도수군통제사 이향권이 이순신의 순국을 기리는 이락사(李落祠)를 관음포에 세워 추모했다.

노량항 해안가에 설치된 둥근 조형물에는 노량 해전의 전개 과정을 적어 놓았다. 임란의 조선 조정은 이순신의 공적과 인품을 시기했다. 어쩌면 이순신에게 주어질 공신록 논쟁이 두려웠을 것이다. 선조의 피난길을 함께 했던 군신들은 공신 전쟁을 벌였다. 임진왜란은 참혹한 전쟁이다. 살아있다는 것이 역사라면 노량 해변 길을 걷는 나는 고통을 수반하는 깊은 통증을 느끼지 않을 수 없다.

'노량'은 바다의 서사고 역사의 현장이다. 이순신에 대한 온갖 감정이 폭풍처럼 몰아친다. 귀 기울이면 전함이 불타고 군사의 함성이 몰아치고 수장(水葬)을 목전에 둔, 피아를 넘나드는 병사의 아우성이 진동한다. 고향이 떠오르고 거기에 남겨진 그리운 가족이 스쳤을 것이다. 조선 백성은 영원히 승리할 것 같은 이순신의 별을 생각할 때마다 이순신은 전쟁 패배의 환영에 쉬이 잠들지 못했을 것이다.

장렬한 죽음은 강렬한 씨앗을 잉태한다. 이순신의 '노량'은 현재진행형이다. 도요토미 히데요시는 그의 사후 '풍국대명신'의 신위로 추앙받으며 '도요쿠니'신사에 안치되었다. 메이지 유신 후 히데요시의 평가는 한일병탄과 대륙정복의 선각자로 자리매김했다. 이 또한 역사가 빚어낸 엄연한 현재진행형이다.

바다 건너편에는 광양의 제철소에서 올라오는 희뿌연 연기가 구름 사이로 모락거린다. 산업의 쌀이 한반도의 남단을 지키는 수문장이 되었다. 이순신의 바다도 더는 일본에 빼앗기지 않을 것이다. 언뜻 떠오르는 게 있다. 일제 강점기 때는 주권과 언어를 잃었는데 민족의 자존인 문학이 제대로 살아갈 수 있었을까. 그렇지 않을 것이다.

섬진강

강은 매일 자신을 창조한다. 오늘 길손이 만난 이 강은 억겁을 창조하면서 '섬진강'이라는 이름표를 달았다. 한 해와 한 계절과 하루 분량을 창조했고 눈 마주친 지금도 순간순간을 창조한다. 밀물일 때는 아득한 시간을 거슬러 오르면서 시원에 닿기를 염원하고 빗방울이 바다를 향해 나아갈 때는 강물이 풀어놓은 사연도 따라나선다. 휙휙 스치는 자전거길과 인도의 두 발까지 따라나선다. 강섶에는 이슬에 젖은 꽃 문이 열리면 다음 창조자인 벌 나비가 비행하려고 몸을 웅크린다. 섬진강에 의탁한 식생들! 만물의 창조주인 자연에 엎드리고 경배를 올린다.

강물은 무엇으로 창조할까. 소리다. 어둠을 건너가는 소리는 굉음으로 들린다. 광양만에 닿으면 바다인 네가 보고 싶어 울었다고, 농(弄)으로 둘러댄 신파극 같은 강물의 진심을 믿는다. 강물은 소리를 만들면서 어둠을 가르지만 길을 잃지 않는다. 초여름 햇살이 방사한 강물은 눈이 부시다. 반짝이는 것은 살아있다는 것. 무언가를 연출하는 변신술. 나를 따라나선 유월의 그림자도 섬진교 동단을 또박또박 걸어간다.

생각에 잠기면서 섬진교를 걷는다. 경상도와 전라도를, 하동에서 광양으로 넘는다. 음영이 가린 달과 별은 햇살이 쏟아진 한낮을 헤매고 강물이 비늘처럼 얇을 때는 포말이 하얗게 빛난다. 더 집중하여 바라보니 갈대가 서걱거리는 몸짓도 보인다. 꿈틀거리는 강이 빚어내는 말간 얼굴들이 투명해서 미안하고 시리고 고맙다.

강이 벽일 때가 있다. 두 발로 강물을 밟지 못하는 것은 약과다. 유순하게 흐를 때와는 달리 사납게 일렁일 때는 지순의 강물을 막은 거대한 벽 앞에서 절망한다. 강으로 휘어진 나뭇가지는 기댈 벽이 없다. 잎사귀를 너무 많이 매달았다고 자책도 한들 이미 때는 늦었다. 비탈진 곳에 뿌리를 내린 숙명을 탓하는 것 같아 몹시도 아프고 처연해 보인다. 암녹색의 나무둥치가 금세라도 물속으로 들어갈 채비를 하고 제 몸을 분질러가면서 견뎌온 고난의 행군이 시푸른 강물 앞에서 일단 멈춤이다.

나무도 마음의 풍파가 있을까. 정직하다는 강이라면 약한 존재가 누려도 될 생명을 온전하게 받아줄 수 있을까. 눈물을 아껴야지. 시대의 굽이마다 섬진강이 견뎌온 이 많은 곡진한 사연에 어떻게 일일이 반응한단 말인가. 때로는 피도 눈물도 없는 강물이 야속할 때가 있다. 물속으로 넘어진 나무를 일으켜주지 않는 냉혹함이다.

그런 나무가 물에 잠기면 흔적도 남기지 않는다. 한 계절 정도만 넘기면 강은 제자리로 돌아오고 강물은 물결을 다시 만들고 고즈넉한 풍경은 아무 일 없는 듯 평온한 수평을 이루겠지. 끈질긴 물풀은 강물에 쓸리면서 일어서고 물고기는 간간이 물 바깥세상으로 튀어 올라 찰나에 눈도장을 찍는다.

들 물이 올라왔는지 강폭이 아득하다. 강 반대편을 이어주는 섬진교가 낮게 걸쳤고 파란 하늘은 손에 잡힐 듯 가깝다. 강의 속성은 봄 여름 가을 겨울을 자신의 품속에 거두는 것이다. 한순간도 머뭇거리지 않고 앞 강물을 밀쳐내면서도 손을 놓지 않는 강물을 보라. 잠시도 머물지 않고 바다로 진군하는 당당함을. 어제의 나를 잊게 하면서 흘러왔던 강물 자국이 바다에 닿으면 바다의 식구가 된다는 사실을. 강물이 흐른다는 것은 속살이 굳건해진다는 것.

바다에 닿는 강은 속성이 거칠다. 고요해지다가 단숨에 사납게 일렁이는 양면의 얼굴을 숨기지 않는다. 오랫동안 강에 기댄 사람들이 경험한 두려움이 트라우마로 남는다. 재첩을 채취하는 배들이 곳곳에 다소곳이 정박해 있다. 강물을 이고 사는 노동은 고되었건만 아득한 생존을 건너오면서 극한을 버텨냈을 것이다. 아름다운 섬진강 조망에 잠시도 눈을 떼지 못하는 길손이 어부와 눈빛이라도 마주치면 그윽한 눈인사라도 나눌 텐데. 애써 자위하면서 강물에 더 깊은 시선이 깔린다.

섬진강은 딸 지현이와의 추억이 서린 곳이다. 가까운 지인 가족과 광양 쪽 백사장에서 텐트를 치고 밤을 보냈던 기억이 생경하다. 예닐곱의 지현이는 동갑의 남자애와 모래성을 쌓고 강물로 첨벙첨벙 뛰어다녔다. 석양이 저물고 노을이 강물에 곱다랗게 깔리고 어둠이 내린 강물은 별빛과 달빛을 받아 빛났다. 하얀 모래사장 바깥에 터를 잡은 모래톱은 듬성듬성한 풀을 끌어당겨 수묵화를 그려내고 있었다.

낮에는 유순한 강이었다. 밤이 되니 꽉 찬 물소리로 돌변했지만 두렵지 않았다. 백사장에 나란히 앉아 밤하늘의 별을 바라보았다. 딸이 물었다. "하늘에 왜! 이렇게 별이 많아요?" "그냥 인간처럼 펑펑 울고 웃고 싶은 별이 많아서 그렇단다." 강물은 빗물만으로 흐르지 않는다. 별님과 달님이 따라 흐르고 목청을 높인 강바람이 뒤에서 밀어주면서 흐른다. 이런 잡다한 말들을 딸에게 조곤조곤 들려주었는지, 아득한 세월이라 가물가물하다. 눈으로 강을 바라보고 손으로 모래를 매만지면서 마음 줄을 당긴 추억 자국만큼은 선명하다.

그 후 10년 정도 흘렀을까. 간간이 지인과 소식을 주고받다가 청천벽력이 몰아친 소식을 접했다. 지현이와 함께 놀았던 그 아이가 고등학교 교환학생 신분으로 말레이시아 연수 중 강도로 돌변한 괴한의 공격을 받아 이승을 떠났다는 비보를 들었다. 무어라 위로하여도 심장을 도려내는 아픔을 나눌 수 없었다. 아이의 부모는 창원에서 뿌리내린 삶의 터전을 송두리째 뽑아버리고 충북 진천에 은둔해 살고 있다는 소식만 듣고 있다. 섬진강은 그냥 바라보면 무심하지만, 아픔을 감지하면 'Sentience Being'처럼 고통을 드러내놓고 흐른다.

섬진강이 그립다. 깊이 흘렀고 잠든 바다 같았다. 햇빛이 강물에 내리쬐면 물결마다 순백이 튀어나왔다. 움푹한 자갈밭에는 참게들이 열을 지어 와글댔다. 영호남을 갈라놓을 때는 질곡이 켜켜이 쌓인다. 그럴 때 강가에 서서 눈물을 보이고 싶다. 하동과 광양에 가까이 붙어 흐르는 강물은 결코 적개심을 품지 않는다.

별 꿈을 달고 은빛 백사장을 달렸던 딸애가 아이를 낳았다. 손주를 안고 하동 송림을 걷고 대밭길을 걷고 싶다. 오래 걷고 서성이고 싶다. 새봄이 오면 강둑에는 꽃들이 흐드러지겠지. 잔잔한 물결이 팔랑이는 강물을 바라보면서 손주와 놀아야겠다. 아기가 어른이 되면 세대를 이어 서사를 풀어놓을 섬진강은 유장한 강물로 흐를 것이다. 그 후 언젠가부터 늙어갈 나는 그 강 앞에 다시는 서지 못하지만, 강은 사라지지 않는다. 그래도 황혼 같은 나의 몸에서 강물 소리가 흐른다고 독백은 할 수 있지 않을까.

동주를 우러러 본다

　　　　　　　　　　강물이 닿은 곳은 바다다. 밤
을 지새운 바람은 포효한 제 몸을 일으켜 파도를 어루만진다. 아침
나절인데도 구름을 뚫고 수직으로 하강한 광선이 찰랑한 물결에 꽂
히건만 사위는 어둡다. 물새들은 솟아오를 마음이 없는지 파도에 몸
을 실은 채로 둥둥 떠다닌다. 홀로 남겨진 듯한 포구는 길손을 기어
이 어스름한 물가로 끌어당긴다. 바다에서 밤을 지새운 어선은 포구
로 돌아오고 바다를 향하는 낚시 배들은 포구의 끝자락에서 가물거
린다. 질척한 갯벌에서 호미질하던 아낙네는 어정쩡한 허리를 펴서
노동의 숙명을 견디고 있다.

　강물이 바다에 잇댄 포구는 서로를 밀치면서 끌어당긴다. 새벽부
터 포구를 채운 바다를 간당간당 흔들던 비튼 바람이 파도를 때린
다. 섬진강 동단에서 하단으로 이어진 남파랑길 49구간에는 시베리
아에서부터 남진한 겨울이 배수진을 치고 있다. 남쪽 광양의 망덕포
구에 동백꽃 지고 매화꽃 필 때는 다시 북상하는 봄을 따라 올라가
고 그 봄을 당기기 위해 새벽 공판장의 팔딱인 물고기는 넙죽 입을

열 것이다. 그렇게 봄이 풀어놓아 기대고 늪고 주고받는 바다는 막힘이 없다. 하현달을 건너간 그믐달이 비추는 밤이면 물고기가 모여드는 해루질로 풍족해지겠지. 곡성에서 하동 끄트머리로 밀려온 강물이 포개지는 광양만은 물비늘로 하얗게 빛나면서 밀고 당긴다.

포구의 풍경을 바라보면서 걸었다. 배알도 방면으로 이어지는 검푸른 바다는 눈이 부셔왔다. 풍경을 조망하다가 상상에 빠져들다 보니 나를 직시하면서도 나를 놓치는 일이 다반사다. 어느 순간 마음 다잡고 싶은 욕구가 용수철처럼 튀어 오른다. 기어코 수필 한 편을 내놓아야 하니 한적한 생각에 잠기고 휘파람을 불면서 걷지 못한다. 글쓰기만 생각하면 머리가 바위에 부딪히는 흰 파도처럼 하얗게 질린다. 소재를 잡은 문장이 뭉개지기도 하고 어쩌다가 중심을 잡기도 한다. 검푸른 바다에 앉은 갈매기가 파도를 넘나들면서 지문을 남기듯이 글지문을 남겨야 한다는 강박관념이 몰려온다.

오랫동안 길을 걸었다. 걷고 또 걷다 보니 인생길과 동행한 내면에 차오른 자아에 눈뜨는 행위가 길 위에서 행해진다는 것을 알았다. 나를 관통하는 삶을 이해했을 때는 길의 영감과 대면한 그 맛에 길 중독자가 되었으니 야릇하면서 기쁘다. 눈뜨고 허공에 손짓하면서 걷는 망상길도 감정으로 이입되는 여유도 생겼으니, '길'이라는 것. 입속에서 오물거리다 보면 나를 존칭하는 일인칭 '길손'의 준말이 태어난다.

망덕포구는 진안의 '데미샘'에서 발원한 섬진강이 광양만 바다와 만나는 곳이다. 전라좌수영 주둔지인 상류의 섬진강 들머리는 임진왜란 때 조선 해군의 판옥선을 건조했다는 '광양선소터' 표지석이

세워져 있다. 이곳이 세간의 이목을 끈 사연은 시인 윤동주가 부활한 장소이기 때문이다. '윤동주' 시비 공원은 민족 시인과 저항 시인의 강렬한 서사로 채웠고 시인이 남긴 시를 모티브한 조형물들이 설치되어 있다. 나무 데크 블록에는 '서시' 구절을 새겨놓았다. 햇살이 꽂힌 블록 앞에서 우두커니 눈을 뜨고 '서시'를 천천히 읽어 내려가면서 슬픔을 삼킨다.

동주는 24세인 1940년, 연희전문학교에 입학했다. 거기서 후배 정병욱과의 인연은 그의 시와 문학세계가 온전하게 보존하고 전승되고 세상에 빛을 보도록 한 운명적 사건이었다. 북간도 용정 명동마을의 윤동주와 남도의 끝자락 광양에서 서울로 유학한 정병욱은 학교 기숙사에서 친분을 쌓으면서 식민지 청년의 한을 보듬었을 것이다.

윤동주는 일본 유학 전에 자선시집인 <하늘과 바람과 별과 詩> 필사본 3부를 지인에게 맡겼다. 2부는 실종되었고 정병욱은 자신에게 맡긴 나머지 시집을 보관하고 있다가 해방 후 세상에 알려지게 한 장본인이다. 동주보다 다섯 살 아래인 정병욱은 동주를 친형처럼 따랐다고 한다. 그 후 그는 윤동주 시집 발간과 추모 기념행사 등을 주관했다. 동주는 그의 인생이고 영혼이었다. 동주 형은 달이 밝으면 내 방문을 두드리고 침대 위에 웅크리고 있는 나를 이끌고 연희전문 뒷동산을 산책했다고 술회했다.

동주는 해방되던 그해 2월, 차디찬 후쿠오카 감옥에서 숨을 거두었다. 겨우 만 27년의 얇은 속살로 숙성한 나이였다. '규수제국대학'에서 연구하고 있던 '혈장대용생리실험' 주사를 맞고 옥사한 영혼은 싸늘한 육신보다 먼저 현해탄을 건너고 두만강을 넘었다. 아버지와 당숙이 후쿠오카 형무소에서 시신을 수습하고 화장한 유골은 어린 시절 꿈을 키우고 뛰어놀았던 명동마을의 '동산교회묘지'에 안장되었다.

동주의 시는 긴 세월 동안 우리 민족의 정서에 깊이 사무친 흔적을 남겼다. 숭실중학교와 연희전문학교와 릿쿄대학에 유학할 때는 분연히 일어선 불꽃이었고 펜을 들 때의 영혼은 독립에 대한 소망과 고뇌로 채워진 뜨거운 얼음장이었다. 시 창작에 더운 피를 돌게 한 것은 고향과 별과 벗들과 조국이었다.

나는 2006년 8월 중순에 지인 몇 분과 현지의 서른 살 남짓한 조선족 가이드를 대동하여 연길을 경유 하여 백두산에 올랐고 용정의 명동마을에 들렀다. 동주의 생가는 잘 정비되어 있었고 북간도의 여름은 눈이 시린 서늘한 가을이었다. 마을 길섶에는 푸석해진 풀들이 엎드렸고 파란 하늘은 손에 잡힐 듯 가까이 다가왔다. 용정에서 동주 관련 책 몇 권을 장만했다. 지금도 '흑룡강조선민족출판사'에서 간행한 책 <고향으로부터 윤동주를 찾아서>(박용일 편저)를 가끔 꺼내 읽곤 한다.

용정에서 어렴풋이 스쳐 간 정병욱을 망덕포구에서 재회했다. 북간도와 한반도 남도는 하늘과 땅 차이만큼 먼 거리다. 지금의 길림성과 분단 조국은 더 아득한 장소로 각인된다. 불현듯 윤동주를 기리는 그의 글이 떠올라 소장한 책을 펼쳤다. 정병욱은 1955년에 출판된 '윤동주 시집'의 후기에 이런 글을 썼다. 원문 그대로 부분 발췌해 옮긴다. "동주 형이 악착스런 원쑤의 형벌에 못 견디어 차디찬

돌 마루바닥에서 차마 감기우지 않는 눈을 감고 마지막 숨을 거둔지 벌써 십년이 된다. 동주는 이 세상에 태어나면서 시인이었기에 슬픈 천명인 줄 알면서도 한 줄 시를 적어야 했다. 눈물 없는 통곡을 종이에 올린 그의 시는 진정 <슬픈 족속>의 혈서였다."

겨울 망덕포구는 바다를 깨부수는 차가운 바람으로 온다. 나를 끌어당기는 것은 오로지 숨죽인 바다와 동주와 정병욱 생각뿐이다. 이 막막한 것들이 수필 한 편과 맞서는 내 영혼의 명치 아래를 압박한다. 글 단락마다 '하늘을 우러러'와 '동주를 우러러'가 겹치고 사각모를 눌러 쓴 동주의 맑은 눈이 겹친다.

순천왜성

　　　　　　　　　　꽃샘추위다. 제때 닫지 못한 꽃
망울이 안간힘을 쓰고 있다. 봄의 진중에 밀어닥친 칼바람이 나목을
때리는 것은 이 순간을 참고 견디라는 가르침이다. 봄이 손짓하는
그곳으로 힘차게 밀어가다 보면 조금 늦을 뿐, 곧이어 꽃은 피고 초
록 물이 번질 것이다. 매화 소식 더디지만 조급한 상춘객의 발걸음
이 부풀어 오른다. 남쪽 나라에서 토실해진 철새들은 귀환을 서두르
고 있다. 봄이라는 계절의 순번 대기표가 가까이 왔다는 신호다.

　봄은 두드리고 잉태하고 음미하는 계절이다. 겨울 흙살을 끌어 올
리고 강가의 얼음 띠를 깨뜨린다. 온전하게 살아남은 생명을 골라내
고 솎아내면서 여름을 건널 것이다. 봄이 오는 신호는 햇살이 두텁
고 달빛이 따스하고 공기 질이 무겁고 야들한 새순이 파릇해지면서
느낀다. 소리마저 어찌나 찰랑하던지 눈 감고 들어도 봄으로 진군하
는 북소리를 낸다. 나를 위해 걷겠다는 의욕이 와락 안긴다.

　마음이 가는 데로 걷다 보면 봄 길이 스르륵 열린다. 종일 걸을 만
큼 두 발이 가볍다. 세찬 비바람도 그리 성가시지 않다. 코끝을 툭툭

때리는 차가운 바람도 며칠 지나면 봄이 성큼 올 거라는 희망의 전주곡이다. 자유는 만끽하는 것이라 휘파람을 불면서 창공을 휘젓는다. 설령 봄이 약속을 지켜주지 않아도 담담하다. 그러니 손 흔드는 꽃샘추위는 두렵지 않다.

마을에 잇댄 들판 가운데를 가로지르는 농로를 걸었다. 손길이 닿지 않는 밭고랑은 조금씩 풀밭으로 채워지고 있다. 농심을 받아먹은 마늘과 쪽파와 시금치는 봄 햇살을 받아 청정하다. 방조제 둔덕 따라 일렬횡대로 손 흔드는 억새는 씩씩하게 바람을 받아먹는다. 광양만에 인접한 드넓은 습지가 동여매고 꿈틀거리고 풀어놓은 풍경을 눈요기하도록 봄소식을 들고 등판했다. 건강한 생명체는 향기를 낸다고 한다. 봄 길은 그저 먹지 않고 걸어도 배부른 진수성찬이다.

광양에서 순천과 여수로 이어지는 남파랑길 51구간은 역사길이다. 순천 신성포 마을에는 조선과 명이 참전한 연합군과 일본군이 격전을 벌인 순천왜성과 이순신의 위패와 영정을 모셔놓은 충무사가 있다. 임진왜란은 조선과 일본 간의 국력의 차이를 완벽하게 입증한 전쟁이다. 조선은 허약했고 일본은 강했다. 이순신의 조선 수군이 거둔 승전보는 빛났지만, 강화협상의 주도권을 명에 맡긴 조선의 운명은 바람 앞의 등불로 전전긍긍해야만 했다. 전쟁이 끝난 후에도 조선의 조정은 언젠가는 일본이 한반도를 재침할 것이라는 막연한 두려움에 갇혀 있었을 뿐, 역사의 교훈을 잊고 지내다가 망국의 길을 걸었다.

순천왜성 초입의 저수지는 고요하다. 둑방 가장자리 수면 위로 올라온 연두색 물풀이 가을엔 눕고 겨울엔 사라지다가 이래저래 이듬해 봄까지 파란만장한 여정을 겪을 것이다. 한 뼘 정도 떨어진 허공에서 노니는 노랑나비는 부들과 물옥잠 사이로 사뿐사뿐 떠간다. 가느다란 물방울 하나 튕기지 않는 물오리 가족의 나들이는 한가하다. 저수지의 생명체는 이리저리 부유하지 않는다. 물풀의 뿌리는 진흙 속에 잠겨있고 노랑나비는 수면 가까이 닿을듯한 공간이 뿌리고 물오리 가족은 물속을 저어대는 물갈퀴가 뿌리고 인간은 역사가 뿌리다.

순천왜성은 왜장 고니시 유키나가가 주둔한 난공불락의 요새였다. 바다 쪽은 급경사를 이루었고 육지 쪽은 외성과 내성 사이에 해자(垓子)를 구축하여 바닷물을 끌어들였다. 그 위로 다리를 건설했는데, 건너편 검단산성에서 바라보면 왜성과 육지부의 고각 다리가 봉긋하게 솟아 있어 외교성(倭橋城)으로 명명했다고 한다.

1598년 음력 9월과 10월에, 조명 수륙 연합군은 두 번에 걸쳐 순천왜성을 공격했으나 모두 실패했다. 명군의 종군화가가 세밀하게 그렸다는 <정왜기공도권>에는 국가의 존망을 건 건곤일척의 전투 장면을 생생하게 묘사하고 있다. 순천왜성 전투 도중에 히데요시가 사망한 이 전투는 정유재란을 끝내는 육전의 마지막 전투로 기록을 남겼다.

해자를 바라보면서 본성 출입문 방향으로 걸었다. 바람이 선득하게 불었고 해자에 비친 성벽 그림자는 검은 수면을 어루만지고 있다. 일본군의 전매특허인 '해자'는 물 위를 걷지 못하는 인간의 약점을 이용한 방비책이다. 그래도 전란에서 고통받았던 조선 백성의 분

기탱천까지는 가라앉힐 수는 없었다.

본성 출입문을 지나 높은 성벽의 축대 위에서 서성였다. 이곳이 역사의 핏빛이 서린 연유를 알지 못하는 새들이 큰 돌 틈 사이로 봄을 열리는 영춘문(迎春門)을 반기는지 맑고 청아한 소리를 낸다. 축대 아래 양지바른 곳에는 자잘한 쑥들이 몸집을 늘리기 위해 몸을 곧추세우고 창공에서 정지신호를 받은 두툼한 구름 떼는 서북의 금단산을 가린다. 하늘 아래 축대이다 보니 기댈 곳이 없고 손에 잡히는 것이 없다.

천수 기단은 내성(內城) 깊숙한 곳에 있다. 본성에 있는 별도의 내성 성벽은 각각 두 겹으로 견고하게 축조되어 있다. 임진왜란 당시의 막부는 순천성에서 울산성에 이르는 남해안 벨트를 강화협상 이후의 남부지방을 지배하는 장치로 축성했다. 조선에 10만 명 남짓의 병사를 그들이 구축한 왜성에 주둔시키고 본국에 8만 명 예비병역을 대기시키는 장기 플랜도 세워놓았다. 순천성 전투 도중에 급사한 히데요시 이후의 긴박하게 요동치는 정세와 맞물려 조선으로 출병한 왜군이 갑자기 본국으로 철수하면서 순천왜성은 역사의 수장고에 잠들었다.

2단의 천수 기단에서 잠시 머물다 발걸음을 돌렸다. 공원처럼 꾸며놓은 공터에는 노송들이 우두커니 서 있다. 오랫동안 풍상을 겪어서 그런지 길손과 눈인사도 나누지 않을 듯이 태연하다. 노송을 보기 위해 옮기는 발걸음이 무겁다. 밥술을 입에 문 채로 쓰러져간 병사들과 백성의 아우성이 환청으로 밀려온다. 제철소가 보이는 언덕배기에는 붉은 동백꽃이 흙살이 내어준 그곳에 레드 카펫을 깔았다.

당신은 송이째 떨어진 몸을 일으켜 푸른 잎사귀에 매달린 당신의 붉
은 형제를 올려다보고 있다.

Part 2

남파랑길, 남해 앵강만

질경이

         삼천포대교를 거쳐 창선대교를 건너면 남해 창선도다. 다리가 놓이기 전에는 육지 사람들이 남해를 신비로운 섬이라 불렀다. 다리가 놓인 후 그곳 섬사람들은 남해를 대한민국 보물섬으로 각인시키면서 섬의 가치를 무한대로 팽창시켰다. 개발시대에 길들어진 육지의 부동산 꾼들이 자본에다 문명의 옷을 입혀 섬 곳곳을 헤집고 다녔다.

  남해로 들어가는 발걸음은 질주하는 자동차 굉음에 사천 8경의 제1경인 이 길에서 느림의 사색이 사라졌다. 봄비가 풀어놓은 몽환적 바다 풍경도 무너져 내렸다. 남파랑길은 창선대교를 건너 우측 해안 숲길로 이어진다. 늦은 봄비가 숲의 나무를 깨우고 흔들고 있다. 가지에 매달린 빗방울이 툭툭 옷깃에 닿는다. 솔 향기가 허공을 돌아다니고 비바람이 숲속을 파고들 때마다 초록 잎이 넘실거린다. 길손만이 어느 날 어느 한 시에 불쑥 숲속에 들이닥친 이방인처럼 낯설다.

  숲길을 빠져나오니 단항마을 해안가가 나타난다. 장엄한 노을을 품는다는 소초도와 대초도가 봉긋하게 솟아 있다. 두 섬은 무인도이면서 울창한 나무와 새들과 덩치 큰 물고기들이 섬을 지키는 파수꾼 역할을 한다. '유생도(有生島)'인 셈이다. 인간에게 석양과 노을과 꿈을 선물하고 억겁의 시공간을 견딘 경이로운 섬이다. 모든 무인도는 유생도의 속성을 지닌다. 새들이 알집을 품고 수달은 몸을 말리고 파도는 철썩철썩 바위를 때리다 잠드는 곳이다. 인간의 발길이 닿지 않으니 애당초 위아래 격차 같은 것은 존재하지 않는다. 여기는 지상의 낙원이지 인간의 낙원이 아니다.

남파랑길은 창선도의 산허리를 돌면서 이어진다. 연태산 임도와 대사산 임도를 지나 속금산 임도로 들어섰다. 늦은 봄을 건너온 질경이는 진초록의 둥근 잎사귀를 열어 봄비를 받아들이고 있다. 마치 살아갈수록 삶의 축을 바로 세우고 있는 자신을 아는 것 같다. 임도의 정 중앙과 양 길섶으로 일렬로 길게 나 있다. 길이 끝나는 곳으로 행군하고 있는 질경이의 자태가 눈이 부신다. 그러면서 소담한 빗방울을 머금은 잎이 파르르 떨리는 삶의 무게를 감당하면서 가장 낮은 자세를 취하고 있다. 바라보는 길손만 외톨이로 남았다. 아니다. 질경이 없는 밋밋한 임도는 얼마나 삭막하지 않겠나. 그리고 보니 세상에 외톨이 아닌 것이 어디 있나. 군락 속의 풀. 군중 속의 인간. 풍요 속의 빈곤. 밥이 밀쳐낸 삶의 허기로 하루살이 하지 않는가.

질경이의 눈부심을 밟으면서 자박자박 걷는다. 잎이 사방으로 퍼지면서 살아남은 질경이는 인간의 발길에 저항하지 않는다. 눈부심을 거두지 못한 나는 신발이 젖었고 밟힌 질경이는 초록 덩어리로 덩그러니 남는다. 나는 너의 생존술까지도 알고 있는데 너를 밟고 고립시키는 이 짓을 왜 하는지 모르겠다. 매일 살아도 매일 힘이 드는 삶이 우리라고 다르지 않을 거라면서 질경이를 바라보다가 하늘을 바라본다. 아침부터 퍼부었던 비는 가늘어졌는데도 먹장구름은 산봉우리에 넓게 걸쳐있다. 그윽한 질경이와 말을 걸고 글감을 만들고 겨울 보리처럼 밟힌 존재로 일어서는 너의 생존술을 찬양하면서 걷는다. 질경이는 임도의 절대자가 아니다. 스스로 낮추기만 할 뿐, 임도를 독점하지 않는다. 경이로운 것은 잎의 윤기로 나는 내 발바닥을 간질거리는 영악함에 못이기는 척하면서 덥석덥석 밟는다.

　숲은 나의 둥지고 임도는 질경이의 둥지다. 질경이는 그곳에서 끈덕진 삶을 풀어낸 노역으로 춘하추동을 견딘다. 오늘처럼 봄을 다 보내지 못한 서두르는 계절 앞에서도 서두르지 않는다. 길손이 밟고 동물이 밟을 때도 죽은 듯이 살아남았다. 밟힌 씨앗이 돌아다니면서 생명을 잉태하는 서사야말로 누구도 넘보지 못하는 존엄, 그것이다. 곰곰이 생각해 보면 흙으로 돌아가고 흙으로 남을 거라는 사실을 나만 잊고 지냈다.

　임도를 걸으면서 어머니를 떠올린다. 유년의 나는 어머니를 따라 작은 고개 너머에 터를 잡은 야트막한 밭에 종종 들렀다. 여름 어느 날이었다. 혼자 밭에 들렀을 때 호미를 손에 쥔 채로 졸고 있던 어머니를 물끄러미 바라본 적도 있다. 더러는 밭작물도 여름 가뭄을 이기지 못하고 어머니 곁에서 졸고 있었다. 어머니는 생애의 고된 삶을 머리에 이고 살았다. 현실의 각박한 실타래가 풀리는 틈새의 졸음도 일상이었을 것이다. 졸고 있는 어머니의 얼굴은 평온했다. 그때가 행복한 시간이었던 셈이다 어머니는 질경이를 모질게 대했다. 밭일을 거두고 집으로 돌아오는 길에서 만난 질경이를 '질개이'라면서 소도 먹지 않는다고 혼잣말을 길에다 뱉었다. 질경이 그놈은 어머니가 힘들게 작물을 심어놓은 밭에다 제멋대로 영역을 넓히고 뿌리를 내렸다. 여간해서 자식 앞에서 힘든 내색을 하지 않는 어머니는 질경이가 퍼질러놓은 메마른 밭 몇 고랑만 호미질했는데도 지친 기색이 역력할 때도 있었을 것이다.

어머니에게 질경이는 농사의 최대 훼방꾼이었다. 고랑에 딱 버티고 자라는 질경이 뿌리를 캐느라 남은 용을 다 쏟았을 어머니에게 질경이는 오나가나 걸림돌이고 모진 악연이었다. 어떤 때는 길을 '질'이라면서 낫으로 길섶의 질경이를 싹둑 베어버리기도 했다. 어린 나와 논밭과 소와 풀이 어머니 세계의 전부였다. 내가 어른이 되면 어둠을 밝히는 빛나는 별이 되라고 수도 없이 빌었을 어머니. 지금 내 곁에 없다.

임도에는 질경이만 있는 것이 아니다. 모질게 살아온 어머니의 거친 삶도 따라왔다. 생전의 당신은 질경이처럼 살아야겠다고 스스로 옥죄면서 밭고랑과 이랑을 넘나들었다. 그러는 사이 당신의 아들은 두근거리며 어린 몸을 세상 밖으로 밀어 올렸다.

비 내리는 날, 속금산 임도는 스스로 길을 연다. 질경이도 밟히면서 스스로 일어선다. 잔정이 많았던 어머니는 여린 심성을 지니셨다. 오늘 만난 질경이의 초록 잎들도 본디 여린 생명이었으리라.

창선 고사리밭

꽃이 피고 지는 창선도의 유월은 강렬하다. 살랑한 봄바람이 지나간 자리에 초여름이 점령군처럼 걸어오고 있다. 남쪽 바다를 건너고 산 능선을 넘어온 뜨거운 햇살이 여름날의 아스팔트를 달군다. 곰곰이 생각해보니 겨울을 깨운 봄이라고 흥얼거릴 때가 좋았다. 그때는 봄을 맞이하는 말문이 연이어 틔었다. 새싹이라 불렀고 연초록에 환호했다.

오늘은 남파랑길 37구간 출발지인 창선파출소에서 적량버스정류장까지 14.9km를 걷는다. 초여름부터 달구는 여름 햇살은 표독스럽게 길손을 따라나선다. 같이 걷자면서 붙들면 송곳으로 변신하여 흥건하도록 땀샘을 찌른다. 얼마 걷지도 않았는데 전신에 땀이 후줄근하게 젖는다. 햇빛 가리개 용도로 눌러쓴 챙이 넓은 모자도 강렬한 햇살을 받다 보니 자외선 차단에 별로 도움이 되지 못한다. 그러다 보니 얼굴 또한 무방비로 노출되었다. 길의 속성은 금기도 없고 약속의 땅도 아니다. 휘파람 길과 사념 길과 고행길의 선택지가 뚜렷하다.

면 소재지를 빠져나와 가인리로 이어지는 흥선로를 따라 걸었다. 남해를 상징하는 비자나무 가로수도 불볕더위와 사투를 벌이고 있다. 뾰족하고 진한 초록색 윤기가 흐르는 잎들이 더위를 심하게 먹었는지 검은 반점 주의로 허물하게 늘어져 있다. 평소 길은 삶의 스승이고 마음 충전소고 사색의 유영이라고 다짐했던 몰입도 조금씩 신산해진다. 햇살을 받은 한산한 도로에는 경운기와 트랙터 바퀴에 달린 흙에 밟힌 풀이나 널브러진 벌레들로 지저분한 도로가 되었다.

남파랑길은 오룡천을 건너고 노전마을을 지나 고사리가 출렁이는 낮은 언덕으로 이어진다. 경사진 고사리밭은 온 세상이 유월의 초록 물결로 출렁거린다. 눈이 현란해지고 탄성이 절로 나온다. 처절한 생명력을 풀어내는 원초적 초록 덩어리가 건너편 능선을 꽉 채운다. 남해는 싱그러운 푸른 바다 못지않게 고사리 군락이 더 거칠게 섬을 덮는다. 마치 고사리 세상이라고 선포할 기세처럼 출렁인다.

고사리밭으로 들어오기 전에는 고사리의 존재를 깊이 생각해 본 적이 없다. 가까이서 고사리를 찬찬하게 바라보았다. 꼿꼿하게 선 채로 몰입하는 서늘한 꽃대가 나무 그늘을 받지 않고도 여름 무더위에 맞서 억세게 견디고 있다. 강풍이 몰아쳐도 군락의 대오를 이탈하지 않는 강인한 고사리도 땅속에서 밀어 올린 초봄의 어린잎이 얼마나 연약한지 우리는 알고 있을까. 내 유년의 처지도 별반 다르지 않다. 고사리손이 더듬었던 동심의 아릿한 기억이 어른의 눈으로 바라본 세상 물정이 아니라서 그나마 다행이다. 생을 다해 흙밭에 누운 잎사귀를 뚫고 이른 봄부터 우후죽순처럼 올라오는 고사리순의 향연도 지난겨울에는 상상하기가 쉽지 않았을 것이다.

고사리는 땅속에서 한줄기 생명력으로 불쑥 솟아오른다. 바람 부는 날도 아닌데도 가늘게 출렁인다. 진원지인 땅속이 뜨겁든지 아니면 차가운 곳인지 궁금하다. 세상 어떤 생명이 이처럼 삶의 갈망을 모아 자신의 존재를 각인시킬까. 그 까닭은 고사리가 엄동의 언 땅을 밀어 올린 새봄을 맞이하는 잎 순을 포기한 적이 없기 때문이리라.

가인리 능선의 고사리밭에서 아랫길로 걷는다. 고사리 숲을 이룬 밭 가장자리 틈새에는 어린 고사리순이 수도 없이 얼굴을 내밀고 있다. 여름이 깊어지면서 적기에 피지 못한 새순도 어느새 진초록 물이 들었다. 그 옆에는 또 다른 새순이 비집고 올라오고 있다. 계절을 잊은 땅속의 뿌리가 뻗어가면서 촉과 순을 밀어 올린 원동력이 강인한 유전자 원형질을 만들었을 것이다. 고생대의 육상식물 대멸종 시기에도 고사리는 살아남았다고 식물학자들은 그 존재의 희소가치를 높이 평가한다고 한다.

끈질긴 생명력이란 번식행위에서 우위를 점할 때 나타나는 일반적 현상이다. 지구상의 인간종은 80억 인구를 목전에 두고 있다. 인간은 문명을 일군 고등동물이라고 자화자찬하고 있지만, 생존 본능이 왕성한 양치식물이면서 고등식물인 고사리를 쉽사리 넘볼 수 없다.

식포마을로 향하는 고사리밭 아랫길은 흙과 시멘트로 이어진다. 경운기가 통통통 소리를 내면서 경사진 비탈길을 느리게 움직인다. 할아버지가 운전하고 할머니는 생각에 잠긴 듯, 뒤 칸에 앉아서 앞만 바라보고 있다. 고단한 삶도 이 순간만은 초록이 내놓은 목가적 풍경을 감상하고 있는 것 같아 연민이 간다. 조금 더 아랫길로 내려가던 경운기가 멈췄다. 할머니는 고사리밭에서 풀을 뽑고 할아버지는 경운기에 앉아 할머니를 기다리고 있는 모습이 정겹다.

할아버지께 다가가 인사를 건넸다. 수확 철이 지났는데 "왜 풀을 뽑으세요."라면서 철없는 질문을 했다. 지금 풀을 뽑지 않으면 내년 농사를 망친다고 하면서 한숨을 쉬었다. 농협수매도 지난 오월에 끝났다면서 인건비, 재료비, 종근 값을 제하고 나면 그저 밥벌이 정도만 된다면서 푸념을 했다.

시골에서는 노동의 무게와 말의 무게와 삶의 무게가 다르지 않다. 본인 인건비도 이윤으로 간주한다. 중국산 고사리에 밀려 저축은 언감생심이니 더는 농사일을 물어보지도 못했다. 촌로에게 고사리밭은 풍경이 아니다. 밥벌이에 매달린 삶이고 농사를 짊어진 숙명일 뿐이다.

남해군은 남해 창선의 고사리가 몸에 좋다는 수식어를 붙이면서 전국 생산량의 40%를 차지하고 있다고 선전하고 있다. 산골의 고사리 잎은 자신을 때리며 출렁이고 촌로는 노동을 때리며 삶을 이어간다. 언제나 당신의 제사상에 오를 첫 번째 나물도 고사리다. 고사리가 견딘 삶은 촌로의 제사상에서 살아남는다. 참으로 명줄이 질긴 고사리다.

바다에 앉은 마을

여름에는 침묵이 널려있다. 공기질이 무거워 인기척이 끊기다가 이어진다. 누군가 걸어간 땀내에 베여있는 흔적을 따라 남해 창선도 바닷가에 터를 잡은 적량마을에 도착했다. 이른 아침 햇살을 받은 파도가 가늘게 일렁이고 있다. 누군가에게 말 붙일 상대조차 없는 마을은 냉기가 돌았다. 이럴 때는 무작정 방파제를 걸어 바다를 바라보는 것이 그나마 위안이 된다.

마을은 바다가 육지로 깊숙하게 들어온 만(灣)에 자리한다. 작은 섬으로 둘러싸인 바다는 고요하다. 바다의 섬이 아니라 섬의 바다처럼 다가왔다. 두 손을 벌려 기지개를 켜고 바다를 바라보았다. 바다와 바다 사이로 경계를 이루는 방파제를 철썩 때리는 파도는 바람이 잠든 아침나절을 두드리고 있었다.

발걸음은 방파제 끄트머리에서 멈췄다. 더는 바닷길을 내주지 않았지만, 바다는 나와 말이 통했는지 모른다. 적막이 감도는 바다를 오랫동안 바라보면서 파도의 잔잔한 침착을 배운다. 내가 던진 부질없는 말들이 허공을 떠돌다 바다로 사라진다. 바다는 흐릿하게 깜박이는 불안을 집어삼킨 것이 아니라 넉넉하게 포용해 주었다. 바닷바람도 어느새 번잡한 집착을 거두어 주었다.

몸과 마음이 바다에 노출되었다. 방파제를 사이에 두고 양쪽에 진을 친 바다의 눈치를 보았다. 심판관 역할을 떠맡은 방파제는 나를 세워놓고 바다를 불렀다. 눈을 감았다. 바다는 슬그머니 파도를 만든 후 소리로 응답했다. 몸과 생각이 따로 노는 것이 고통의 전조라고 일러 주었다. 나는 즉답을 피하면서 "삶이 고통이라는 뜻인가." 혼잣말로 반문했다. 방파제에 서 있기만 하는데도 바닷새는 내 주위를 뱅뱅 날아다녔다. 삶이 가까이 있다는 듯이. 오늘이 여기 있다는 듯이.

적량바다는 자신의 존재를 쉽게 내놓지 않았다. 인간의 힘으로 다가갈 수 없는 아득한 공간이 낯설기만 하다. 파도가 출렁인 은빛 물기로 반짝이고 있다. 수면 위로 번지는 공허의 자국인 허무를 털어 내고 있다. 요즘 들어 마음이 공허해지며 부질없음의 '허무'를 남발하는 횟수가 빈번해지고 있다.

허무를 적량바다에 맡기면서도 바다의 외로움은 미처 생각하지 못했다. 바다 깊숙한 곳에서 꿈틀거리는 심연의 몸짓이 가냘프다. 어느새 아침 해가 눈 부셔 온다. 오늘 나는 방파제 끄트머리에서 바다의 품격과 깊이와 물색을 새긴다. 꿈틀거리는 허무를 받아들인다. 오늘만큼은 감상적 허무주의자가 걷는 길에도 아침 해가 솟는다.

창선도에 터를 잡은 적량마을은 찾아오기가 가볍다. 사뿐한 발걸음이면 충분하다. 고즈넉한 마을을 한번 들리면 기억에 남겠다. 조금은 태평해지면서 찾아와도 반기는 마을에는 한나절을 다 채울 것 같은 고요가 깔려 느긋하다. 마을에 들어서면 쏜살같이 지나가는 시간도 멈춘다. 정말이지 마을로 걸어오는 길이 꽃길처럼 알록달록하다.

마을 초입의 가변길은 바닷물이 넘지 못하도록 설치한 석대에 그려진 '일곱 색깔 무지개'가 넘실거린다. "무지개 도로다." 탄성이 절로 나온다. 들뜬 마음이 부풀어 오른다. 무지개 색상이 바다에 투영되었고 건너편 섬으로 무지개다리를 놓을 듯 기세를 올린다. 허공에 그은 색깔들이 파도에 투영되면서 사라진다. 어두운 밤을 건너온 사납던 파도도 잠재우고 있다. 무지개가 색깔로 입힌 몸일 때는 어둠이 존재하지 않는다. 꿈이 몰아치는 무지개는 환상적이다. 어떤 자극을 받아도 통증이 없다.

마을에 도착하니 붉은 등대가 보이고 줄지어 선 보트들은 계류장에 정박해 있다. 햇빛을 받은 바다는 물비늘로 반짝거린다. 향기로운 장미처럼 바다 내음을 맡기 위해 코를 열고 숨을 들이마신다. 햇빛에 산란되는 파도를 깊게 바라보았다. 물결의 속성은 밀어낼 뿐, 당기지 않는다. 파도가 놀고 있는 바다는 푸르고 눈이 부시고 맑았다.

적량마을은 동쪽 바다를 향해 있다. 사량도와 수우도 사이에 붉은 해가 떠오르고 양씨 성을 가진 사람이 정착했다고 적량(赤梁)이라 불렀다고 한다. 요즘은 아침 햇살이 넉넉하게 비춘다고 "적량해비치마을"로 겸해서 부른다. 섬과 섬 사이에 놓인 바다는 이불을 덮고 누워도 좋을 만큼 잔잔하다. 봄날의 밀밭처럼 푸릇푸릇하다. 눈을 어디로 돌려도 바다고 섬이다. 항구에 정박한 고깃배들은 출어를 기다리고 있다.

마을 쉼터 옆의 정자 난간에는 '남파랑길 38코스' 시작점을 알려주는 나무패널이 달려 있다. 그 옆에는 '말발굽길' 안내판이 있다. 고려 시대만 해도 적량고을은 군마를 사육했다고 한다. 당시 기동성이 탁월한 몽골말이 제주와 남해안에 유입되었다는 기록이 남아 있다. '여몽연합군'의 2차에 걸친 일본 정벌은 일본 역사에서 가장 긴박했던 풍전등화의 순간이었고, 최초로 막부시대를 연 '카마쿠라막부'를 위기로 몰아넣었다. 일본 역사의 일부를 이곳에서 볼 수 있으니 흔적은 언제나 살아 있는 역사로 자리매김한다.

마을 후산이 국사봉(國祀峰)이다. 매년 섣달 그믐날이면 국태민안 제사를 지낸다. 왜적이 침입하면 봉화를 올렸고, 풍농풍어를 빌었던 유서 깊은 국사봉 아래는 100미터 남짓의 '적량성' 흔적이 남아 있다. 지금도 성벽을 두른 돌들이 주택 담장과 논과 밭의 경계용 석축으로 쓰이고 일부는 방치되어 있다. 마을 회관과 지근거리에 있는 표지석은 '후일 복원될 날을 기다리고 있다'는 내용이 적혀 있다. 어느 날 복원 소식이 들려오면 굴항(掘港)을 팠던 백성들의 애환을 새기면서 어쭙잖은 벽돌공의 흉내라도 내야겠다. 길손도 그날을 손꼽아 기다리고 있겠다.

적량마을은 남파랑길 38구간의 종점이고 39구간의 시작점이다. 진부한 표현 같지만, 인적이 드문 바닷가 마을이 쓸쓸해 보인다. 다음 목적지인 대곡마을 끝자락 오르막길에서 적량마을을 뒤돌아보았다. 어느새 구름이 아침나절의 햇살을 가렸고 가물거리는 바다는 산 중턱에 걸쳤다. 마을이 바다 곁에 앉아 있는 듯 잠잠하다. 그러니 파도가 앉았던 자리에는 마을이 앉았다. 수풀 우거진 능선의 그림자는 마을 담장을 자처했는지 대열을 이루며 마을로 하산하고 있다. 조용한 마을이다.

그 처서의 순행길

　　　　　　　지금 대한민국은 걷기 열풍에 휩싸여 있다. 어느 순간부터 맨발 걷기 정도는 누구나 걷는 일상이 되었다. 나도 어지간한 걷기의 고수라 자청하다 보니 나름대로 경험을 품고 있는 '걷기 비망록'이 있다. 첫 번째는, 오래 걸으려면 "안 아픈 곳이 없다"를 남발하지 말아야 한다. 순례자처럼 담담하게 걸어야 한다. 두 번째는, 관절이나 발바닥이 아픈 것 정도는 일상의 사이클로 대하면서 걸어야 한다. 세 번째는 생각을 키우기 위해 사물을 인식하고 분해하고 담금질해야 한다. 네 번째는 기쁨이나 슬픔 같은 것을 쉽게 받아들이고 표현하는 것을 억제해야 그나마 평정심을 얻는다. 이는 길을 걷는 목적과 상통한다.

　길을 걷다가 뱀이나 맹금류 같은 사체를 발견하면 슬픔이 몰려온다. 이때는 걷는다는 것의 자괴감이 몰려오기가 다반사다. 그래도 걸어야 한다. 나를 위해 주어진 길이란 이 세상 어디에도 없다. 길을 걷다가 만나는 슬픔에는 분노가 없다. 슬픔의 연유를 생각하고 인간의 무지를 받아들이다 보면 그나마 위안이 된다.

역설적으로 육십 대 중반을 기웃거리니 뒤돌아보는 여유가 생긴다. 참말이지 오십 대 후반까지는 중천의 해가 기울지 않는다는 해바라기의 진심을 믿었다. 이제는 '나'를 생각하고 만나는 일이 빈번해진다. 살아온 삶을 뒤돌아보니 거의 삼십 년을 산에 올랐고 둘레길을 걸었고 마라톤에 입문해 정신없이 뛰었다.

오늘은 남파랑길 39구간을 걷는다. 남해 삼동항을 따라 걷다가 지난달에 건너온 창선교를 바라보았다. 다리 교각과 상판에 비춘 아침나절의 붉은 햇살은 분홍색 파스텔톤으로 은은하게 빛나고 있다. 창선교를 향해 두 손을 모아 합장이라도 하고 싶다. 누군가는 자동차나 두 발로 걸어서 창선교를 건너고 만선의 어부는 뱃고동을 울리며 건너편 포구로 향하고 있을 터이다. 그러는 사이 바다 깊숙한 곳으로 들어간 파스텔 톤은 창선교 상판으로 검붉게 번져 나갔다.

창선교와 섬과 섬 사이의 좁은 바다를 유영하는 은빛 멸치는 인근의 대나무 발을 'V'자 형태로 벌려놓은 죽방렴을 향해 스스로 포획될 자리를 찾아 든다. 멸치에게 있어 죽방렴은 산짐승의 올가미처럼 목숨을 내놓아야 한다. 죽방렴에서 멸치가 살아남으려면 물속에서 지구를 들어 올릴 수 있는 정도의 지혜나 힘을 갖추어야 한다. 인간의 욕망은 죽방렴으로 만족하지 못한다. 그곳 바다에다 데크 길을 놓은 죽방렴 관람대를 설치했다. 인간의 호기심은 타인이나 다른 종의 고통을 헤아리지 못하고 즐기는 관성에 익숙해 있지만 나도 그걸 반기니 '몰인간성'을 스스로 고백하고 있는 셈이다.

로마제국은 집정관 시대에서 황제 통치로 넘어오면서 광기와 광분이 넘쳐났다. 아프리카 사자를 풀어놓아 검투사와 대결시켰다. 칼에 맞은 사자에게는 두 손을 들어 환호했고 사자의 예리한 이빨에 내동댕이친 검투사에게는 괴성을 질러댔다. 검투사 양성소에 공급되는 노예와 전쟁 포로는 차고 넘쳤다고 한다. 죽방렴 관람대에서 은빛 멸치를 찾아 두리번거려 보지만 다행히 물때를 비켜 갔는지 목책에 달라붙은 조가비만 엉성하게 엉켜 있었다. 자신의 고통을 기록하는데 인색한 나는 어찌 최상급 상품으로 팔려나가는 '죽방멸치'를 놓고 이리 쉽게 기록하는지 놀랍다.

남파랑길은 둔촌마을이 끝나는 지점에서 갯벌 체험장이 있는 바닷가로 이어졌다. 갯벌만 바라보면 그냥 퍼질러 앉고 싶다. 무언가 아득한 태초의 신비가 느껴진다. 거기에는 질펀한 생명이 꿈틀거린다. 해 저무는 시간에 찾으면 망둑어의 '크렁크렁'한 소리를 들을 것 같다. 갯벌은 인간의 발걸음이 그리 반갑지 않다. '갯벌 체험장'은 아이들에게 호기심을 선물하지만 다양한 생물 종의 은신처를 위태롭게 한다. 여기서 채취하는 조개는 해당 지역 어촌계에서 '종균'을 살포해 연명하다 보니 스스로 자생력을 잃어가고 있다고 환경론자들은 비판의 목소리를 높인다.

둔촌마을의 갯벌은 바다의 허파로 존재한다. 넓게 펼쳐진 이곳은 누굴 따라잡고 앞서가는 생존경쟁의 터전이 아니다. 그냥 그 자리에서 숨을 쉬다 보면 스스로 생명력이 복원되는 천혜의 환경을 아우르고 있다. 공동체라는 개념에서 바라보면 그들은 남보다 위대할 것도 없다. 인간은 군중을 형성하고 풀은 군락을 이루고 갯벌은 사방에 진지를 구축하면서 군집을 이룬다. 태생적으로 유기적인 인연을 맺다 보면 우리 곁에 있고 만물 모두는 진리다. 망둑어는 갯벌이 진리다. 서로에게 쉽게 상처를 주기도 하는 인간종은 더 많이 참회하면서 걸어야 그나마 언감생심 진리라도 보일 것이다.

남해 삼동면 화천에서 동천마을로 이어지는 길은 작물길이다. 입추와 처서를 넘겼는데도 가을의 문턱은 열기로 담금질하고 있다. 절기를 가장 먼저 눈치채는 게 작물이다. 잎 줄이 마른 호박은 호박색으로 노랗게 익어가고 고구마밭은 잎 순이 번져 고랑을 덮었다. 아직도 물과 햇볕이 필요한 벼들은 태양을 향해 고개를 들고 있다. 벼들은 수매가격이 결정되는 가을에 고개를 숙인다. 그때는 농부도 고개를 숙인다.

처서가 지났는데도 논두렁은 풀의 세상이다. 하찮은 풀들도 눈치는 있다. 제 자리를 지키면서 논과 논이 서로를 넘보지 못하도록 경계를 짓고 울타리를 친다. 논물이 논두렁을 넘지 못하도록 이른 봄부터 풀뿌리를 내리고 흙살을 다져 놓기도 한다. 덥다고 함부로 고개를 숙이지 않는다. 찾아올 가을을 기다릴 줄도 안다. 그것뿐 아니다. 기꺼이 소 꼴로 요긴하게 대접받았고 꼴망태를 짊어진 유년의 아이도 제법 어른 대접을 받았다.

풀벌레가 폴작 뛰어오르는 가을이 오고 있다. 이슬 한 방울도 착하게 나눠 먹고 살았던 풀잎이 말라가고 있다. 그 계절의 풀들은 벼나 사람이 보는 앞에서 쉽게 고꾸라지지 않으려고 버틴다. 이때쯤이면 논물이 마른 논두렁은 풀벌레의 향연장으로 변신한다.

인간도 논두렁의 풀들과 다르지 않다. 사방이 꽉 막히고 출구가 보이지 않는 삶일지라도 쉽게 포기하지 않는다. 어느 시인은 "사는 건 괴로움을 견디는 것"이라고 말했다. 나에게도 글쓰기는 두려운 존재이지 전략적 자산이 아니다. 오늘도 새벽을 뒤척이다가 이부자리에 서 어디로 나가는가. 남파랑길 아닌가?

'꽃내' 윤슬

꽃내'라, 이름만 들어도 찰지게 윤기가 흐른다. 따로 특별히 소통하지 않아도 신선한 촉감이 닿는다. '방긋' 웃음 짓는 순정한 이미지가 저절로 떠오르며 미소가 흐른다. 그뿐 아니다. 영원토록 꽃내라는 옷을 입혀도 변하지 않고 철 따라 옷을 갈아입어도 어울린다. 바라만 보아도 푸근하게 감싸줄 것 같다.

남파랑길 안내 표지판에서 '꽃내'라는 지명을 처음 보았을 때, 왕조 시대 사대부 집안 규수가 신는 '코신'인가를 연상했다. 꽃내는 섬에서는 보기 드문 바다로 이어지는 독립하천의 구실을 한다. 민물고기와 꽃과 산이 그려져 있는 안내 표지판이 신비롭게 다가왔다. 하천을 이어지는 길을 걷다 보니 비로소 꽃내가 숨겨놓은 본뜻을 알 수 있었다.

꽃내는 '화천'(花川)의 순우리말 별칭이다. 남해 삼동면의 '남해편백자연휴양림'에서 동천마을을 거쳐 지족 해협으로 이어지는 10km 남짓의 하천이다. 봄이 되면 무리를 지어 핀 색색의 꽃들이 하천을 따라 바다를 향해 떠내려가는 풍광이 장관을 이룬다고 해서 붙어진 이름이다. 연초록 물이 번지는 새봄과 물수레에 얹힌 고상한 꽃잎과 그리움이 일렁인 사모곡도 바람결에 실려 바다로 둥둥 떠내려가는 하천이다.

봄밤에 달빛을 받으며 떠내려가는 꽃잎은 세상 어떤 꽃잎보다도 눈부시다. 꽃잎이 별빛과 달빛 따라 하천을 따라 떠나는 모습을 상상하니 고상의 극치가 무엇인지 알겠다. 산에서 떨어진 붉은 꽃잎이 강물에 순명을 맡기는 것은 아찔한 현기증이고 대책 없는 아름다움이다.

조선조 문신인 자암 김구 선생은 '기묘사화'에 화를 입고 남해로 유배되었다. 선생은 남해의 꽃내를 둘러보면서 건너편 산기슭에 핀 꽃을 바라보며 '꽃밭'(花田)이라고 명명했다. 권력의 부침이 냉혹한 현실에 집착하다가 꽃이 만발한 꽃내에 다다라서야 비로소 별천지 낙원이 열린다고 유유자적했을 것이다. 그가 남해 유배지에서 남긴 시가 '화전별곡'이다. 그분의 사후, 서포 김만중을 비롯한 많은 유배객이 남해에서 시문을 짓고 문집을 남겼다. 조선의 절해고도인 남해가 '유배문학'의 산실이 되었던 계기가 된 셈이다.

화전 둑방을 따라 조성된 '화전별곡길'을 걸었다. 둑방에 잇댄 휴경지에는 목줄에 메인 염소가 풀을 뜯어 먹다가 '힐끔힐끔' 거리며 길손을 바라보고 있다. 염소가 파헤친 한정된 공간의 풀밭에는 듬성듬성한 풀들이 말라가고 있다. 목줄을 풀어놓으면 풀밭은 염소 세상이 될 텐데, 각박한 세상은 염소의 착한 본성마저 믿지 못하는 야박한 세상이 되었다. 오늘 만난 염소가 목줄에 메인 채로 살아가는 것도 동물해방의 관점에서 바라보면 체질화된 학대의 성격이 짙다. 꽃내 라는 고상한 지명에서만큼은 염소도 한가롭게 노닐어야 한다. 목줄이 풀린 염소가 길손에게 스스럼없이 다가와 풀밭의 온기를 나눠주는 상상을 하면서 천천히 내산 저수지가 있는 산골짝 방면으로 걸었다.

꽃내는 앞만 보고 걸을 수 없는 눈이 호강하는 하천이다. 내산 저수지까지 3.6km 남았다는 남파랑길 안내 표지판도 눈에 들어오지 않는다. 둑방과 보조를 맞추는 황금색 들판과 산 그림자를 받은 능선 아래의 숲들이 가을이란 이런 것이라는 인상을 남긴다. 살며시 다가온 햇살이 하천을 비춘다. 곱다. 살랑한 바람은 강둑의 은빛 갈대를 흔든다. 이도 곱다. 강물은 저음의 맑은 목소리로 길손과 장단을 맞춘다. 눈을 감고 들어도 곱다. 물막이용 석축에 앉은 왜가리는 거슬러 올라오는 물고기를 노려보고 있다. 은빛 가을이 풀어놓은 꽃내 세상이 순정하다.

군락을 이룬 갈대와 석축 사이에는 윤슬이 반짝이고 눈이 부셔온다. 대책 없는 호강이란 이런 것인지 모른다. 하천에 핀 '윤슬 꽃'을 바라보면서 황홀경에 빠진다. 윤슬의 청춘도 이야기해야겠다. 햇살을 받아 처음 강물에 태어난 순간부터 반짝이는 청춘이다. 꽃내에 들린 길손을 만났으니 심장이 뛰는 청춘이다. 중천의 햇살을 받으니 청춘의 현재진행형이다.

갈대밭을 나온 윤슬이 석축 앞으로 밀려오고 있다. 스스로 별사탕 모양을 내고 동심원을 따라 춤을 추고 있다. 갈색으로 무장한 갈대는 물줄기에 몸을 밀착시켜 보지만 윤슬은 개의치 않고 노련한 춤사

위 꾼으로 변신한다.

강둑에는 은빛 억새가 출렁이고 있다. 강물에 앉은 윤슬에 탄성을 지르다 그만 눈앞에 수북하게 핀 억새에 마음을 빼앗기고 말았다. 출렁인다는 것은 두 얼굴을 가진다. 존재를 거는 것과 바라보는 것이다. 바람 부는 날 흔들리는 억새는 존재를 걸고 출렁인다. 존재를 걸면 당당하다. 억새가 존재를 건다는 것은 설한풍이 몰아쳐도 홀로 견디겠다는 신념의 표상이다. 억새를 바라보는 길손은 나에게로 향한 그의 몸짓이 출렁인다는 것을 그때는 긴가민가했다.

억새는 바람이 없는 날에도 출렁인다. 억새를 바라보는 인간의 마음이 출렁이기 때문이다. 그렇다. 그리움을 비울 때도 출렁인다. 꽃내에는 억새만 출렁이지 않는다. 강물도 길손도 출렁인다. 윤슬이 핀 그 자리에 산란을 위한 물고기가 내산 저수지로 거슬러 올라가고 있다. 그 길은 거슬러 올라가면서도 자연의 법칙을 거슬리지 않는 길이다. 조금 있으면 중천이 서산에 기울고 윤슬이 사라진다. 노을이 번지면 생의 용감한 갈대가 출렁인다. 윤슬 꽃이 핀 갈대 끝에서 날 저물면 길손의 허무 꽃이 고개를 들 것이다.

금포마을엔
겨울 향기가 스민다

남해는 남쪽 나라가 맞다. 입동 무렵에 들렀는데도 마늘과 시금치가 쑥쑥 올라오고 있다. 남해도(南海圖)를 유심히 바라보면 전통혼례를 올리는 신랑 신부가 맞절하는 형상이다. 자연광에 의존해도 부족할 것 없는 고을인 '남해'가 지상의 유토피아가 아닐까 싶다. 그중에서 미조면의 천하마을은 남해군의 가장 남쪽에 터를 잡은 마을이다.

'천하마을'은 지명부터 고상하다. 마을 후면에는 금산의 동쪽 자락을 타고 내려온 집들이 옹기종기 터를 잡고 있다. 바다를 향하는 하천에는 피라미나 수생곤충이 노닐면서 유영한다. 앞바다는 물고기와 해산물이 풍족하고 파도가 밀려온 해변에는 빛깔 고운 몽돌이 햇살을 받아 반짝이고 있다. 수평선 끝자락이 닿은 서쪽의 '목도(木島)'에 석양이 비추고 노을이 번지면 하늘에 닿은 바다는 온 세상을 낳고 기르고 품는다. 어느 계절이나 어느 시간대에 들러도 정겹고 아늑한 마을인 셈이다.

이른 아침에 들린 천하마을은 여행객으로 보이는 몇 명만 몽돌 해변을 산책하고 있다. 개인주의가 팽창한 도시인은 혼자 남기를 두려워한다. 이곳은 그럴 필요가 없다. 몽돌이 깔린 해변을 걷고 갈매기가 나는 바다를 바라보기만 해도 절로 화색이 돈다. 해변으로 밀려오는 파도는 몽글몽글하고 둥글둥글한 몽돌을 적시다가 돌아간다. 그럴 때마다 몽돌은 스스로 악기가 되어 사그락사그락 선율을 탄다. 널린 감정선을 깨우고 잠재우기도 한다. 가끔 지나가는 바람이나 사람들도 멈추기도 하고 선 채로 귀를 쫑긋 세우기도 한다.

여기서는 귀를 열어두어도 스르륵 잠이 들 것 같다. 귀를 열든, 닫든 상상만 해도 환상적이다. 파도는 바다의 소리로 응답한다. 발길이 닿는 몽돌은 까르륵 소리로 들리고, 허공을 가르는 갈매기의 울음은 천상의 소리로 들린다. 생각 줄을 놓고 몽돌 해변을 천천히 걷는 순간만큼은 일상의 번잡함을 잊는다. 혼자 말이 톡톡 튀어 나왔다가 어느새 사라지기도 한다. 조금 더 높은 '자아의 침묵'이 이런 것인지 모른다.

알프스의 깊숙한 곳에는 1084년에 세워진 '카르투시오' 수도원이 있다. 일단 들어가면 나올 수 없고 대화는 금지되어 있다고 한다. 이곳에서는 평생의 침묵인 기도와 묵상만이 이어진다. 자급자족의 노동은 몸까지 존엄하게 만든다. 그곳에는 바람이나 짐승의 소리와 수도사의 침묵이 서로 섞이고 어울린다. 말하기 싫음이 아니라 귀 기울이고 응시만 해도 내면의 충전이 채워지고 무언의 대화가 이루어진다.

지리산 둘레길과 남파랑길을 오랫동안 걷다 보니 어느새 나도 침묵이 끊어지면 혼자 말이 따라오고 독백이 멈추면 침묵이 밀려온다. '왜 사는가'까지는 몰라도 '무엇으로 사는가'는 어렴풋이 느낀다. 어디를 걸어도 생각 골짜기를 이룬다. 그 골짜기에 들어가면 위아래의 격차에서 벌어지는 '냄새'가 진동하지 않는다. 영화 '기생충'과 비판적 작가인 조지 오웰의 '동물농장'은 계급 간 차이의 비밀이 '냄새'에 있다고 보았다. 어쭙잖은 길 전도사인 나는 길을 걷는 동안만큼은 어느 정도 그런 '냄새'를 느끼지 못하면서 걷는다.

천하 몽돌 해변을 지난 남파랑길은 금포마을 안길로 이어진다. 마을 회관을 지나 오르막 고개를 걷다가 뒤돌아보았다. 색색의 지붕이 얹힌 금포마을과 천하마을이 햇살을 받아 따사롭다. 앞바다는 어느새 파도가 멈췄는지 잔잔하다. 파도가 아름다운 것은 제 자리로 돌아올 줄 알기 때문이다. 파도는 파도를 밀어내면서도 흔적을 남기지 않고 자리다툼을 하지 않는다. 파도가 들이받은 몽돌은 반복되는 흔적만 남기고 지울 뿐이다. 거기서 서성이고 바라보고 누워보고 걸어보았던 길손의 흔적은 세월마저 비켜 가고 있다. 우리 삶도 몽돌을 때리는 파도처럼 나아가고 물러서고 멈추기를 반복하면서 인생이란 서사를 만들어간다.

오르막 농로 끝에서 만난 다랑이 논은 밭으로 변신했다. 밭에는 푸름이 번지고 있다. 남해는 사시사철 꽃이 피고 작물이 자란다. 계절마다 피고 지는 생명의 순환 통로가 열려있는 셈이다. 남해사람들은 겨울에 자라는 마늘이나 시금치를 보고 해풍을 먹으면서 자란다면서 친밀감을 표현한다. 그곳에 터를 잡은 사람들은 무엇을 먹고 자랄까.

노인 인구 비중이 높은 섬이지만 결핍과 고립을 동반한 외로움만 먹고 살아가지 않는다. 따뜻한 햇살이 번진 마을의 회관에도 들리고, 해풍을 먹고 자라는 밭에서 땀을 흘리기도 한다. 객지의 손주들과 휴대폰 영상통화를 할 때는 세상의 시름을 모두 잊는다. 길손이 걸어가는 길에서 감사 기도나 묵상이라도 하고 싶다.

흙은 스스로 길을 열어 순환한다. 엄동에는 삭막한 풍경만 보인다. 길도 그렇다. 길을 걷는 사람은 바다나 강이나 산 앞에서 멈춘다. 목적지나 종착지에 다다른 다음에도 생각이 만들어내는 길이 있다. 나는 이 글을 쓰는 순간에도 토실한 작물이 자라는 남해를 연상하면서 흙을 밟고 있다. 인간이 태어나 바라보고 사랑하고 기억하는 것이 '무엇일까'를 생각하다 보면 살아있는 어떤 윤회의 맛보기 정도는 어렴풋이 보이는 것 같다.

엄동에 뿌리를 내리는 남해 마늘과 시금치는 누가 뭐라 해도 목숨줄이 질기다. 그들도 살아있을 때 경이롭지, 팔려나가면 어떤 몸값이 기다리는지 알 수 없다. 그 세계는 길손이 길을 걸으면서 해답을 찾는 공간이 아니다.

입동 무렵에 찾은 금포마을의 바다는 목석이고 파도는 들숨 날숨이다. 언덕배기에서 만난 촌로는 황토색으로 빚어낸 얼굴이다. 산과 들에서 농사일하면서 살아가는 사람에게는 구릿빛 향기가 남는다. 험난한 명줄로 일군 황토밭의 마을과 시금치에도 깊은 향이 스민다. 입동이 저물어가는 섬에는 어떤 신성함이 깃들어 있다. 자꾸자꾸 길어지는 해거름에 기댄 금포마을의 촌로와 작물도 부디 따스하기를.

남해 앵강만

앵강만의 아침 공기는 맑고 햇살은 투명하게 빛나고 있다. 파도도 서늘한 몸짓으로 꿈틀거린다. 앵강만 정중앙에 우뚝 솟은 두 개의 무인도는 자신의 그림자를 옹골차게 버티고 있다. 홀로 겪는다는 것은 자신을 만나고 어루만지는 공간이 협소하다는 걸 반증한다. 타지로부터 분리된 겨울철 앵강만은 고립과 치유와 그리움을 담고 있다.

번잡한 세상살이가 차단된 앵강만이다. 만(灣)의 끝자락까지 밀려온 파도의 일부는 밀려온 바다로 되돌아가고 하얀 포말이 닿은 모래톱은 솜털처럼 가볍다. 앵강만을 바라보면서 걷다가 멈칫멈칫해지는 나를 돌아보기도 하고 석양과 노을에 물들어가는 바다를 떠올려보기도 한다.

파도는 파도와 상봉 하고 이별한다. 괭이갈매기는 사뿐하게 파도를 넘나들면서 자신의 존재를 각인시킨다. 고요가 묻어있는 검푸른 바다는 신비를 품는다. 이곳은 나와 바다 생명체가 개별적 존재로 채워진 곳이라 몽클하다. 나라는 존재가 이곳에 잠겨도 여한이 없겠다는 생각이 꼬리를 물고 있다.

　바다는 자신을 믿을 때 스스로 파도를 잠재운다. 칠흑 같은 바다를 건너온 앵강만의 아침 파도가 깨어나 용트림을 한다. 그다음엔 언제 그런 일이 있었나, 라는 듯이 파도는 스스로 몸을 웅크리고 길손은 관조하는 관성이 작동한다. 자신을 믿는 사람은 자존감이 높아 쉽사리 초라해지지 않는다. 그윽한 눈으로 파도만 바라보다가 이내 '이 앵강만에 내가 있었네'라는 생각에 잠긴다. 평소 같으면 쉽사리 적응되지 않는, 착 가라앉는 마음 여행이다.

　남파랑길 42구간 출발지인 원천항의 아침은 출어를 끝낸 고깃배들이 돌아오면서 활기를 띠고 있었다. 항구에 정박한 배에는 작은 파시가 열리고, 좁은 마당에 펼쳐진 수산물 시장은 대구와 물메기로 삶의 현장을 뜨겁게 달군다. 수산물 위판장에는 경매 열기로 더욱 후끈거린다.

　원천 항을 천천히 돌아보았다. 어판장은 두텁게 겨울옷을 입은 상인들이 눈만 빠끔히 내놓고 생선을 흥정하는 풍경이 녹진하다. 그러니 앵강만 들머리에 자리 잡은 원천항은 낭만과 우수에 젖을 틈이 없다. 심해를 유영하던 물고기도 육지로 올라오면 손님이고 귀빈이고 복덩어리로 변신한다. 길손도 봄이 오기 전에 녹진한 대구탕과 살집이 흐늘거리는 물메기탕을 먹어야겠다면서 입꼬리가 늘어진다.

　물고기에게 육지는 삶이 고통이다. 성질 급한 물고기는 고무대야에서 뛰쳐나와 차가운 시멘트 바닥을 뒹군다. 고향으로 돌아가고픈 열망의 불꽃이 사라지는 생의 마지막은 쉽게 받아들이지 못하는 체념임을 재확인한다. 다시는 돌아가지 못할 바다는 침묵하건만, 지난

밤 그물망에 걸린 물고기는 자신의 눈물샘을 찔러대고 있는 것 같아 안쓰럽다. 물고기가 담긴 고무대야를 바라보았다. 비릿하다. 그다음 하늘과 바다를 바라보았다. 컴컴하다. 경매장의 주문은 주술로 들리지만, 그들에게는 눈뜨면 마주치는 삶의 현장이다. 원천항의 아침 풍경을 소란스럽게 바라보면서 갈 길을 나선다.

앵강만은 절절한 음률이 밀려드는 소리길이다. 파도의 음색은 변함없으나 생각만큼은 끊어지다 이어지기를 반복한다. 남파랑 길과 남해 바래길이 겹쳐지는 '앵강만다숲길'은 15km 남짓 구간으로 혼자 걸으면 더 어울린다. 사방에서 파도치는 소리가 환청으로 밀려올 때는 둥둥둥 북소리로 들린다. 폭풍우가 몰아칠 때도 가냘픈 앵무새의 울음소리처럼 구성지게 들린다고 '앵강만'이라는 지명을 얻었다고 한다. 앵강만의 파도는 성난 칼춤이 아니라 사뿐한 제소리에 기댄 연약함의 본성을 지니고 있을 뿐이다.

앵강만은 한없이 가까이 있으면서 장엄하다. 걸음을 내디딜 때마다 파도의 소리와 장단을 맞추고 소통한다. 모래톱에 닿은 발바닥은 내면의 문진이 새긴 얼굴이면서 외부로 분출하는 통로 역할을 한다. 부서지고 사라지는 파도가 내 눈앞에서 조각되고 분산되고 결정되고 있다.

앵강만의 깊숙한 곳에는 방풍림으로 조성된 신전 숲이 터를 잡고 있다. 그곳은 내협의 끝자락이면서 육지를 향한 숨통의 종착지다. 숨통이란 생명체가 스스로 반응하는 최후의 '몸체'다. 신전 숲과 파도가 닿았다가 떨어지는 공간이 개펄이다. 여기에 살아가는 조개는 끊임없이 자기 몸을 토해내어 개펄에 영양분을 풀어 놓는다. 개펄에 떠도는 부유물을 먹고 사는 새들이 걸어간 발자국조차 먹이사슬의 엄숙함이 배어 있다.

신전 숲에서 화개마을 방면을 향해 걸었다. 해가 비추는 바다는 물빛을 발산하면서 춤을 추고 있다. 두 눈을 감고 걸어도 누운 파도에 기대 시소게임을 벌이는 윤슬이 다 보인다. 휴대폰의 역광에 노출된 파도는 어둠을 고스란히 담아내어 정면을 응시하기가 쉽지 않다. 역광에 불안한 시선을 감추기 위해 반대 방향의 눈(眼)길로 돌려놓기도 한다. 자신의 허물을 비추는 것 같아 눈을 감기도 하지만 어느새 벅찬 환희가 들이닥친다. 어둠에 깔리는 정지된 바다의 풍경에 길손만 움직이는 동선의 피사체로 남는다.

앵강만의 허리춤에 터를 잡은 화개마을에는 수령이 600살 남짓 먹은 느티나무 보호수가 있다. 동제를 지내고 풍어와 풍농을 빌었다. 봄날 새잎이 바다 쪽에 먼저 피면 풍어가 들고, 육지 쪽에 먼저 피면 풍년이 든다고 안내 간판에 표기하고 있다.

인간이 건널 수 없는 고통의 원천은 불안에서 나온다. 인생살이에서 행복한 삶은 그리 길지 않다는 사실을 누구보다 일찍 깨친 화개마을 사람들은 자연에 의탁하고 숭배하면서 보냈을 것이다. 내가 남파랑길을 걷는 이유도 무엇이 되고 남겠다는 욕망을 거두면서 걷고 싶은 길이다. 틈새마다 따라붙는 번잡한 상념도 사실은 자신에게 무릎 꿇는 일이다. 적막이 깔린 앵강만에서 묵상하면서 걷는 것이 나를 낮추는 행위다.

가천 다랭이마을*

2024년 무진년 새해가 밝았다. 기행 산문 한편을 끄적거리기 위해 이른 새벽에 이부자리를 밀치고 나온다. 평소에 잘 일어나는 습관도 글쓰기 날이 되면 잠자리 몸이 무겁다. 누워서 몇 번이나 '조금만 더 있다가 일어나야지' 하면서 뒤척일 때마다 이불속은 갈등의 흔적이 구겨진다. 기행 글은 기억이 따라오고 몸의 언어로 반응하는 흔적을 남길 뿐이다.

새해 첫 달은 한해를 가장 먼저 실천하는 달이다. 글쓰기 게으름을 피우면 '나에게 무릎을 꿇는다'라는 엄연한 현실을 감당하는 일이다. 그다음은 약속이나 다짐은 무너지고 여러 상대방에게 무릎을 꿇는다. 그때는 허무 꽃이 만발한다. 사유나 맑은 정신만으로 펜을 드는 것이 아니라 책상에 앉아 버티는 결기로 쓴다.

남파랑길 42, 43구간의 시 종점에 터를 잡은 가천 다랭이 마을은 남해군 남면에 있다. 마을에 정착한 농부들은 도저히 논으로 개간할

---

* '다랭이'란 '다랑이'의 방언이다. 편의상 '가천마을 다랑이 마을'을 표기할 때는 '다랭이'란 방언을 그대로 표기했다.

수 없을 것 같은 산비탈을 허물고 다듬고 석축을 쌓아 다랭이 논을 일구었다. 설흘산과 응봉산에서 하강한 급경사에 얹힌 논은 오밀조밀하게 둥지를 튼 형상이다. 산의 지형을 따라 곡선 형태의 계단식 논이 비탈진 경사를 따라 바다 방면을 향하고 있다.

다랭이 논의 석축에 동원된 돌들은 배후인 산기슭에서 운반해 왔다고 한다. 장정들이 앞장섰고 노인이나 아녀자들과 아이들도 힘을 보탰을 것이다. 마을 후면을 관통하는 차도에서 바라본 아래쪽 급경사 논은 아찔하다. 산업화의 격랑이 지나간 지금은 보면 볼수록 장엄하고 신비롭다. 요즘은 그들이 남긴 흔적이 전통적 논의 얼굴로 찬양받는다. 논이 논으로 보이지 않고 어떤 고난이나 상심에도 끄덕하지 않았던 당신들의 얼굴로 보인다. 거친 노동을 견뎌낸 몸의 서사들이 전류처럼 스친다. 몸이 희망인, 고작 그뿐인 몸뚱이를, 위대한 풍경을 만들어낸 그들이, 가난이 남긴 '몸'이라는 것은 삶의 자국이 잉태한 실낱같은 희망'의 전주곡이다.

'다랭이 논'이란 폭이 좁고 규모가 작은 논을 지칭하는 단어다. 삿갓을 덮어 놓으면 보이지 않을 정도로 논배미가 작다고 '삿갓배미'라고 불리기도 한다. 봄이 오면 작은 논마다 비집고 올라온 초록 벼들로 넘실거린다. 논바닥에 착생한 어린 벼들이 봄비를 반기면서 자라고, 포기 수를 늘린 벼들은 여름 불볕더위와 가뭄에 맞서면서 견딘다. 하루해가 저물면 바다에 솟아오른 검붉은 노을이 내려앉는다.

석축은 논을 한 뼘이라도 더 넓히기 위해 수직으로 축조했다. 논과 논이 이어지고 빗물을 담은 논은 수평을 이루어 가뭄에 대비하면서 알토란 같은 흙의 유실을 방지한다. 그뿐 아니다. 봄과 여름에는 초록으로, 가을은 황금색으로, 겨울에는 더 선명한 무채색을 남긴다. 계절과 상관없이 따뜻한 온기로 데워지는 풍경에 관광객도 끊이지 않는다. 석양이 바다에 물들일 시간인데도 오늘 들른 마을 안길은 찻집과 음식점과 토산물 가게로 붐비고 있다.

아침 해가 사시사철 논두렁을 따라 등고선 방향인 서쪽으로 이동할 때마다 해그림자는 다른 표정으로 무장한다. 어떤 때는 슬픔을 비추고, 어떤 때는 손에 잡힐 듯한 희망으로 다가온다. 그러다 생각이 조금 더 깊어지면 시름에 잠겼을 농부의 거친 손등이 오버랩으로 겹치기도 한다. 어둠이 내리면 달이 비추는 바다의 성정은 고요하다. 농부가 걸어간 그 길이 아득할 뿐이다. 어떻게 견디고 살아왔는지. 모진 것들은 슬픔을 잉태한다고 하지. 집 밖 세상은 무서운 거지. 여기는 끊어 질듯한 허리만 숙이면 되는 거지. 농부에게 고개 숙이는 벼를 닮고 싶었지. 세월에 자연에 고개를 숙인다는 것은 마음에 안착한 벼가 여물었다는 것.

가천마을은 다랭이 논 중간에 터를 잡고 있다. 급경사를 이루는 마을답게 바다를 굽어보는 풍광이 다채롭다. 마을 뒷산의 설흘산에는 봉수대가 있다. 왜적의 침입을 알리려는 군관민의 책무가 긴박하게 움직였을 것이다. 그들은 환란에 처할 때마다 풍전등화의 시린 가슴을 쓸어내리면서 불퇴진의 서사를 만들었다.

요즘에는 마을의 상징인 다랭이 논과 관광객을 불러모으는 상점의 다수는 외지인이 차지하고 있다고 한다. 농부의 땀이 아니라 도시의 자본이 깊숙이 침투한 셈이다. 관광객의 시선을 묶어놓은 상품 차림표는 오랫동안 더운밥이 차지했던 농부의 온기를 밀어내고 있다. 관광객은 이곳에서 아등바등하지 않는다. 무표정한 그들은 인물 사진 찍고 풍광만 담으면 그뿐이다. 삶의 껍질을 한 꺼풀만 벗기면 고통을 감내했던 전혀 다른 공간이 있었다. 그 세상이 농사짓고 살았던 농부의 내밀한 얼굴이다.

가천마을에는 '암수 바위'가 있다. 숫바위는 높이가 5.8m, 둘레가 2.8m나 되는 거대한 남성의 성기 모양으로 우뚝하게 솟아 있다. 암바위는 높이가 3.9m, 둘레가 2.3m로 아기를 잉태한 만삭의 여인을 닮았다. 비스듬히 누워있는 형상이라 원초적 성욕의 화신처럼 보이기도 하고 다산과 풍요를 상징하기도 한다. 더 본질적인 것은 득남의 소원이 배인 염원일 것이다.

마을의 공터에 있는 '암수 바위'는 약간 떨어져 있다. 성행위의 밀착에서 벗어난 공간이라 여유가 있고 해일이 밀려오기 전의 바다처럼 고요하다. 고대인들이 바라본 성행위는 분출하는 자아를 흔들어 운명의 순간을 포착하는 것일 것이다. 그러니 그들이 자아를 내놓는 거룩한 성행위는 축제의 성격이 짙고 생명의 절대성을 반영해 준다. 그렇게 인간들이 경외하는 숫 미륵과 암 미륵이 탄생했고 속세의 신앙으로 추앙받았다. 인간의 본능도 다랭이 마을의 '암수' 바위처럼 감정선이 출렁일 때 건강해진다.

오늘 길손이 들린 다랭이 마을의 겨울 풍경은 납작하게 오므라들었다. 삶과 죽음 사이의 인생도 그런지 모른다. 자연의 관점에서 바라보면 거창한 죽음이란 존재하지 않는다. 거창한 인생도 무명에 지나지 않는다. 죽음이라는 것도 몸으로 버텨낸 그 많던 땀방울이 휘발되었을 뿐이다. 겨울은 그런 계절이다. 어떻게 인간의 힘으로 '다랭이 논'을 만들었을까. 아무리 장광설을 늘어놓으며 인간이 위대하다고 윤색을 한들, 폐사지의 석축처럼 착착 포개진 논두렁 돌들의 무게만큼 무거울까.

다랭이 지겟길

낙엽이 숲길을 덮었다. 발바닥에 밟힌 바싹한 낙엽이 제 몸 누일 곳을 두리번거린다. 풍성한 낙엽은 따듯한 햇살을 받아 일정한 체온을 유지하는 상온동물처럼 포근하다. 어떤 존재도 낙엽처럼 젊은 시절에는 자신의 늙어간다는 것을 쉽게 인지하지 못한다. 노화는 누구도 결정하지 못하는 초자연 현상이다. 숲에서 낙엽만을 대화의 상대로 삼는 이곳은 남해의 외진 곳이다. 생각이 모이고 몸이 반응하면서 걷는 길이다.

가을이 오면 초록의 이파리는 붉은 반점으로 채색되어 가는 현실을 어떻게 받아들일까. 여름을 건너온 단풍은 여기까지 걸어온 자신이 아직도 젊다고 믿고 싶을까. 낙엽을 물끄러미 바라보았다. 엄동을 견디고 있는 나목들은 꿈적도 하지 않는다. 아주 미세한 체온만 남아있다. 이파리 다 떨군 하찮게 보이는 몸일지라도 엄동과 맞서고 있다. 떨림만 있는 그 나목들 두근거리는 몸이다. 봄이 올 거라는 믿음이다.

남파랑길 43코스는 남면의 가천다랭이마을에서 평산항까지

13.5km로 이어지는 다랭이 지겟길이다. 그들은 산비탈을 허물고 각진 돌멩이로 지반을 다져 길을 만들었다. 숱한 역경을 이겨낸 삶 자체는 고귀하지만, 지금은 노동의 흔적만 남아 스토리텔링 길로 변했다. 의미를 부여하지 않으면 잊힌 흔적만 남아있는 평범한 길일 뿐이다.

지게를 진다는 것은 작대기에 기대는 행위다. 세파에 몸을 맡긴 지게꾼의 행위는 거룩한 존재를 담는 노역이다. 낙엽을 밟다가 지게꾼을 떠올리는 것은 길을 걷는 목적을 새기면서 동시대를 조망하는 역할을 한다.

다랭이 지겟길의 출발지인 가천다랭이마을에는 선착장이 없다. 인간이 쉽게 해안에 접근하지 못하도록 가파른 절벽을 끼고 있다. 그러니 바다를 포기하고 농사를 선택했다. 빠르게 지나가는 겨울 해는 바다를 건너지 못하고 저문다. 섬에서 바다를 등지고 살아야 할 운명은 보편적인 생업과 거리가 멀다. 그들이 일궈 수확한 곡식은 긴긴 겨울을 버티는 양식이다. 어쩌면 연중 보릿고개가 이어졌을 것이다. 스스로 살아남겠다는 실낱같은 희망은 세상 어디에도 있지만 쉽지 않다. 다랑논과 지겟길이 그런 염원을 안고 뿌리내리고 만들어졌다.

다랭이 마을에서 지겟길로 이어진 펜션 단지인 '빛담촌' 마을을 향해 걸었다. 스산한 바람을 포갠 낙엽길에는 겨울이 들어앉았다. 길섶과 그 너머의 양지바른 곳은 봄을 기다리는지 포실한 흙을 뚫은 초록 풀들이 단정하게 올라와 군락을 이루고 있다. 마늘과 시금치는 해안의 언덕배기 밭에다 초록 세상을 수놓았고 따듯한 햇살은 숲을 파고

들었다. 나무 사이로 보이는 바다 건너편 겨울 산봉우리와 능선은 불안스레 검은 그림자를 드리우고 있다. 아득한 곳이라 손을 들어 흔들지도 못하고 마음속에 담고 걸었다.

다랭이 지겟길을 걷다가 가끔 만나는 동백꽃은 전봉준의 효수(梟首)를 연상시킨다. 푸른 보리가 넘실거린 갑오년 그해 봄날에 녹두장군의 효수가 떨어졌다. 살아남은 백성들은 삭풍이 부는 겨울이 오면 언 땅 발끝에 힘을 모아 보리를 밟았다. 밟아야 일어서는 백성들은 녹두장군의 반외세 반봉건의 희망을 끌어당겼다. 동백꽃처럼 송이째 댕강 떨어지면 무엇이 남을까. 스스로 엄동을 견디면서 미끈해지는 초록 잎일까. 갑오년의 보리 싹이 역사의 수레바퀴를 끌고 와 오늘 다시 꽁꽁 얼어붙은 엄동에 뿌리를 내린다.

'뷰'가 그림 같은 '빛담촌' 펜션 단지는 어쩐지 농부가 걸었던 다랭이 지겟길과 어울리지 않는다. 한눈에 보아도 외지의 엄청난 자본이 들어왔다는 것을 알 수 있을 정도로 규모가 웅장하다. 지겟길은 스토리텔링으로 변신했고 노을이 앉은 바다는 자본 논리에 매몰된 것 같아 씁쓸하다. 삶의 영역인 현실을 있는 그대로 받아들이는 것은 현명한 판단을 담보하는 처세술이지만 나처럼 일정한 패턴으로 길을 걷는 사람의 속내는 뭔가 불편하다. 현장의 원형보존이 남긴 삶의 숙성이 그나마 덜 산란하다는 것을 수도 없이 되뇌고 각인시켰다.

빛담촌 언덕 쉼터에서 바다에 접한 항촌마을을 내려다보았다. 마을 앞에는 조약돌 해안이 길게 뻗어 있다. 육안으로도 선명하게 보이는 바다 건너편 마주 보는 곳이 여수 오동도다. 농민들은 여수까지 똥배를 타고 논과 밭에 사용할 인분을 실어 날랐다고 한다. 수확한 농작물을 지게에 지고 다니던 길이 다랭이 지겟길인 셈이다.

유대인 정신과 의사였던 '빅터 프랭클'은 그의 작품 <심리의 발견>에서 "인간은 의미를 추구하는 존재다. 인간은 자기 외에 어떤 것을 향해 헌신하고, 자신을 넘어서 다른 대상에게 향한다고 했다." 지겟길을 걸었던 그들이 받아들이고 넘어서야 할 대상의 목적이 가족이다. 세파의 지게에다 젊음을, 노년을, 주어진 삶의 굴곡을, 슬픔이 고인 눈물을, 내일이 아닌 오늘을, 아니 지금 눈앞에 어른거리는 딸린 식구를 위해 자신을 보채는 숙명을 차곡차곡 담고 견디는 일일 것이다.

항촌마을에 터를 잡은 단아한 찻집에 들렀다. 이른 아침이라 알싸한 기운이 실내를 감돌아 몸을 녹이고 싶었다. 듬직하게 썰어 넣은 유자차를 마셨다. 창밖의 겨울 바다를 바라보다 보니 썰렁해진 마음도 녹는다. 중년을 갓 넘긴 것 같은 주인은 조곤조곤 이야기를 이어갔다. 소녀 시절에 고향을 떠났고 바다와 친구들을 잊지 못해 가산을 정리해 고향마을로 돌아왔다고 했다. 파도와 갈매기 소리에 눈뜨고 밥 먹고 친구들 만나 담소 나누는 지금이 너무 행복하다고 한다.

소담한 찻집에 앉아 정신적 식량인 펜으로 메모를 했다. '지겟길을 걸었던 농부의 인생사는 굽이굽이 돌아갔고, 굽이굽이 막혔고, 굽이굽이 절망했다. 나는 굽이굽이 길을 물었고, 굽이굽이마

다 봄이 오기를 염원하면서 혼자 말을 늘어놓았다.'

　길이라는 것은 어느 시점에 소멸하기도 하고 흔적을 지우기도 한다. 만물처럼 다시 태어나 시간과 더불어 흐르고 세월에 잊히다가 생을 마감하기도 한다. 어떤 때는 강물의 속성처럼 이어지지만 언제나 자신에게 주어진 몫을 감당한다.

　다랭이 지겟길은 몸이 반응하는 길이다. 혼자 남았다는 우울조차도 당위성을 받아들인다. 호미질과 삽질로 지나간 영욕의 고난을 갈아엎었던 시간이다. 엄동의 지겟길에 새싹이 듬성듬성 돋았다. 나는 그 길을 걸었고 잘 날것도 없는 이 땅의 어진 민초 만났다.

남해 임진성

봄은 기별이 무리 지어 따라오는 계절이다. 틈새마다 만발한 감정 꽃이 부풀어 오른다. 가만히 눈을 감고만 있어도 심장이 두근거린다. 굳이 삶에 대한 막연한 동경이 무엇인지 알 필요도 없다. 천천히 고개를 들면 기지개를 켜는 만물이 다 보이고 오감이 열린다. 계절의 여왕 앞에 고개를 숙여도 행복하다. 기쁨과 맞닿아 있고 흙살을 비집고 올라오는 희망이 있어 더욱 그렇다.

봄이라. 볕도 흙도 없는 봄밤에 책상에 앉는다. 걸어온 삶들이 잎맥처럼 핏줄이 선명하다. 엄동에는 숨죽인 나에게 안부를 묻고 토닥인다. 봄에는 가장 높은 정신적 푸르름을 꿈꾼다. 그러면서 나를 해방하는 계절이다. 봄을 타면서도 타인에게 쉽게 말하지 못하는 내밀한 자존감을 지키고 감정을 다스린다는 것도 괴로운 일이다. 창문을 열고 꽃향기에 떠밀려 숱한 생각이 담긴 비밀창고가 스르륵 열린다.

봄꽃이 피기를 바라는 마음은 그만큼 간절하다. 찬란하면서 허전하기도 하고 무언가가 꿈틀거린다. 그러니까 겨울을 걸어 나온 희망을 맡기는 거지 무얼 맡기겠나. 봄이니까. 내 얼굴이니까. 잠시만 방심하면 무너질 것 같으니까. 그러면서 힘들게 건져 올린 봄이니 초록 생명이 가득한 봄의 어느 날에 맡기면 되는 것이지. 다시 남파랑길을 걷는 고행을 선택하면 그뿐. 이 길을.

비가 내리고 싹이 트는 우수가 내일모레다. 남해군 평산포 북쪽의 낮은 구릉에 놓인 산성에는 겨울을 밀어내지 못한 낙엽이 쌓여 있다. 낙엽은 나무의 흔적이다. '존재'라는 이름을 붙이면 나무가 더욱 존엄해 보인다. 낙엽이 되기까지 순환하는 계절과 자연현상을 이겨낸 서사가 그다. 낙엽은 그냥 무심코 바라보기만 하면 나처럼 지상에 모여 살다가 어디론가 흩어지는 나그네일 뿐이다. 어떤 때는 나보다 낙엽이 더 쓸쓸해 보일 때가 있다. 이때는 풍경을 앞서가면서 걸어갈 필요가 없다.

햇볕이 들어오는 성벽의 통로마다 듬성듬성 군락을 이룬 '봄까치꽃'이 고개를 들었다. 언 땅을 다 털어내지 못한 흙살이 봄볕을 받아 한꺼번에 파랑으로 무리 지어 피고 번진다. 땅바닥에 바짝 붙어 피는 꽃이라 발에 밟힐 것 같아 조심조심 걸음을 옮긴다. 고개를 숙이고 한동안 물끄러미 바라본다. 땅에 엎드린 꽃. 한 줌에 잡힐 것 같은 꽃. 잘날 것도 없는 봄까치꽃이 봄을 알리고 안부를 묻는다.

식물은 '본능'이 이끄는 데로 살아간다. 과거와 현재와 미래의 순서가 인간의 시간 개념과 달리 공간개념의 자연스러운 현상으로 받아들인다. 흙과 햇빛과 바람에서 양분을 받아먹고 살아가는 것이지 인간처럼 학습하면서 만들어지는 것이 아니다. 인간이 어느 계절에 임의로 태어나지 못하는 것과 달리 식물은 제철에 태어나 꽃피고 열매를 맺는다. 그러니 식물의 '본능'은 부끄럽거나 수치스러운 일이 아니다. 그나마 다행인 것은 인간이 봄의 전령사로 까치를 끌어들이고 지혜의 수레바퀴를 굴려 '봄까치꽃'이라는 근사한 이름을 선물했다. 성벽의 통로마다 자작하게 올라와 '나 여기 있다고' 신호를 보내고 따사로운 졸음에 겨운 눈을 껌벅이고 있다.

인적이 끊긴 산성에 봄이 오고 있다. 엄동이 머물렀던 자리에는 다시 풀이 자라고 그가 자란 흙에다 씨앗을 묻고 새 생명을 기다리고 있다. 산성은 여기에 있는데 이곳에 살았던 백성의 잔상은 흔적조차 잡히지 않는다. 상상을 끌어모아도 금세 모였다가 스치고 흩어진다. 산성이 퍼질러 놓은 동시대 역사의 현장이 아득하다. 오늘 들른 이곳 산성은 무엇 하나 남기고 증명할 흔적이 거의 없다. 인간은 기억이 가물거릴 때 어지럼증을 느낀다. 허물어진 곳을 보완한 성벽의 석축과의 대화도 무언가 성에 차지 않는다. 다만 수필 글쓰기로써 산성을 조금이나마 위로하고 토닥거릴 뿐이다.

임진성은 통일신라 시대 전후 남해안으로 침입하는 왜구를 방비하기 위하여 쌓은 석축 산성이다. 향민의 재산과 생명을 보호하기 위해 쌓았다고 '민보성'이라고 부른다. 발굴 조사에서 성내 건물지와 집수지에서 토기와 청자편 등이 출토되었다. 산성이 태평할 때는 사철 꽃이 피고 백성들의 마음속에는 봄의 상록수가 번졌을 것이다. 성 밖의 이웃들과 왕래하면서 함께 동제를 지내고 태평을 기원하고 품앗이로 생업을 유지했을 것이다.

임진성은 단단하고 견고하고 높았지만, 왜구의 침범이나 전쟁이 나면 바람 앞의 등불로 흔들렸다. 성안에 남아 성문을 지키던 백성들은 항전하다 도륙되었다. 군사는 부족했고 무기는 빈약했고 조정은 쉽게 구원의 손길을 보내지 못했을 것이다. 고래 이래 일본의 침략은 한국사 전체를 관통하는 역사전쟁의 톱니바퀴로 굴렀다.

동문 터를 지나 몇 걸음 더 걷다 보면 빗물을 모은 집수지를 만난다. 장대석으로 쌓은 틈새에 잔돌을 끼워 물의 누수를 방지했다. 곡식을 저장한 창고는 바라보기만 해도 어느 정도 포만감이 있다. 집수지에는 간절함이 담겨 있다. 여윈 마음의 불안이 동반한다. 가뭄에 장사 없다고, 집수지 바닥을 상상하는 건 수백 년이 지난 길손에게조차 괴로운 일이다.

가뭄이라는 터널이 지옥이라면 단비는 천국에 이르는 통로이다. 나처럼 길을 걷는데 중독된 사람은 어렴풋이 느끼는 게 있다. 모든 것을 가지려는 인간은 욕망을 억제하기가 쉽지 않다. 있는 것은 있는 데로, 없는 것은 없는 데로 만족하면 축복이다. 길을 걸으면서 떠오른 생각들을 주워 담다 보면 소박한 영감을 얻는다. 세상 이치는 둥근 곡선처럼 유연하게 살면 되지만 순례길은 정면이 중심이고 구원이라는 사실을.

임진성 외곽을 따라 걸었다. 키 큰 소나무 몇 그루가 반긴다. 길손이 기대도 될 만큼 넉넉한 품새다. 성(城)이라는 든든한 벽은 방치되면 무너진다. 나에게도 차마 바닥을 다 드러내지 못한 마음성(心城)이 굳게 닫혀 있다. 이는 나를 감추고 비밀로 채우는 벽이지만 언제 무너질지 모르는 끄트머리 성벽이다. 걸어야 한다. 산성처럼 허물어지지 않기 위해 끊임없이 길과 정면 대결하듯이 맞서야 한다.

성안의 창창한 노송은 오랫동안 햇빛을 받았지만 언젠가는 삭정이 된다. 오랫동안 인기척이 끊긴 임진성도 역사의 삭정이 되었다. 산성에 너부러진 돌멩이들도 전쟁이 발발하면 무기가 되고 백성의 방패막이가 된다. 오늘 나는 우두커니 성안을 걸었고 긴박함을 잃은 성은 스스로 삭정이로 남아 길손을 반기고 있다.

망운산 노을길

　　　　　　　길을 걷고 봄을 만나고 꽃을 보기 위해 길을 나섰다. 지난밤 꿈속에서 어떤 무명인이 자목련을 보내주었다. 택배 상자를 여니 흰 종이로 감싼 꽃다발에다 화려한 카드도 동봉했다. 내용인즉, "남해로 놀러와! 목련꽃이 피었어." 꿈에서 깨어나 놀란 눈을 껌벅였다.

　왜' 장미나 백합이나 프리지아 같은 꽃을 보내지 않고 보기에도 가련한 자목련을 보냈을까. 살아오면서 받고 싶었던 꽃은 생각이 나지 않는데 꼭 주고 싶은 꽃이 있었다. 장미 꽃다발을 들고 당신에게 한 번도 고백해보지 못한 그 말! 지금도 입 밖에 내지 못하겠다.

　이른 새벽 남해로 나서는데 빗방울을 얻어맞고 떨어진 꿈속의 자목련이 불현듯 스친다. 상심이 깊어지고 길바닥에 봄비가 흐른다. 벌써 비 멍이 든 꿈결의 꽃다발이 젖는다. 꽃다발은 그늘이 없다. 나도 나이가 들었고 자목련이 진 나무도 그늘이 깊다. 꽃 지기 전에 망운산 노을길을 걸어야겠다.

　남해 서면에 있는 '망운산 노을길'은 바다에 붙은 마을을 따라 걷는 남파랑길 45구간에 있다. 출발점인 서상항의 풍경이 어리둥절하다. 보통 산의 끝자락에 마을이 있고 항구가 있고 배가 있고 작은 어판장이 열린다. 대단지로 조성된 남해 스포츠파크 공원이 어촌 풍경을 지우고 항구의 고졸한 맛을 가렸다.

이곳은 겨울 햇볕이 따뜻한 최적의 동계전지 훈련 장소다. 축구장 야구장 테니스장, 심지어 어린이 놀이동산과 선수 전용 호텔과 공원 내에다 미니 현수교를 설치했다. 살필수록 영화세트장 같았다. 이기적 문명을 선택한 항구가 풀어놓은 풍경이 삭막해지고 조금은 세상이 잘못 돌아가는 것 같다. 인간이 만물의 영장이라는 우월적 사고야말로 환경과 생태를 훼손하는 디스토피아적 발상 아닌가.

지구 종인 인류의 고통은 인간이 대단하다는 인식에서 출발한다. 지구에 터를 잡은 다양한 생물 종의 관점에서 바라본 인간은 어떤 존재일까. 찰나에 태어나 찰나에 조용히 사라지는 찰나적인 존재다. 먼지 같은 존재고 하늘에 둥실 걸쳤다가 사라지는 구름 같은 미물이다. 미세먼지나 댐 건설로 사계절 내내 머무는 안개는 인간이 저지른 후유증이다. 두 손을 들고 반길 것이 아니라, 합장한 두 손을 모아야 한다.

망운산 자락에 터를 잡은 마을들은 해안선을 따라 이어지는 일몰의 명소로 유명하다. 옹기종기 모여 있는 붉은색 지붕은 지적의 앞바다가 노을에 물들도록 불쏘시개로 남든지, 아니면 중천을 건너 서쪽 하늘에 황혼이 퍼지도록 페이스메이커 역할을 하는 걸까. 섬 트레킹의 백미는 마을 후면의 언덕길을 오르다 돌아본 건너편 마을이 바다에 앉은 풍광이다. 다음은 숲길 사이로 얼굴을 내민 알록달록한 주택의 지붕이다. 눈이 부신 지붕은 시야가 열린 바다로 연결되는 로망의 징검다리다. 아니면 광대한 바다에 닿기 전의 베이스캠프 역할을 하기도 한다.

철강석을 싣고 광양 제철소로 향하는 배들은 윤슬에 반짝이는 파도에 몸을 실었다. 브라질이나 호주에서 왔으니 멀리서 온 검(黑)빛 귀빈이지만 온도가 올라간 광양만의 조개류나 물고기의 개체 수가 줄어들고 재첩은 씨가 말라가고 있다고 한다. 환경재앙의 전조는 이미 시작되었다. 재첩은 수요 공급의 법칙에 민감하다. 구례군 토지면의 재첩타운은 이미 중국산에 잠식당하고 있다.

망운산은 구름을 바라본다는 다소 현학적 지명이다. 그만큼 산자락에는 운해가 잦고 앞바다는 해무가 넓고 깊다는 의미다. 이른 봄의 망운산 노을길은 거뭇한 나무둥치에 냉기가 닿았다. 이따금 숲을 덮는 운해가 물러나면 양지바른 마늘밭 가장자리에 기대 볕을 쪼인다. 자연에 동냥하는 길손이 순례자의 흉내를 내보니 멋쩍은 웃음이 나온다. 멈칫 나를 돌아본다. 겨울이라는 철 대문이 틈새를 조금 보여준다. 봄이 걸어오고 있다.

해가 중천을 넘으면서 해무의 잔상도 물러나고 있다. 어느새 예계마을과 유포마을을 지난다. 몽돌과 모래톱이 마을 동선을 따라 곡선으로 이어진다. 마을과 해안의 모양은 '뒷산'의 형상과 가깝다. 바다 건너편에 솟아오른 산과 그 사이의 섬들은 이쪽 마을의 지형을 닮았다. 마릉 앞에 놓인 방파제는 해일을 대비하면서 배를 가둔다. 아무 일 없을 때는 숨을 몰아쉬는 갇힌 존재에 불과하지만, 그래도 마을과 어울리는 풍경을 내놓는다. 자연은 유심히 바라보면 믿는 구석이 있는지 몸값을 제대로 한다.

　서면의 노구 항에 도착했다. 유포마을 지나 노구마을이 보이는 언덕에는 남해군 보호수로 지정된 가직대사 삼송(조선 영조 때 가직대사가 심은 세 그루 소나무)이 있다. 매년 시월 보름에 마을의 무사 안녕을 비는 당산제를 지낸다. 특이한 것은 삼송이 먹을 수 있도록 곁에다 밥 무덤을 둔다는 풍습이다. 노을이 어루만진 바다처럼 풍성하게 드시라고 봉분에다 밥 고봉을 얹었다. 그래야만 파도가 잠잠해질 거라는 믿음을 끌어당긴다. 고깃배가 제 때에 항구로 돌아오지 않는 날이면 아낙이 바다를 향해 손나팔로 남정네를 불렀을 것이다. 그러니 밥 무덤이 허기진 적이 없다.

　목적지인 '새남해농협충전소'에서 개인택시를 타고 첫 출발지인 서상항으로 돌아올 때, 해는 바다 건너편 산기슭 아래에 걸쳤다. 숲길과 마을과 해안과 언덕을 걸을 때마다 따사롭게 비춰주던 해가 등 뒤에서 뉘엿거리고 있다. 석양은 빠르게 하강하지만 나는 천천히 뒤돌아보았다. 바다를 붉게 물들인 노을은 장엄하고 신비롭다. 노을의 태생은 태양이다. 망운산 노을길이 인생사 같아서 나를 돌아보고 내려놓는다. 어쩌면 만날 것 같았던 자목련꽃은 끝내 인연이 닿지 않았다.

　노을은 스스로 번진다. 기진한 몸으로 어둠에 맞서 엉금엉금 기어가다가 사라진다. 서산 너머로 석양을 밀어낼 때는 난세를 구한 불세출의 영웅처럼 장엄하다. 사람들은 환호성을 지른다. 덩달아 성난 파고도 잠들 채비를 한다. "노을이 석양을 밀어내다니." 이는 바다가 잠들기 전에 마지막 힘을 모은 어둠이 세상을 뒤엎는 거룩한 행위다. 노을이 바다에다 용감하게 목숨을 내놓는다는 것은 어둠을 받아들이는 불멸의 영생을 믿기 때문이다.

사춘기 나무

봄맞이 준비가 끝난 숲을 바라본다. 연초록 하나로 봄을 그려내고 있는 숲에는 고요가 번진다. 초록 연미복을 걸친 나무들이 길손을 반긴다. 숲을 파고든 햇빛의 음영 앞에서 가슴을 뒤흔들 풍경을 마주한다. 잠깐! 툭 치면서 눈을 감으면 어떤 황홀이 몰려올지 나도 모른다. 한눈팔다 보면 설렘이 부풀어 오를지 당신도 모른다.

봄이 노출되었다. 지난해 봄으로 시작되는 남파랑길을 걷다 보니 사계절이 돌고 돌아 다시 봄이 돌아왔다. 숲속을 떠돌던 알싸한 공기는 솜털같이 평온하다. 노거수 아래는 조무래기 나무들이 앞다투어 연두 잎을 내고 있다. 우거진 수풀 사이에는 불쑥불쑥 솟아난 풀향이 콧등을 간질인다. 봄은 잎으로 자신을 드러내는 계절이다. 엄동에는 꼼짝없이 햇살만 의지했다. 숨죽인 숲이 언제부터 폭풍처럼 잎을 몰아치려는지 쉽게 짐작이 가지 않는다.

나무만 봄을 기다린 것이 아니다. 나도 겨울 깊숙한 곳에 담아둔 봄을 기다렸다. 나무는 뿌리로 봄을 기다리고 나는 심연 밑바닥에 놓인 생각을 붙들고 봄을 기다렸다. 봄이 오면 나무의 뿌리는 잎을 내면서 존재를 각인시킨다. 나는 '나'라는 존재로 불쑥불쑥 올라온 영감을 붙들고 봄을 맞는다.

어느 때부터인가 동병상련의 나무와 나는 아주 멀어져 있었다. 나무는 삶과 죽음 모두를 끈적한 곤충의 밥으로 적선한다. 내 육신은 화장할 것이고, 내 몸의 영양분은 한 줌 재로 남을 것이고 잊힌 존재로 사라질 것이다. 고작 내가 할 수 있는 일이란 숲을 보면서 생각에 잠기는 일이다. 잠시 나무를 올려다봤다. 나는 서성이고 그 많은 식구인 이파리를 건사하는 나무는 담담하다.

남해군 서면을 지나가는 남파랑길 46구간에 있는 백 년 고개는 참샘이 있는 우물마을과 통일신라 신문왕 때 터를 잡은 포상마을 사이에 난 고개다. 눈앞에서 아른거리는 아침나절의 바다는 안개와 사투를 벌이고 있다. 엄동의 매서운 바람에 굴러다닌 솔가리들이 수시로 밟혔다. 지난 계절의 응달진 구석에 오래 몸을 숨겼던 풀들은 봄볕을 받아 기운이 넘친다. 키 큰 나무에 달린 연두 잎은 청춘의 기세가 오른다.

봄이 오면 물오른 잎사귀는 떨림을 주체하지 못한다. 그들도 사춘기 열병을 앓는다. 나무의 떨림은 인간처럼 사랑의 증표다. 인간은 눈빛이 흔들리면서 떨리고, 떨리면서 그윽해진다. 숲의 나무는 '나 여기 있다'라는 수신호를 보내면서 출렁이고 고운 빛깔로 자신의 존재를 드러낸다. 나무의 향연은 누가 뭐라 해도 당신에게 다가가고픈 열망의 몸부림이다. 이는 곤충이나 동물의 격렬한 짝짓기와 차원이 다르다. 꽃핀 첫사랑이 지고 난 다음은 연두 잎이 유혹한다. 당신의 떨림은 순정이 건넨 사랑이리라.

새봄이 들어서기가 무섭게 어린 새순이 숲을 덮었다. 며칠이 건너갈 때마다 잎사귀는 손마디 눈금 정도 자랄 것이다. 숲은 골고루 햇빛을 받을 때는 운명공동체로 받아들인다. 숲에서 전해오는 잎들의 함성은 사춘기를 앓는 성장통이다. 인간도 죽을 때까지 떨림의 감정이 남아있다면 한평생 사춘기 성장통을 앓는다. 봄날이면 나무의 연두색 잎은 흙살에 맞대 사춘기 근력을 키우면서 세파에 적응할 것이다.

곤충들에게 숲은 비밀로 채워진 공간이다. 어디를 바라보아도 진득한 페로몬이 보내는 신호가 거미줄처럼 연결망이 깔리고 구애가 신경망을 타면서 데시벨의 순도를 높인다. 그들은 봄의 사춘기를 겪지 않는 대신에 비밀의 공간에서 육박전을 벌이면서 목숨을 건다. 그에 반해 나무는 천천히 자라고 서서히 제 몸을 소진하면서 죽는다. 노거수는 잎을 내기 위해 봄을 포기하지 않는다. 연두의 청춘은 푸르름을 위해 출렁임을 멈추지 않는다.

햇빛을 선점하기 위한 나무들은 피 터지는 영역싸움도 마다하지 않는다. 햇빛을 받기 위한 사춘기 나무는 하늘을 향해 사생결단으로 고개를 치켜든다. 자신의 얼굴을 가꾸는 나무는 숲의 빛나는 얼굴이다. 보들보들한 연두 잎은 사춘기에 최적화된 존재다. 아기의 얼굴처럼 비교 불가한 부드러운 촉감이라는 것을 잎사귀를 만져보면 알 수 있다. 봄날의 어떤 잎사귀도 사춘기를 매달고 있다. 그러니 솎아낼 필요가 없다.

생명체의 본질은 아픈 몸이다. 상처를 받으면 본능적으로 자신을 다독인다. 나무도 인간처럼 생로병사를 거친다. 봄이 건넨 연초록 나무는 사춘기의 아픈 몸이다. 죽은 세포들로 이루어진 나무의 몸통이 밀어 올린 그 가지에 연초록 생명을 매단다. 눈물이 다 빠져나간 다음의 아픈 몸에서 태어난 봄 잎사귀는 연약해서 더 눈길이 간다.

숲에서 빠져나간 나무의 흔적이 흙 한 줌이다. 거기서 새 생명이 태어난다. 사춘기 나무는 빗물과 따뜻한 온기를 받아먹는다. 숲은 우거지고 나무는 개별적으로 자기 삶의 결정체로 성장한다. 나무를 그윽하게 바라보면 나무가 먼저 말을 걸어온다.

작년 5월에 남파랑길을 따라 '창선삼천포대교'를 건넜다. 해안선을 따라 매달 1구간씩 바다를 조망하면서 산자락과 마을을 돌아 걸었다. 13개 구간을 걷는 동안 남해는 따뜻한 기온을 지닌 어진 고을이라는 것을 알았다. 길을 걷는 동안 세속에 길들어진 마음도 조금씩 깎이어 갔다. 햇살이 드는 곳에는 고사리와 마늘과 시금치와 유자나무가 착하게 얼굴을 내밀었다.

남해의 마지막 구간인 남파랑길 46구간은 노량해전에서 전사한 이순신 장군의 운구행렬이 지나간 곳이다. 장군의 유해가 최초로 육지에 안장된 관음포는 '이순신 순국 공원'으로 탈바꿈했다. 남해와 작별을 고하면서 천천히 남해대교를 건넜다. 걷는 동안 남해와 정붙인 몸짓이 뭍으로 나왔다. 사춘기 나무처럼 살아있다는 떨림이 얼마나 있을지 가늠하기 어렵다. 육지는 그리 살가운 동네가 아니다.

Part 3

사슴이 고개를 돌린다

메모개론

글은 종이에 남는다. 사람들이 써 내려간 글이 종이 들판의 글 문(文)이다. 글 씨앗이 비바람에 견디다 보면 백화제방의 글 문(門)이 열린다. 어둠 속에서 밤의 시퍼런 강물을 건너온 낱글자들의 치열한 단련을 거쳐 작가가 탄생한다.

공허한 글은 저잣거리에 퍼질러진 죽은 글감을 쉽게 획득한 결과다. 작가는 글감에 허기지고 목이 마르는 숙명을 안고 산다. 얄밉게도 순도 높은 샘물은 산중 깊은 곳에서 손짓하니 어쩌겠나. 글감을 찾으러 고행길을 걸어야지. 순행이라 여겨 따라나선 메모의 길에서 돌부리에 걸리고 가시덤불에 긁힌다. 메모는 그런 과정을 거쳐 글로 숙성하고 문장으로 탄생한다.

어떤 유명작가의 글도 자신이 스스로 채취한 글감을 기워 문장을 만들어가는 과정의 고행을 감수한다. 글 쓰는 사람은 망망대해를 넘나드는 선원이고 선장이고 선주다. 작가는 홀로 고독하게 글 배를 띄운 후 노 젓는 사공이다.

잠시 빛나던 문장들이 나침판이 기울 때마다 바다에 수장되곤 한다. 글쓰기는 분담할 대상이 없다. 오롯이 홀로 고통을 감당한 끝에 탄생하는 글만이 감동을 준다. 글쓰기는 바라본 사물이나 인식을 해석하고 개념을 창조하는 작업이다. 그 작업을 위한 첫 번째 불씨가 메모다.

메모는 경험·사유·독서를 지피는 불씨다. 글 획이 살아있을 때는 잠시 반짝 빛이 난다. 얼핏 쓸모없는 듯 보이지만 실은 매우 유용하다. 널브러진 메모장 구석진 귀퉁이에서 연명한 생각이 숨을 쉰다. 최종목적지인 바다로 향하다 수틀리면 단필(短筆)로 자신을 겨눈다. 항복을 요구하지 않으니 저항할 필요도 없다. 완성이 없는 메모는 틈새를 채워도 공간의 여백을 만든다. 거친 메모는 경험과 사유를 거쳐 차츰 글의 꼴을 갖추어 간다.

영혼의 글쓰기가 괴로운 것은 영감이 빠져나간 내면을 대면하는 고통 때문이다. 글의 진도가 더딜 때는 독자라는 구매자를 의식한 생각 짓기의 울렁거림이 시도 때도 없이 몰려오다가 채 완성도 되기 전에 그만 지치기도 한다.

창작의 과정이 이토록 괴롭더라도 찰나의 행복은 있는 법. 낑낑대던 펜이 어느 지점에서 스르륵 풀릴 때는 번득이는 문장에 전율 되고 감전된다. 이때는 자아도취에 젖는다. 이삭줍기의 메모가 번져 불꽃이 되다니. 나도 천생 글쟁이인가. 놀라움에 눈이 휘둥그레진다. 나는 책을 읽을 때마다 글쓰기의 자양분이요, 영혼의 밥인 창작의 불꽃을 연상하면서 메모 밭을 일군다.

나는 뒹굴다 여물어진 메모 밥을 먹고 산다. 밥 욕심이 대단하여 사방 곳곳에 메모를 남겨놓는다. 식탁, 서재, 화장실, 베개 끄트머리,

운전대 옆 도어포켓, 책장에도 메모한다. 책을 읽을 때는 A4 용지, 신문을 볼 때나 화장실에서는 포스트잇, 용어 개념을 해석할 때는 마커펜을 들고 냉장고에 부착한 화이트보드에 적는다. 버스나 기차 타고 여행 다닐 때는 휴대폰에 저장된 메모장이나 수첩을 이용한다.

차창에 스치는 풍경은 눈으로 메모하고 생각에 잠기는 인상(印象)은 감성의 진폭을 높이면서 끼적인다. 연초록을 메모할 때는 봄의 소리를 듣고 진초록을 메모할 때는 여름 물이 들었다고 반긴다. 문득 떠오른 생각이 빛날 때는 손가락 힘을 빼면서 단숨에 한 편의 문장이나 단락을 써 내려간다. 생각이 이탈해 균열이 생길 때는 흘림체의 글줄들이 이어지다 끊어진 곳곳에 환칠의 흔적을 남긴다.

생략과 암호로 나열된 글체는 나만 알아보는 습작 메모지가 된다. 며칠 지나 바라보면 적는 찰나의 환희가 스러진 허구, 궁상, 유치, 얼치기의 풋 글 냄새가 진동하지만 쉽게 버리지 못한다. 섬광이 무너진 현실은 차갑다. 소유 주체가 나인지 아닌지 모를 듯한 묵정밭처럼 평가를 제외한 빛바랜 재산목록으로 남는다.

어떤 때는 다람쥐가 엄동의 양식을 숨겨 놓은 장소를 찾지 못하듯이 나도 사방 곳곳에 남겨놓은 메모를 잊고 지낸다. 그러던 어느 날 방치된 메모 글이 어디서 불쑥 튀어나오고 나의 영감이 그 메모의 순간과 접속하면 신비로운 글의 신세계가 펼쳐진다.

메모저장소에서 원석을 발견하고 끄집어낼 때는 맹렬한 기록자로 변신한다. 단 하나의 용어선택이 환희로 채워지면 어쭙잖은 글쟁이는 색바랜 메모지를 신주 모시듯 받든다. 하지만 더 이상의 생각 전선의 영역을 확장하지 못하는 메모는 망설임 끝에 휴지통에 버려진다.

젊은 시절부터 지식인의 글을 쓰고 싶었다. 정치, 자본, 권력을 비판하고 저항하는 메모로 허기진 영혼을 채웠다. 유토피아는 생각을 갈무리하는 고뇌와 삶의 현장에서는 공염불이었다. 그 정신만큼은 나를 단련시키는 원천이 되었지만, 그로 인해 내 이웃과 벗들과 상처를 주고받으며 소원해진 골을 만들기도 했다. 때로는 온갖 메모도 정신을 무장해 싸우다가 무리를 지어 떨어지는 꽃처럼 허물어졌다. 이순을 넘긴 나도 나이가 들었다. 이제 세월이 건넨 연륜을 오랫동안 복용하다 보니 조금씩 부드러움을 알게 되고 상처 난 부위를 깁고 보듬게 되었다.

곰곰이 생각해 보니 힘들고 지칠 때마다 메모지를 찾았다. 내가 사랑하는 메모가 내 곁에서 오래 남아주길 바란다. 수필가의 숙명으로 메모라는 씨앗을 심어 깊은 사유의 글 꽃을 피우며 살고 싶다.

누가 뭐라해도 메모는 고유한 존재다. 존재는 삶을 추동시킨다. 작가의 메모는 불멸, 긴장, 논리, 감성이 버무려진 팽팽한 승부 호흡을 연출한다. 메모를 키우고 지우는 과정에서 심연의 글들이 탄생한다고 나는 믿는다.

내가 지금까지 끄적거린 메모는 온 사방에 차고 넘쳤다. 진짜 좋은 메모는 답을 구하는 것이 아니라 화두 같은 질문을 던지는 것이다. 질문은 지금 없는 것의 만남이다. 쌓이면 메모 추억이 되고 기다림의 시간만큼 메모는 숙성된다.

숙성되고 곰삭은 메모들이 한 편의 글로 완성되어 세상을 매만지

고 위로할 때 비로소 나는 작가라는 이름을 부끄러워하지 않게 되리
라.

참외서사

텃밭에 착근한 생명이 눈부시다. 햇빛을 제대로 받았는지 속살까지도 노랗다. 세상이 자기를 내친 자리에서 모진 마음 다잡고 흙살을 파고들었다. 그다음 흙살을 뚫고 올라왔다. 죽기 살기로 바둥거리다 보니 살아남았다. 어떤 인간이 매개체로 선정을 베풀었는지는 알 수 없지만, 생이란 뜨거움 아닌가. 고민 끝에 그의 '생존투쟁기'를 기록해두고 싶었다. 제목도 거창하게 '참외서사'를 달았다.

금 년 여름날은 폭염과 사투를 벌였다. 환경미화 업체라 더 실감나게 다가왔다. 직종의 특성상 새벽부터 작업을 시작해 이른 오후에 끝마친다. 관리자인 내가 할 일은 시간에 맞추어 에어컨 순도를 빵빵하게 틀어 놓고 간식거리를 챙기는 일이다. 그날은 빵과 참외와 음료수를 내놓았다. 담소를 나누고 더위를 식히면서 휴식을 취했다.

내가 곁에서 지켜본 환경미화원의 노동은 삶의 전신거울처럼 정직하다. 때로는 세상의 차별과 편견에 부딪혀도 누굴 탓하지 않는다. 한눈팔 겨를도 없고 요행을 바라지 않는다. 땀에 배인 노동의 대가는 어떤 잣대로도 쉽게 재단할 수 없다는 것을 현장이 말해주고 있다. 우리 회사의 조직 문화는 단순하다. 노동법과 근로기준법과 노사관계법을 노사가 준수하는 일이다. 법을 지키는 잣대가 인권과 노동의 존엄을 담보한다는 일반론 적 원칙을 신봉하는 것이 최고의 노사문화라는 것을.

직원 중 누군가가 참외를 먹고 텃밭에 씨를 뱉었다. 무심결에 뱉은 씨앗이라 누구도 기억하지 못할 것이다. 장삼이사들이 곤하게 잠이 든 새벽 거리는 노동의 무게들로 포개지는 일상이 이어졌다. 바람불어도 여름철 공기 질은 여전히 무거웠고 간간이 장대비가 퍼부었다. 나는 틈이 나면 흙살이 붙어있는 호미로 작물을 뭉개고 밀어내는 텃밭의 풀을 뽑았다. 생기가 팔팔한 풀들이 물기를 머금은 생명을 잉태한다는 생각은 안중에도 없었다. 아무 일 없는 평화가 나른하게 쳇바퀴를 굴렀다. 다만 진초록 풀색이 싱그러워 한참 동안 바라보곤 했다.

그렇게 요 며칠 몇 번이 지나갔다. 가느다란 참외 잎사귀가 풀 군락에서 얼굴을 내밀었다. "그놈 참 신기하네"라면서 눈웃음을 흘렸다. 참외 씨앗에게도 모진 구석이 있었구나. 뜨겁게 안아줄 땅심이 있구나. 유전형질의 긴 꼬리가 아득한 생애로 이어졌구나. '군초일엽(群草一葉)'! 신이 나서 어쭙잖은 사자성어까지 만들었다. 눈길을 사로잡는 호기심이 자꾸만 확장되었다. 칠흑의 밤에 꽃을 피우고 열매를 다는 것이 얼마나 대견하고 황홀한 광경인가를 되뇌었다.

풀만 제거하면 이 참외 오똑하게 살아남겠지. 뿌리에 공기가 통하도록 김매기를 해주면 더 통통한 열매를 달겠지. 아니야. 풀과 공생하면 적자생존 법칙에 따라 더 강한 원줄기가 풀을 밀치고 앞만 보고 뻗어가겠지. 그래야 점점 노래지는 굵은 열매를 달 거야. 참외의 사투를 눈물겹도록 지켜보는 여름날, 별별 생각들이 다 스친다.

잠시 한눈을 팔다가 정신이 번쩍 들었다. 정말 그럴까. 잘 살아남 겠다는 것이 쉽지 않겠다는 생각이 미치니 걱정이 앞선다. 불볕더위 에 겨우겨우 열매를 달기도 전에 먼저 잎사귀가 쪼그라들지 않을까. 텃밭의 부처인 둥근 순백의 '불두화'도 꽃이 지고 나니 붉고 검은 반 점의 잎사귀가 볼썽사납게 매달려 있지 않는가. 벌레가 잎사귀를 파 먹지도 않았는데 너절하다. 더위에 장사 없다고, 정말이지 조마조마 하다.

참외 잎사귀에 자꾸만 눈길이 갔다. 착생을 잘했는지 하루가 다르 게 마디가 굵어지고 어미 줄기들은 풀들 사이로 몸을 숨겨가면서 길 게 뻗어갔다. 햇빛과 공기의 흐름을 돕기 위해 순치기도 야무지게 해주었다. 현장에서 일 마치고 돌아온 직원들도 "그놈 잘 큰다고" 거 들었다. 회사의 지킴이 '자두'도 대소변을 참외 잎사귀에다 누고 갈 기곤 했다. 컹컹거리는 강아지가 텃밭 구석진 자리에다 영역표시를 하는지 다소곳이 앉아 거친 숨을 가라앉히고 있었다. 작물이 커가는 텃밭에서는 호미를 든 나만 빼고 누구누구의 생명도 서로 기대고 어 울리고 존중받는다.

여름이 깊어갔다. 장맛비 소강상태마다 햇살이 텃밭을 파고들었 다. 손길이 닿지 않는 며칠 사이에 풀들이 군락을 이루었다. 제법 많 은 노란 참외 꽃이 좁쌀만 한 열매를 달았다. 손가락 한 마디 정도의 꽃이지만 첫눈에 확, 당겼다. 세상의 가장 큰 축복이 '꽃'으로 살아 가는 것. 꽃대가 성성한 풀꽃도 듬성듬성 눈에 띄었다. 오늘은 풀꽃을 즐기고 내일 뽑아야지. 참외 사랑이 애꿎은 풀 뽑기로 이어질 것 같은 예감에 오싹해지는 풀 메기를 멈췄다. 텃밭에서의 호미는 풀의 죽임을 예고하는 서늘한 무기다.

불끈 쥔 주먹 손 크기의 열매가 대여섯 개 달렸다. 언제 어느 한순 간에 이렇게 컸는지 푸르스름한 윤기가 잘잘 흐른다. 자세히 보니 원줄기 마디마디 사이에도 탁구공 정도의 열매도 더러 보였다. 흙살 에 붙은 열매는 바로 일으켜 세워 풀잎 위에다 가지런하게 눕혔다. 정말로 노르스름하게 익을 것인가. '수필 한 편'의 착상을 떠올리다 보니 풀색을 닮은 여치도 풀 섶을 튀어 오르고 키 큰 쑥대 사이에는 거미줄이 처져 있는 것이 예사롭지 않다.

노란 참외가 달렸다. 속살까지도 노랗게 익었을 것이다. 사람답게 사는 것도, 참외처럼 사는 것도 노랑물이 들고 싶은 염원 아닌가. 노 랗게 익은 한 계절의 나잇살은 나 여기 있다는 당당한 선언이다. 그 러니 참외의 연륜은 그가 걸어온 삶을 고스란히 비춘다. 섣불리 제 고통을 드러내지 않는다.

호미질 몇 번 하고 눈길만 보냈는데도 잘 자라 주었다. 가뭄에 버 티고 비바람에 맞서고 텃밭의 점령군인 풀과의 전쟁에서 살아남았 다. 제멋에 살고 죽는 인간하고는 차원이 다르다. 참외를 바라보는 나는 신기한 일이지만 그에게는 눈물겨운 일이다. 서사의 본질이 '투쟁'이라는 카를 마르크스의 역사 발전론에도 전혀 뒤지지 않는 다. 흙 속에서 극한의 고통을 감내하는 참외 씨앗 한 톨의 여정은 처 절하다. 그러니 참외가 견뎌온 서사를 복기하다 보면 이토록 눈부신 노랑 열매! 쉽게 맛보지 못할 것이다.

사슴이 고개를 돌린다

미소인지 슬픔을 삼키는 건지 알 듯 모를 듯한 표정이다. 마른 침샘을 분비하면서 눈물 한 방울 보일 것 같다. 뒤돌아보는 표정이 이승에 잘 있으라는 건지 저승길 잘 가라는 건지, 아니면 언제 우리 만날 수 있을까를 독백하는 것 같다. 비바람 몰아쳐 깊은 잠 못 들고 일어난 것 같기도 해 되려 바라보고 있는 내가 지그시 눈을 감는다. 당신 눈망울이 흥건하게 젖어 있지만, 억겁을 누른 봉분은 놓아주지 않는다.

햇살 한 줌 받으면 '툭'하고 바스러질 것 같다. 무언가 절실함이 있는지 물에 젖은 솜털처럼 파르르 떨린다. 오월의 나뭇가지에 몇 개의 푸른 잎사귀를 달고 한 바퀴 원을 그리며 다가올 것처럼 생경하다. 저승에서 돌아와 기쁨의 눈물을 채울 것처럼, '대한민국'이라는 다른 세상의 빛을 받아 얼굴을 내밀었다. 아라가야 말이산 고분군 목곽 무덤에서 1,600년 동안 깊이 잠들어 있었던 '사슴모양도기' 이야기다. 그대는 천둥소리에 웅크렸고 습진 나무관이 조금씩 허물어질 때마다 마음 졸이며 지켜보았으리라.

2019년 가을, 함안 말이산 고분군 45호분에서 여러 상형 토기 중 동선이 유려한 '사슴모양도기'가 발굴되어 학계를 깜짝 놀라게 했다. 가야 시대 조형미의 극치라고 언론은 대서특필하고 학술지는 모양과 형태를 촘촘하게 진단하면서 찰나를 극명하게 입힌 '사슴' 출현을 알렸다. 함께 출토된 배모양도기, 집모양도기 2점과 등잔모양도기가 국가지정문화재인 보물로 확정됐다. 특히 사슴모양도기와 등잔모양도기의 상층부를 떠받치는 다리 부분에 아라가야 고유의 불꽃 모양 투창(透窓)이 표현되어 5세기 초, 독창적인 아라가야의 화려한 도기제작 기술의 극치를 보여주었다.

틈만 나면 사슴모양도기가 전시된 함안박물관에 들렀다. 보면 볼수록 우수에 젖은 사슴을 관찰하는 데 열중했다. 사슴과 무언의 대화가 이어질 때마다 형언할 수 없는 선득한 비밀이 툭 튀어나올 것 같아 오금이 저렸다. 내가 관조의 언저리에서 생각에 잠기면 사슴은 그때마다 1,600년 전으로 돌아가는 차표 한 장을 내 손에 쥐여주었다.

아라가야로 발차하는 차 시간표에 맞춰 탑승했다. 낮과 밤이, 하루가 하루로 이어지는 동안 나에게 말을 건네는 사슴. 구도승처럼 자신의 존재를 구하려는 사슴. 저렇게 차창 선반에 말문을 걸어두려는 사슴. "아라가야를 아십니까." "이 구릉에 누운 당신의 선조의 선조를 생각해본 적이 있습니까." 당신이 다닌 법수중학교 교정 건너편 천제산 중턱의 가마에서 갓 태어난 나를 재회한 인연으로, 흙 묻은 영감으로, 아니면 그 무엇에 끌려 툴툴 털고 일어서 두 손 맞잡고 싶은 심경을. 세월 아득한 곳에 깊이 내장한 무덤이 마르지 않는 샘물이었다는 것을. 목이 마른 나는 오랫동안 살아있는 화석 박물관에서 갈증을 이기려고 그 샘물을 벌컥벌컥 마시고 있었어요.

45호 고분은 천마총이 발견된 신라 고분처럼 기적같이 처녀분으로 세상에 빛을 보았다. 아라가야를 상징하는 50m 남짓 높이의 말이산 고분군은 북쪽에서 조성을 시작하여 남쪽으로 2.3km의 구릉에 걸쳐 산재해 있다. 45호 고분은 1호분과 2, 3호분 사이에 있다. 이 고분은 직사각형 모양의 무덤 구덩이를 파고 나무 널을 설치하여 그 안에 목관과 부장품을 안치한 봉토분이다. 오랜 세월이 흐르면서 봉토분의 압력을 견디지 못한 나무 널은 조금씩 무너져내렸다. 자연으로 돌아가려는 나무의 몸부림이 얕은 봉우리만 남기고 고분의 흔적을 지운 셈이다.

후세의 사람들은 거기에 밭을 일구었다. 1호분과 2, 3호분 사이의 공간 배치가 너무 넓다고 판단한 함안군과 향토사학자들은 1983년 M대학교 박물관에 고분 발굴을 의뢰했지만, 고분의 존재를 확인하지 못했다. 그 후 36년이 지난 2019년에 비로소 이 고분의 정체가 드러났다. 지배자인 피장자가 안치된 좌우 측면과 발치 아래에서는 말 갑옷과 투구, 큰 칼(大刀)과 봉황 장식 금동관이 출토되어 이 무덤이 왕의 무덤이라는 결정적인 단서를 제공했다.

고대 북방 민족은 '사슴'을 신성한 영물로 받들었다. 석상에 문양을 새기고 제단 의식을 거행했다. 그들이 믿는 사후 영혼은 불멸의 하늘 집에 거소 하고 무덤 앞에는 '사슴돌'을 세워 이승의 흔적을 남겼다. 사슴은 이승에서 저승으로 데려가는 망자의 길잡이 역할인 태양신과 접신(接神) 하도록 가교역할을 했다. 이는 토테미즘 신앙을 넘어 대자연을 경외한 샤머니즘 성격이 강하다. 아라가야의 사슴모양도기는 그 연장 선상에서 바라보면 한민족의 시원인 북방 민족에 닿는다, 일본서기 38년, 인덕천황 대에 '사슴'의 울음이 멈추었다고 기록하고 있다. 이는 국가의 환란을 의미한다. 유라시아에서 한반도와 일본열도로 관통하는 '샤먼'이 자리매김했다는 것을 알 수 있다.

사슴모양도기는 타원형의 몸체가 풍성하다. 다산과 풍요로 이어지는 당대의 아라가야의 국운이 번성했다는 걸 상징한다. 그 세상은 어디 숨고 웅크리고 살 필요가 없는, 곡식은 부족했지만 춤과 노래만큼은 넉넉한 대동 세상이었다. 몸체 위 'U'자형 뿔잔에는 사후 세계로 떠나는 망자에게 술 한잔 올리는 간절함이 담겨있다. 오곡으로 담근 술잔 받으시고 저승으로 가시라면서 뒤돌아보는 사슴의 눈빛과 절묘한 대칭을 이룬다. 착한 짐승은 저렇게 눈빛마다 슬픔이 고인다. 망자 곁에서 망자를 어루만지고 봉분을 덮은 풀과 밤하늘의 별을 봉분 안쪽으로 끌어들인다.

사슴모양도기는 동적이면서 정적이다. 뒤돌아본 고개를 다시 정면으로 돌리면 금세라도 야트막한 산자락을 뛰어다닐 것 같다. 그러다 1,300도 불가마에서 빚어낸 도공의 숨죽인 숨결을 만난다. 일본 국보 제1호인 광륭사의 '목조미륵반가상'이 고뇌가 담긴 사유의 결정체라면 '사슴모양도기'는 이승의 이별을 끊어내지 못한 인연의 화신이다. 이토록 사후로 이어진 절정의 찰나에 고개를 멈추다니, 뒤돌아보는 그의 눈망울은 선연해지고 바라보는 나의 목젖은 뜨끈해진다.

사슴모양도기는 완벽한 절제미를 가미한다. 이는 아라가야의 등골에서 우려낸 형상이리라. 뒤돌아보는 눈은 1cm도 떨어지지 않으려는 염원의 발로다. 무덤에 들어가면 영원한 죽음도 삶도 무의미하다. 햇살을 닫고 소리도 닫는다. 영면의 세계는 따로따로 나누어서 이해할 수 없다. 모든 생명체는 존재로서 살아있고 죽음으로 완결된다. 사슴의 염원은 단 하나. 천상으로 떠나는 지배자와 동행하는 것. 그 길에서는 전생과 이승과 현생이 작동한다. 이를 갈망하듯 사슴이 고개를 돌린다.

찻자리가 무르익었다

차향이 배달된 곳이 수필 교실이었다. 모임 장소인 '꿈이룬공작소' 카페 정면에 "수필로 우려낸 장군차" 현수막이 분위기를 잡는다. 오늘 수업을 진행할 문우인 B 선생이 다소곳이 찻자리를 펴니 후덥지근한 여름 냄새가 순식간에 사라진다. 이런 차담의 분위기에 익숙하지 못한 나는 긴장과 침묵이 낯설다. 만면에 미소를 흘리는 다도 선생은 조금도 서두르지 않고 있다. 저 느린 속도로 언제 차를 우려내고 조용조용 마시고 담소를 나눈단 말인가.

찻상이 앞에 놓였다. 잘 정돈된 다기와 다식이 가지런하게 제 자리를 지키고 있다. 다구에 물과 장군 차가 배열되면서 엄숙함이 깃든다. 공부방 선생들은 '목례'로 가볍게 인사를 나누었다. B 선생은 조곤조곤하게 차 달임의 정성이 우려낸 차를 다기에 옮기는 순서와 찻잔을 잡고 마시는 절차가 '다례(茶禮)'라고 가르쳐준다. 조금 긴장이 풀리니 찻물 끓는 소리가 가까이 들리고 오므린 귀가 열리려고 한다. 각박한 도시의 삶에 찌들면 전원주택을 갈망하듯이, 바쁘기만

한 하루를 진정시키기 위해 문우들과 장군차를 음미하며 담소를 나눌 것이다. 오늘 차담은 내려놓고 비워내는 날 아닌가. 돌이켜보니 나는 오랫동안 앞만 보고 걸었고 분잡하게 살았다.

오늘은 작심하고 차향에 취하고 싶다. 평소에는 쉽게 접하지 못하는 문우들과 생각들을 풀어놓고 싶다. 문우들 사이로 나비처럼 덕담과 미소를 주고받으며 사뿐사뿐 거닐고 싶다. 잠시 눈을 감고 명상에 잠겨보기도 하고 끈적한 일과도 한꺼번에 무리를 지어 피고 지는 몽골초원의 들꽃처럼 잊어버리고 싶다. 나누고 싶은 상념들은 허공을 가르지 않았으면 좋겠다.

글쓰기 문우들과 덕담 몇 마디 돌다 보니 감흥이 조금씩 번지고 있다. 창밖이 한꺼번에 어슴푸레해지고 밤을 지새울 가로등 불빛이 졸린 듯 깜박인다. 진종일 생존의 터전에서 버텨낸 긴장된 눈(眼)들도 조용조용 부드러워진다. 나도 헝클어진 머리를 빗질하면서 사감을 남기지 않고 식혀야겠다. 내면을 비워내고 나니 비로소 이곳의 시간이 멈추었고 감미롭고 은은한 분위기에 기대고 있다.

B 선생의 손놀림은 정갈했다. 다관의 물을 나누어 찻잔을 데운 후, 그 다관에다 찻잎을 넣는 일련의 과정을 시연하는 모습이 산중 구도자처럼 엄숙하다. 평소 글쓰기 수업 때 만나는 온화한 이미지와 달리 자신을 비워내는 다도인의 경건함이 묻어 있다. 우리도 자신을 비워내다 보면 잠시나마 다도인의 흉내를 낼 수 있지 않을까. 기우에 그치겠지만 마음 한구석에 그리하겠다는 상념은 수시로 들락거릴 것이다.

오늘 경험한 차 수업시간이 너무 어렵다. 그런데도 왠지 머리가 맑다. 일반적인 학습은 사물이나 인식을 개념화시키고 해석하고 상상을 입히면 어느 정도 방향을 잡을 수 있다. 강사인 B 선생이 설명하는 차와 관련한 낯선 용어는 무척 생소하고 받아 적는 메모는 법조문처럼 딱딱하고 어렵다. "퇴수기·차호·숙우·차시·다건·찻탁·찻종·다포." 등등의 낯선 설명들이 귀에 쏙 들어오지 않는다. 다만 분위기에 걸맞게 모난 돌멩이같이 튀는 말들이 없다. 이 용어들은 한밤 지나면 잊어버릴 것 같기도 하지만 어느 날 세월을 반추하다 보면 '도반'과 함께한 이야기보따리를 화수분처럼 풀어놓을 수 있겠다. 말이 끊어진 침묵마다 찻물 떨어지는 소리를 연상하면서.

장군차는 녹차와 달리 섭씨 100도를 끓는 물에 우려내야 깊은 맛이 난다고 한다. 이는 잎이 넓고 두껍고 잎맥이 도톰한 유전 형질이 가락국 시대부터 건강하게 이어진 반증일 것이리라. 평소 즐겨 마시는 녹차의 향기는 입안에서 느껴도 부드럽다. 장군차는 떫은 감촉과 입안에서 뱅그르르 도는 감칠맛의 여운이 강하게 와닿는다. 곰곰이 생각해 보니 장군차를 잘 모르는 내가 언감생심 차 맛을 품평하고 있는 얼치기 짓거리에 쓴웃음이 나온다. 다도의 고수가 이 글을 읽으면 '무식'이 사람 잡는다면서 냉소를 보내지 않을까.

찻자리가 무르익었다. 어둠 속을 휘적거리던 불나방들이 자신보다 더 밝게 불을 밝힌 카페 창에 우르르 모여들었다. 어둠을 반사하는 창문에 달라붙어 찰나의 인간사를 훔쳐보고 있다. 이 불나방들은 조곤조곤 나누는 찻자리 말들이 자신을 유혹하는 페르몬의 향기로 느끼는지, 아니면 축제를 즐기는 소리로 받아들이는지 좀체 자리를 떠나지 않는다.

인간에게는 불나방이 불청객이지만 관람객인 그들에게는 인간이 자신의 짝사랑 구애자로 받아들이는 빈객으로 반기지 않을까. 불의 속성은 뜨겁게 데운 후 어둠을 밝힌다. 저 불나방도 덩달아 제 몸을 데우면서 인간이 노니는 여름밤의 불빛을 향해 돌진한다. 오늘 밤처럼 찻물이 데구루루 굴러가는 소리가 얼마나 고혹적인지 그들은 알고 있을까. 어쩌면 불나방도 오늘 밤만큼은 차향에 취하고 싶은지 모른다. 스스로 위험감지를 풀고 도반들이 머무는 이곳의 주소를 묻고 또 물으면서 찾아왔으리라.

찻자리를 파하고 어둠이 깃든 김해읍성을 걸었다. 성벽은 높았고 북문 위로 둥근 달이 떠올랐다. 달빛에 반사된 소나무가 운치를 보태려는지 몸을 비스듬히 비틀고 있다. 그림자를 씌운 솔가지는 가락국의 어떤 슬픔을 보듬고 있는지 무성한 솔잎을 가리고 있다. 곡선이 생명인 소나무처럼 나이 들어가는 인간의 삶도 직진에서 멈추고 돌아가는 곡선 길이 편안하다. 찻자리가 남긴 느림도 곡선의 여운을 남긴다. 그것을 '곡선의 미학'이라고 정리를 해본다. 오늘 글 도반들과 어울린 장군차 한잔의 음미를 붙들고 있다. 그것은 나무를 흔드는 달밤의 소소한 바람처럼 떠도는 인생길에 목을 축이는 감로수이리라.

먹이사슬의 단상(斷想)

　　　　　　　　　초복 날이다. 아침부터 카톡 알림이 소란스럽다. 사방에서 온종일 건강 덕담이 오고 갔지만, 점심과 저녁을 삼계탕으로 모두 때운 나는 배 속이 먹먹하다. 오늘만큼은 식당은 물론이고 골목마다 틈새를 끼어들기 위한 주차 전쟁을 치른다. 방송 매체와 종이 지면을 채우는 나팔수들은 오늘따라 원기회복과 면역력 강화에 좋다면서 선전을 해대니, 왠지 분잡하다. 돈줄이 걸린 광고를 삽입한 인터넷은 여러 소식을 퍼 날랐고 댓글창은 '초' 단위까지도 쪼개가면서 들뜬 소감을 도배한 내용으로 채워졌다.

　오늘은 어리고 여린 숱한 생명이 산등성이를 넘어와 멈춘 바람처럼 생을 접는 날이다. 한세상을 서 있는 자리서 주는 것만 받아먹었다. 어쩌면 스스로 죽음조차도 구걸했는지 모른다. 영혼이 흐물거리는 눈물 자국이 티끌만큼이나 남았을까. 그 생명체는 고작 우리 나이로 한 살, 아니 한 달 남짓한 한 생애를 살았다. 실은 닭의 자연수명이 10년 이상이란다. 밤에도 환하게 불을 밝힌 사육공장의 창살에서 견뎌왔으니 뭔 꿈이라도 있었겠냐.

어수룩한 유년의 나는 모이를 주면서 닭의 행동이나 표정을 유심히 바라보곤 했다. 닭은 나의 새벽 졸린 잠을 깨웠고 나는 담벼락에 기대 졸고 있는 병아리를 깨우기도 했다. 우리 집 시골 마당의 오래된 감나무는 담장에 붙은 닭장에다 서늘한 그늘을 제공했다. 어머니는 간간이 도시락에다 달걀프라이로 당신의 사랑을 얹어주었다. 닭이 낳고 품은 온기는 어린아이의 정신적 면역력을 키워주었고 기운 만큼은 창공을 날았다. 가끔 닭과 놀 때는 그윽한 눈빛과 무언의 대화가 오고 갔다. 어쩌다 닭이 허공을 향해 목청을 높일 때는 조금 더 높은 경지의 절실함이 있겠다는 생각도 들었다.

요즘 사육공장에서 키워낸 닭의 눈은 반쯤 잠겨있다고 한다. A4 용지 한 장도 채 되지 않는 케이지 안에서 살아가다 보니 땅에서 넘어질 일도, 땅을 딛고 일어설 일도 없다. 파란 하늘과 뭉게구름을 보지 못했으니 마음에 꿈 한 조각도 없다. 연두를 보낸 진초록이 산 등고선을 따라 올라가는 것이 얼마나 아름답고 신비로운지 알지 못한다. 낮은 조도와 창살이 계절을 가두다 보니 봄인가 하다가 어느새 여름이 성큼 다가온 것도 모른다. 동백이 겨울을 열고 산수유가 봄을 열고 개망초가 여름을 여는 것이 자연생태계의 법칙이지만 닭은 섭리와 순리 밖에서 근근이 목숨 줄을 연명할 뿐이다. 더욱이 오늘처럼 초복 날은 언감생심 미몽 같은 꿈도 꾸지 못한다. 병들고 초점을 잃은 닭의 희망에 관한 무소식은 언제나 무소식이다. 운명의 등짐에 대못이 위태롭게 박혀 있는 데도 감정 표현이 없다. 그를 대하는 나는 여전히 미안하고 부끄럽고.

오늘은 '김해수필협회' 상반기 글쓰기 공부 종강 날이다. 우연찮게 절기상 '초복'이라 사전 예약된 삼계탕집에 들렀다. 꽤 넓은 식당은 좌석마다 뜨거운 보양식이 열기를 뿜어댔다. 젊잖게 담소를 나누는 우리는 '닭이 행복해야 하는 이유'는 안중에 없이 얼굴에 화색만 빙그르르 돌았다. 명색이 글 쓰는 문우라면서, 마음이 달아오른다.

닭의 배를 갈라 속을 비운 그곳에다 찹쌀을 넣은 삼계탕은 희뿌연 김이 모락거린다. 푹 끓어 나온 끈적끈적한 국물에는 인삼과 대추와 마늘이 듬뿍 들어 있었다. 그래 나는 닭 한 마리를 먹었다. 어미가 채 되지 못한 병아리를 먹어 치웠다. '복달임 음식'을 즐긴 나는 포식자의 거칠어진 성정이 어른거린다.

어린 병아리는 눈을 감아야 비로소 근사한 배를 채운다. 살아서는 들숨 날숨이 제대로 작동을 했을까. 소소한 행복은 고사하고 극심한 스트레스가 몰려온 울화통을 어떻게 견뎠을까. 눈감으면 죽음인데 그 짧은 기간이 또 얼마나 길게 느껴졌을까. 나는 아침 먹으면 점심 걱정하는 소시민이지만 어린 병아리는 무기력한 체념이 전부 아니었을까. 그 병아리가 말한다. 삶과 죽음 모두가 무기력하니 생이란 얼마나 허망한가. 초복 날 글 쓴다는 것. 괴로운 일이다.

양계장의 산란계는 케이지 안에서 부리 끝이 잘린 채 모이를 먹고 알을 낳는다. 자본주의 사회에서의 '달걀'은 고강도 생산성을 요구한다. 장사는 이윤이 남아야 상품이 된다. 암탉이 상품 원가에 미치지 못하면 도축장으로 보내진다. '알'과 '새끼'는 지구 종의 모계가 설계한 신성한 존재다. 공장식 축산의 산란계는 모성이 없다. 소비자는 암탉이 낳은 달걀을 먹는 게 아니라 공장에서 출하한 달걀을 먹는 셈이다. 공장의 케이지에서 인간의 모이를 받아먹고 사는 닭이 "날개는 왜 달고 있는지." 슬프다.

지구는 뭇 생명체들이 숨을 쉬는 공간이고 가족을 토닥이는 집이다. 동물복지는 동물들이 고통 없이 건강하고 행복하게 살아갈 수 있는 권리를 말한다. 나만 행복하고 출세하고 부귀영화를 누리는 것은 윤리 의식을 망각한 행위 아닌가. 고기 먹는 것이 일상인데도 초복에 굳이 삼계탕을 찾는 인간 군상들이다.

지금은 고기가 귀했던 농경사회가 아니다. '몸보신'의 전통이 지구 환경과 직결되어 있으니 공장식 축산이 어떻게 식탁에 도달하는지, 그 과정의 진실을 제대로 알아야 한다. 하얀 삼계탕 닭은 빠른 성장을 위해 육계와 산란계를 교배한 최적화된 잡종 닭이다. 놀랍게도 우리나라에만 있다고 한다. 유전적 인자는 불분명하고 온갖 항생제와 성장촉진제로 키운 그 닭의 면역력이 온전할까. 장기적으로 인간에게 유해할 것이다. 해마다 반복적으로 겪고 있는 조류인플루엔자가 인류의 재앙이 될 수 있다는 경고음에 우리는 너무 둔감해 있다. '코로나19'처럼 공포가 떠도는 전조는 미래의 일이 아니라 지금 일어나고 있는 불길한 현상이다.

오늘은 '초복' 덕담 인사로 하루를 보냈다. 간결한 메시지는 힘이 넘치지만 살가운 문구 뒤에 숨은 어린 병아리가 걸어온 고통의 행군이 어른거린다. 언제부터인가 인간은 온갖 것을 먹어 치우는 먹이사슬의 최상위 포식자가 되었다. 나도 그 대열의 바둥거리는 포식자다. 문득 질문 하나 던진다. 나의 먹이사슬의 상위 포식자는 누구일까. 인간종의 숙주에서 힘을 키운 후 인류를 습격할 바이러스가 아닐까.

'논'에 핀 사랑 꽃

요 몇 년 사이에 날씨가 이상하다. 불볕더위가 기승을 부리더니 어느새 장마전선이 달포 넘게 한반도를 오르락내리락하면서 종잡을 수가 없다. 이윽고 장마가 멈추고 찜통더위와 열대야가 극성을 부린다. 그다음 태풍이 북상하고 인간도, 생육 중인 과일도, 짐승과 새들도 안절부절못하고 있다. 지금 지구촌에는 이상 기후로 전전긍긍하고 있다. 기후 위기는 현상이고 본질은 인간의 위기다.

여름 더위가 시작된다는 소서(小暑)를 넘긴 며칠 후, 오랫동안 갈망했던 우즈베키스탄 역사기행을 떠났다. 나의 바람은 역사를 바라보고 지평을 넓히는 관점과 안목이다. 중앙아시아와 서역과 비단길과 초원길의 문명 교류를 고찰할 것이다. 서라벌에서 장안을 거쳐 로마에 이르는 관문 역할을 충실히 해낸 사마르칸트와 타슈겐트의 문명사적 중요성도 짚어 볼 것이다.

소서에는 절기조차도 땀이 스며든다는 격언이 있다. 포기 수를 늘리는 벼들도 여름날 땡볕과 사투를 벌인다. 어디서나 산다는 것은 눈물겨운 투쟁의 연속이다. 나도 이번 기행이 영상 40도를 넘나드는 불볕더위가 퍼질러 놓은 열돔에 갇힌 신세가 되지 않을까, 걱정부터 앞섰다.

다행히 폭염은 여름날을 달구었지만, 기행 내내 습도를 밀어내는 강렬한 햇살과 선선한 바람이 길손의 어깨를 툭툭 건드리면서 지나갔다. '침간산' 고원길을 걸었고, '차르박' 호수를 산책했다. 고속열차인 '아프로시압'도 탑승해 차창을 스치는 대평원에 잠시도 눈을 떼지 못했다. 티무르 제국을 연 '아미르 티무르 황제'의 영묘가 있는 '구르 아미르' 광장을 걸으면서 허기진 문명의 숨결도 채웠다.

티무르 제국이 일군 정복의 참상은 잔인했다. 지배자와 피지배자 간의 공간에는 어김없이 전리품의 이동이 따른다. 빼앗긴 자는 슬픔에 망연자실하고 빼앗은 자는 더 많은 탐욕에 허기졌다. 전쟁의 속성은 약육강식이다. 전쟁을 수행한 말단의 노역자나 정복지의 부역자는 단출한 빵이면 충분했을 것이다.

답사기행에서 먹거리 문화가 차지하는 비중은 상당히 높다. 끼니 때는 물론이고 틈새의 간식에도 어김없이 우즈베키스탄인의 주식인 '논'이라는 빵이 나왔다. 빵을 입에 달고 지내다 보니 징글징글할 정도로 정이 들었다. 그러면서 묘하게도 꿀과 '카이막'이라는 요구르트를 듬뿍 발라 먹을 때는 감미로웠다. 끼니 때마다 손으로 야금야금 뜯어먹다 보니 발효로 부풀어진 밀가루 냄새가 입안을 텁텁하게 에워쌌다. 오래 씹다 보면 밀가루 냄새를 밀쳐낸 고소한 맛이 나는 걸 보니 은근히 깊은 맛이 배었다. 3박 5일 동안 지겹도록 먹었는데도 그렇게 질리지 않았다. 이 빵의 정체가 궁금했다.

'논'이라는 빵은 화력이 센 화덕에 구운 빵이다. 사람 얼굴만 한 빵이라 어디서나 눈에 띄었다. 납작하면서 둥그스름하고 가운데는 도넛 모양으로 홈이 파여 있다. 시장과 마트 등지에서 손쉽게 살 수 있다 보니 반려견을 대하듯이 친숙해졌다. 노천에서는 순박해 보이는 아이들이나 아기를 동여맨 젊은 아낙도 생계형 빵을 팔고 있었다. 그들은 맑은 눈으로 천진한 미소만 흘릴 뿐, 길손에게 강매하지 않았다. 남루한 일상도 받아들이고 순응할 줄 알고 누굴 탓하지 않는 천진한 세상에 사는 것처럼 보였다.

낯선 곳에서 낯선 사람을 만나는 것도 풍경이다. 이분들에게 하루에 빵 몇 덩어리를 팔아 어떻게 살아가는지를 묻지 않았다. 물을 필요가 없었다. 주어진 삶을 받아들이고 직관하고 관조하면서 살아가는 이분들이야말로 거리의 좌판에 놓인 빵처럼 자기 삶을 지키고 만족하면서 사는 것 같았다. 평소 능력주의자의 관점에서 바라보는 나의 편견도 슬며시 사라졌다.

'논'은 가격도 저렴하여 3,500숨(원화 가치 350원 남짓 됨)이면 한 끼 식사를 거뜬히 해결할 수 있는 국민 빵으로 사랑받고 있었다. 길을 걷다가 배가 촐촐해지면 시장이나 대형마트에 설치한 화덕에서 나온 갓 구운 빵의 선미를 맛볼 수 있다. 이번 답사기행을 함께한 중학교 친구들과 뜨끈뜨끈한 빵조각을 입에 물고 시장통을 돌아다니기도 했다. 노상에서 붕어빵이나 호떡을 사 먹은 추억을 소환하다 보니 유년에서 초로의 노인으로 성장한 생의 마디마디가 부쩍 자라 있었다. 이번 기행은 우리가 걸어온 인연이 질긴 것도 뜨끈뜨끈하다.

'차르박' 호수 인근의 야외 레스토랑에서 두 분의 무슬림 신자를 만났다. 검은색 '차도르'로 얼굴을 제외한 전신을 감싼 여성과 남성이 조곤조곤 담소를 나누며 식사를 하고 있었다. 음식을 비운 접시가 몇 개나 있는 것으로 보아 식사 시간이 꽤 오래 지난 것 같았다. 옆 좌석에 앉은 나는 가볍게 목례를 하고 '사우스 코리아'에서 왔다면서 인사를 했다. 그들은 요리 음식이 비워지는 동안에도 '논'을 기호품처럼 먹고 있었다. 남자는 어른이 아이에게 별사탕을 물리듯이 연신 여자친구에게 '논'을 건네면서 말을 이어갔다. 마치 '사랑합니다'라는 '사랑학' 첫 구절을 설파하는 것 같았다.

사랑을 향한 몸짓에 전율을 타는지 강의를 듣던 여성의 눈빛이 그윽해지고, 탁자에 앉은 묵직하고 단단한 '논'에는 사랑 꽃이 피었다. 간절함이 밀어 올린 침묵은 서로의 마음까지도 껴안는다. 사랑은 꿈길을 걷는 것. 어둠보다 먼저 별님이 빛나고 달님은 푸르게 다가온다. 눈빛이 오고 가는 것 사이에는 사랑의 징검다리가 놓인다. 사랑한다는 언약도 퍼질러 놓는다. '논'이 존재하는 창 너머 세상은 그렇게 달콤하지 않지만 무슨 대수인가. 유통기한 10일인 '논'의 생애는 그리 길지 않지만, 오늘은 오늘 아닌가.

마음만 먹으면 누구도 '논'을 소유할 수 있다. 빵의 존재를 하찮게 여기는 인간은 '논'의 값어치를 잘 모른다. 인류 문명사에서 커다란 획을 그은 동서양의 교류는 빵의 역사에서 출발했다. 낙타의 등짐에 얹혀 고비사막을 걸었고, 설한풍이 몰아친 천산산맥도 넘었다. '논'도 그렇게 끈질기게 살아남았다. 지금 내 곁에 '논'이 없다. 하지만 마음속에 '논'이 가득하니 이 순간부터 '무소유'의 개념을 망각해야겠다.

어산불영의 노래

구릉에 기댄 고분이 놀랐다. 아니 아팠다. 신비로 채워진 고대사를 들추었다. 휑한 그 무엇의 아득한 시간 여행이 스쳤고 오랫동안 잠이 든 망자의 숨결을 어루만졌다. 지배자의 무덤과 평민의 무덤이 혼재한 이곳은 4~6세기를 읽어 내는 역사의 텍스트로 고스란히 남았다.

여름 지나간 자리에 누런 흙물이 아래로 쓸려갔다. 낮과 밤의 길이가 같아진다는 추분 절에 유네스코 세계문화 유산에 등재된 '김해 대성동 고분군' 일부가 단기성 집중폭우로 무너졌다고 신문과 방송이 시시각각 전하고 있었다. 나는 귀를 쫑긋 세워 전파로 퍼 나르는 피해 상황에 귀 기울였고 양미간에 힘을 주어 신문 지면을 꼼꼼하게 챙겨 읽었다.

겨울 초입에 함안 '말이산 고분길'을 걸었다. 봉분에 누운 푸석한 풀잎을 망연히 바라보았고 황갈색으로 갈변한 메뚜기는 경사진 언덕에다 포동포동한 몸을 움직여댔다. 가을을 보내는 것은, 어떤 연민을 떠올리는 것. 이슬이 마른자리에 덕석을 입힌 고분길 흙살이 포실하다. 소슬한 바람은 자작한 땀방울을 밀쳐내고 땀내를 지운다. 청명한 하늘과 추수가 끝난 들판을 바라보았다. 솜뭉치 같은 뭉게구름도 살아있는 몸짓이고 빈 들판의 우수도 손에 잡힐 듯 가까이 있다. 시공간의 잡다한 생각이 모일 때마다 '아라인'이 그립고 기다려진다. 서늘한 공기가 옷자락에 닿을 때마다 이 황량한 계절이 무겁다. 겨울 초입의 길은 두 눈을 부릅뜨고 걷지 않아도 된다. 살며시 실눈을 뜨든지, 아니면 반쯤 잠긴 눈으로 땅만 보고 생각에 잠겨도 된다. '아라인'을 소환한 사색이 조금씩 깊어 갈 때마다 아라국의 빛나는 형상이 어른거린다. 역사에 바랜 숨죽인 능선의 고분도 어느 한때는 가락국 사람들이 밤에는 별빛과 달빛과 염원을 갈망했고 낮에는 공동체의 근간이 뿜어져 나오는 활화산이었다.

2018년 3월 초순은 꽃샘추위가 매서웠다. 그때 나는 '김해유적답사팀' 회원들과 '가락국유적탐방길'에 나섰다. 첫 번째 장소로 가락국의 시조인 수로왕(首露王)이 창건했다는 전설이 전해지는 밀양 '만어사'를 찾았다. 여기서 일연스님의 '삼국유사'와 사찰 마당의 오래된 노거수인 느티나무를 만났다. 경내를 걷다가 알 수 없는 기호로 문양을 새긴 돌비석을 유심히 바라보았던 기억이 생생하다. 문양의 비밀은 역사적 고찰(考察)로 이어지는 상상의 공간을 채웠다.

수로왕은 당대의 선진문물인 철을 생산하는 지배계층의 집단과 연관이 있다. 인도 아야타국에서 바다를 건너온 허황옥 왕비의 여정을 따라가다 보면 남방불교 전래설과 닿는다. 수로왕이 철과 불교를 국가통치기반의 아젠다로 무장 후, 기존의 토착 세력과 대항하면서 가락국을 창건하지 않았을까. 여기에다 감성의 진폭이 널뛰기하다 보니 종각의 맑은 종소리 들리지 않는다. 다만 사찰 아래 너덜지대의 물고기들이 아침나절 가락국 깊은 골짜기에 터를 잡은 만어사로 밀려오는 환청만 들린다. 허황옥 황후 곁에 있는 '파사석탑(婆娑石塔)'의 유래와 만어사의 '어산불영(魚山佛影)' 전설은 수로왕까지 거슬러 올라간다. 나는 여기 너덜지대를 바라보면서 졸시 한편을 남겼다.

어산불영(魚山佛影)의 노래

나는 그대가 돌 속에 감겨 있는
그림자를 비추지 못하는 것은
서방정토 무량수의 별들이 억겁에 잠겨있기 때문이다
나는 땅을 헤집고 나온 그대에게 말한다
그대 검은 돌들이 붉은 옥처럼 빛나면
다시는 바다로 돌아가지 못할 것이다
돌아봐라,
망국의 가락국은 불국토가 아니다
그대 심장은 그대의 영혼에서 부서진다는 사실을
그렇다,
서기 532년, 가락국은 신라에 항복했다
그대 검은 돌의 바깥에서는
그대 상심한 눈빛이 흔들리고
늘 그대가 산란하고 분산되면서 다가온다는 것을
나는 눈을 감고 그대를 안아주면서

낮은 목소리로 말한다

봄 봄이라

봄이 척척 걸어온다

그 봄은 봄에 꽃을 피우고

검은 돌 물고기는 검은 돌에서 열반에 든다

만어사의 종소리는

너덜지대의 물고기들이 둥둥둥 진군하는 쇠종 소리다

잠든 가락국을 깨운다

불국토가 빚어내는 화음을 만든다

가락국은 어디를 둘러보아도 야사로 핀 역사 꽃들이 널리어 있다. 수로왕이 세웠다는 만어사와 삼랑진 천태산에 터를 잡은 부은사(父恩寺)도 그런 곳이다. 2대 거등왕(居登王)이 수로왕의 은혜를 기리기 위하여 서기 200년 무렵에 세웠다는 고찰이지만 임진왜란 때 소실되었다. 그 후 철종 11년(1860)에 동화사의 '학송'스님이 옛 '부은사지'에 재건하였다. 고구려 소수림왕 때 전래된(372) 시기보다 거의 200여 년이 앞선다. 이는 논란의 씨앗을 제거하기 위한 정사를 논하기 이전에 당대의 국제 교류를 짚어 볼 필요가 있다.

가락국은 함안의 안라국과 마찬가지로 왜국과 백제와 중국과의 교역이 성행했다. 함안의 말이산 고분군에서는 중국 '남제'의 청자가 발굴되었다. 대성동 고분군에서는 모용 선비가 중국에 세운 '연' 나라 계통의 유물이 대거 발굴되어 학계를 놀라게 했다. 가락국은 중국과 백제와 왜와 동남아를 잇는 해상 루터의 중심지 역할을 했다는 것을 유물로 반증하고 있다. 불교의 전래도 그런 각도에서 바라 보면 남방불교가 정착한 가락국은 불모산의 장유사와 허황옥의 오 빠인 장유화상의 실존적 존재까지 영역을 넓힐 수 있을 것이다.

4월의 답사길은 봄 향기가 번지고 수풀이 우거졌다. 두 번째 답사 목적지인 장유의 능동마을에 들렀다. 김우락 답사 대장의 해설에 의 하면 가락국 시대의 이 마을에 배 접안시설이 있었다고 한다. 국제 해상 무역로의 거점 역할과 타국에서 들어온 여러 이질적인 문화가 융합되었다. 남방불교도 다이나믹한 해상 루터를 따라 들어 왔을 것 이라면서 설명해 주었다. 다음 답사지인 불모산 아래의 대찰이었던 중봉사가 있던 터는 아파트부지로 편입되어 창백한 도시의 민낯으 로 다가왔다.

답사 마지막 코스인 팔성암지(八聖庵止)를 오르는 길에서 탱자나무 가 하얀 꽃을 피웠다. 꽃에 눈길을 주다 보니 날카로운 가시는 눈에 보이지 않았다. 울타리 안 단감농장에는 풀풀한 퇴비 냄새가 풍겨왔 다. 이 암자는 불모산의 8부 능선에 있다. 곳곳에 길의 흔적이 끊기 고 이어지기를 반복했다.

가락국에 있어 팔성암지와 불모산은 무언의 역사다. 암자의 초입 에는 석축이 널브러지고 무너진 채로 방치되어 있다. 빛바랜 가락국 의 숨통이 근근이 버티고 있다. 왜, 이 높고 가파른 곳에다 석축을 쌓 고 사찰을 창건했을까. 왕이 죽으면 하늘에 더 가까이 다가가야 한 다는 당대의 보편적 인식의 산물일까. 아니면 가락국이 불교를 국교 로 받아들이기에는 아직 이르다고 판단했는지 모른다. 신흥 세력인 수로왕이 기존의 정주 세력인 토착민과 대결하고 타협하고 아우르는 과정일 거라고 상상을 빌린 짐작도 해보았다.

고대사로 들어가는 시간 여행의 길목은 낯설다. 멈춤의 신호등
도 쉴새 없이 깜박인다. 빈약한 문헌과 유물의 해석 문제로 접근하
고 유추하고 결론을 내리는 것은 심각한 오류에 빠질 개연성이 높
다. 답사의 목적성에 어느 정도 다가가는 상상을 키우면서 고대사에
날개를 달아주면 충분하지 않을까. 팔성암지 가는 길은 흘린 땀으로
상상이 떠도는 안개 자욱한 길이 되었다.

일본 제국주의는 일제강점기의 한반도 병탄의 논리를 제공한 '임
나일본부설'의 직접적인 증거를 찾기 위해 김해와 함안의 고분군을
도굴의 성격이 짙은 발굴로 파헤쳤다. 일본서기가 허구로 채워졌으
니 당연히 '임나일본부설'도 가공되고 왜곡되었다. 어떤 실증적인
흔적도 찾지 못했다고 발굴조사서에 기록되어 있다. 이 시기에 수많
은 유물이 일본에 반출되었다. 일본 곳곳에는 한반도에서 건너간 수
많은 도래인의 흔적이 남아 있다. 그들은 '야요이' 문명을 선도했고
그 중심에 규수로 향하는 해상 루터를 개척한 선도국가인 가락국과
안라국이 있다.

일본인 학자인 가나세키 다케오는 1955년 쓴 논문 <야요이 인종
의 문제>에서 야요이 문화를 꽃피운 것이 한반도에서 건너온 도래
인이라고 주장했다. 여기서 '한반도'는 가락국과 안라국을 지칭한다.

나는 지리산 둘레길을 두 번 완주했다. 덕분에 <배낭 메고 떠나는
지리산 둘레길> 에세이도 남겼다. 걷다 보니 지리산 자락인 산청과
하동에는 가락국의 흔적이 널린 역사 밭이었다. 산청에는 비운의 패
주인 구형왕릉과 마주 보는 왕산과 필봉산이 있다. 하동에는 수로왕

이 창건했다는 칠불사와 인근의 대비마을이 있다. 왕조의 창건부터 멸망까지 영고성쇠를 함께 한 셈이다.

　김해의 모든 길은 수로왕릉과 대성동 고분군으로 향한다. 함안의 모든 길은 왕궁지와 말이산 고분군으로 향한다. 이 길은 풍요로운 역사가 살아있는 길이다. 삶을 추동시키는 전진의 길이다. 굳이 역사를 정의하자면 세계관의 인식을 끌어당기는 힘이다. 이는 국가나 개인의 자아가 분출하는 통로로 자리매김한다.

누이야, 노를 저어라

갈대숲 사이로 바람과 새들
이 돌아다녔다. 맑은 강이 흐르고 샛바람을 받은 누이 사공은 천천
히 노를 저었다. 함안 가야장에서 공연을 마치고 함안천 둑방을 따
라 나룻배에 승선한 '윤부길악극단' 일행은 찰랑한 물결이 닿은 도
선장에 내렸다. 이곳 허름한 사공집에서 고단한 몸을 녹인 후, 다음
날 대산장터로 가기 위해 이른 아침 길목인 서촌 고개를 넘었다.

가난한 농경사회의 시골 오일장은 물산과 사람이 몰려들었고 이
웃 마을의 대소사와 안부를 물으면서 소통했다. 집에서 기르고 키
운 가축이나 채소를 내다 팔고 건어물이나 옷가지 등의 필요한 물
건을 흥정하면서 북적였다. 사람들의 말소리는 시끌벅적했지만 온
순한 정감이 훈풍을 타고 장터 곳곳을 헤집고 다녔다.

숨이 찬 누이의 눈빛이 맑다. 내색하지 않으려고 씩' 웃으면서 손
을 흔든다. 국군을 돕는 보급대와 애국단에서 활동하고 있는 오라버
니가 스친다. 갈대는 제 몸이 날갯짓이라 여기면서 출렁인다. 어떤
새는 휘파람을 불면서 강둑을 넘는다. 너른 악양 들판의 논이 보이

고 키 크고 목 긴 새들의 부리는 벼포기 사이를 헤집고 다닌다.

누이가 겪는 그리움은 밤마다 불면을 잉태하면서 어스름한 새벽 물안개에 포개진다. 금세라도 강 건너편에서 누이를 부르면서 자박자박 걸어올 것만 같은 오라버니가 언뜻언뜻 스친다. 어른거리는 것은 비단 오라버니뿐 아니다. 강둑에서 꽃 문을 여는 아롱진 들꽃들과 남강과 함안천에서 밀려온 물결 사이로 틔어 오르는 물고기를 바라보면서 상념에 잠기기도 했다. 아! 하고 그리움을 견디고 있을 때 지순한 강은 저렇게 순백을 담고 제 속살을 내놓으며 흘렀다.

6·25 한국 전쟁 당시 악양 나룻가(현 악양루 가든)는 숙식을 겸한 방 3개가 있었다고 한다. 이 나룻가는 전란의 와중에도 장꾼들과 길손들이 끊이지 않는 교통의 요충지였다. 이곳에 들린 '윤부길악극단' 가족도 족히 20명을 넘었다고 하니 살벌한 전시의 풍경에 그나마 위안이 되었을 것이다. 초가집 방안의 온기는 따뜻했고 남강과 함안천이 합수한 이곳은 물고기 밭이었다. 두 다리를 펴고 몸을 녹였고 붕어찜으로 허기를 달래면서 전쟁의 상흔을 토닥였다. 누군가 먼저 나서 부른 구성진 노래 한 곡조는 희망을 보듬는 평화를 갈망했으리라.

악양 나룻가와 가까운 법수면 부남마을에서 태어난 나는 유년 시절부터 '처녀 뱃사공'의 유래를 주변의 마을 사람들과 당사자인 박말순의 조카 박모 씨(초, 중학교 1년 선배)로부터 귀가 닳도록 들었다. 지금의 악양 마을 정 중앙을 관통하는 남강에는 둑방이 축조된 후부터 '새나루터'가 80년대까지 사람과 물산을 실어날랐다. 강 건너편 의령 쪽에 주막을 곁들인 집이 있었고 사공이 거처했다고 전언으로 전해진다. 악양 마을을 비롯한 둘(둑) 안 마을 사람들은 강 건너편 북두루미마을과 두곡마을과 북실마을 뒤편 산에 나무하려 강을 건넜고, 반대로 그쪽 사람들은 가야 장날이나 가야읍에 소재한 중고등학교에 다니기 위해 강을 건너왔다. 문제는 여기가 '처녀 뱃사공' 가사의 진원지라고 말도 되지 않는 억지 논리를 펴는 극소수가 있다길래 뭐라 대꾸할까를 생각하다가 그만 실소를 자아내고 말았다. 무지하거나 알면서도 억지를 부리면 자기 객관성을 잃는다는 것을, 한 줄 평으로 대신하고 싶다.

'처녀 뱃사공'은 연약한 여인이 강물을 이고 노를 젓는 고단이 배어 있다. 정서적 연민이 짙게 드리운 우리 이웃의 구전이고 동질감이라 애잔하다. 우리 민족의 실존하는 슬픔이 고인 한의 스펙트럼이 얼마나 깊고 넓다는 것을 웅변하고 있다. 그러면서 이 노래 가사는 서정이 빚어낸 감성이, 어쩌면 오빠를 만날 수 없다는 불안이 엄습하는 내면세계의 끝자락에 닿아 있는지 모른다. 불꽃처럼 타오르는 아침 햇살과 서산으로 기울어지는 장엄한 석양 앞에 경건해지는 들판의 풍요와 달리 한없이 외로워지는 심성이 곱디고운 누이의 마음 깊은 곳에다 둥지를 틀고 있다.

강은 생명체가 발원하는 시원이다. 모태의 젖줄이 이어지는 어머니다. 본질은 대척점에 서지 않는 하심이고 속성은 우열로 편 가르지 않는 평등이다. 상대를 억누르지 않고도 평행을 이루면서 바다에 닿으니 얼마나 고결한가. 바람 부는 날이면 출렁이고 바람이 없는 날이면 미동도 하지 않는다. 그럴 때는 전쟁통에 가족을 건사하려는 처녀 가장의 이마와 목젖 아래로 땀방울이 송골송골 맺혔으리라.

강을 건너는 마을 주민들은 봄가을에는 보리와 쌀 몇 석을, 그것조차 힘든 농민들은 내놓을 것 대신 아는 안면을 무기 삼아 미안해하면서 배를 건넜을 것이다. 강물이 사나울 때도 처녀 뱃사공은 도선장을 좀체 이탈하지 않았고 거친 강물을 앞에 놓고 쉽사리 흔들리지 않았다. 천성이 착한 강물은 스스로 햇살을 받고 바람을 잠재우고 빗방울을 모으면서 건너편 도선장으로 향했다.

처녀 뱃사공이 노를 저은 악양루 앞에서 남쪽으로 거슬러 올라가면 함안천의 발원지이고 함안의 진산인 여항산을 만난다. 함안은 내가 아는 범위 내에서 전국 지방자치단체 중 유일하게 국가하천이 3개나 있다. 낙동강과 남강과 함안천이다. 이 세 곳 중 법수면은 함안천과 남강이, 대산면은 거기에 더해 낙동강이 관통한다. 법수(法守)와 대산(代山)의 지명은 물과 치수와 범람과 깊은 관련이 있다는 것을 엿볼 수 있다.

여름이나 초가을에 홍수가 날 때는 둑 안의 거대한 평야는 물바다를 이루었다. 사람들은 큰물이 났다고 침울했고 가축들은 상심한 눈빛을 두리번거리며 하류로 둥둥 떠내려왔다. 마을 어른들은 집채만 한 강물이 상류에서 걸어온다면서 탄식을 늘어놓았고 소주 심부름 길을 나선 마을의 조무래기 아이들은 동네상점 모퉁이에서 서성였다. 어둑한 밤이 되면 어디선가 고성이 오가는 소리와 피 울음을 삼키는 끈적한 삶 풍경이 빚어지곤 했다.

'법(法守)'을 지키는 것은 순리를 거스르지 말라는 뜻이고 '산(代山)'을 대신한다는 뜻은 순명을 거역하지 말라는 남고북저(南高北低)의 원리를 차용한 지혜의 산물이다. 철학적 개념으로 접근하면 상선

약수(上善若水)의 진리를 표용하고 있다. 이보다 더 높은 경지의 섭리가 작동하는 자연은 높는 곳은 흐르고 낮은 곳에서 만물이 싹이 트고 소생하고 어우러진다.

일제 강점기 때 제방이 축조되기 전의 법수 평야는 거대한 늪지대였다. 처녀 뱃사공이 노를 저었던 그곳이 아득한 태고부터 생성된 광활한 늪지대의 출발지였다. 지금의 악양루는 함안천에 닿은 산 중턱의 일몰이 서산으로 기울면서 석양이 비추고 노을이 번지는 남강의 물굽이를 지켜보고 있다. 기묘하게도 함안천이 남강에 합수하는 한자의 사람 <人> 형상을 지탱하는 지렛대 역할을 충실히 하고 있다.

남강댐이 축조되기 전의 함안천은 어패류의 보고였다. 모래톱에 조개가 얼마나 많았던지 '캔다'고 말하지 않고 '줍는'다고 말할 정도였다. 심지어는 강 가장자리에서 멱을 감고 놀던 아이들이 물속을 자맥질해 건져 올린 조개는 저녁 찬거리로 풍성한 식탁을 일구었다. 처녀 뱃사공이 거주한 집은 오래전부터 식당을 운영하고 물고기를 잡아 생계를 꾸려나갔다. 지금도 가끔 '악양가든'에 들릴 때면 어린 시절에 물고기를 사기 위해 종종 바케스 통을 들고 어렵사리 줄배를 당겨가면서 어른들에게 들었던 처녀 뱃사공의 무용담과 노래 가사를 흥얼거렸던 유년의 기억이 생생하다.

동심이란 절절한 심경의 일단을 내포하고 있다. 추억이 머물고 간 그 자리에 다시 유년을 소환하다 보니 두근거리는 심장이 기억 너머에서 가파르게 뛴다. 악양루 지천의 저습지가 생태공원으로 탈바꿈하고 둑방과 그 아래의 하천부지에 각양각색의 꽃 축제가 다반사로 열리지만, 원초적 생명을 잃은 것 같아 그리 흥감을 느끼지 않는다.

인간은 꽃이 피고 지는 것처럼 수많은 만남과 이별을 겪는다. 이웃과 길손을 태운 처녀 뱃사공이 노를 저을 때마다 인연의 꼬리표가 단단해지기도 하고 허물어지기도 했을 것이다. 마치 펄 속에서 바둥거린 발목처럼 상심의 사연들은 쉽사리 망각 되지 않는 법이다. 윤부길 선생은 노를 젓던 처녀 뱃사공의 애틋함을 뭐라고 위로했을까. 따뜻한 말 한마디나 그윽한 눈빛으로 대하지 않았을까. 우수에 잠긴 강의 풍경과 군대 간 오라버니를 기다리는 절절한 사연이 선명한 오버랩으로 다가와 악보로 남겼을 것이다.

'처녀 뱃사공'의 노래 가사를 두고 왜 남강이나 함안천을 배제하고 '낙동강'으로 표기했는지 식자들이 연유를 몰라 고개를 갸우뚱거린다는 이야기를 들을 때가 있다. 극작가이면서 악극단을 이끌었던 윤부길 선생은 노랫말의 탄생지인 이곳이 정말로 낙동강이라고 알고 있었을까. 짐작하건대 그러지 않았을 것이다. 선생이 피난 생활을 했던 곳이 부산지역이라 평소에 익숙한 낙동강을 선택해 남강보다 대중성이 더 근접하고 친밀한 노랫말 외투를 입혀 갈무리한 것 아닐까.

노래 가사 전체 맥락을 짚어보면 낙동강이 주는 울림이 최적격의 서정에 녹아 있다는 것을 알 수 있다. 음악적 요소에다 전쟁통의 한의 정서를 입힌 보편적 공감대를 끌어 올린 탁월한 가사의 위치선정이 불멸의 국민애창곡으로 자리매김하지 않았을까. 처음 노래를 부른 황정자 가수의 애잔한 음절은 가슴 밑바닥에 와 닿는 통절한 그 무엇이 있다. 그 후 다른 가수들이 리메이크한 노래는 황정자가 부른 원음의 비가(悲歌)와 동떨어진 경쾌한 멜로디 풍으로 흐른다는 것을 알 수 있다.

처녀 뱃사공 박말순의 일상이 어떡했는지 궁금증이 따라온다. 강물에 기대 노만 젓지 않았을 것이다. 너른 들판을 접할 수 없는 그에게는 강 건너편 둑방 너머에 쪼르르 앉은 악양 마을에 밤마실을 다니는 게 그나마 꿈꾸는 로망이었는지 모른다. 당시의 농촌풍경은 곤궁했지만, 청춘남녀들은 이 마을과 저 마을로 몰려다녔다고 한다. 이슥해지는 어둠이 몰려오면 강바람을 받으며 둑방을 걸었고 풀잎에 맺힌 밤이슬이 신발과 바지를 축축하게 적셨다. 봄날 하천부지를 갈아엎은 밭고랑과 여름날 잘 깎아놓은 논두렁 풀들은 소먹이용으로 착착 포개졌다. 여름이 건너가고 가을이 올 때쯤이면 남정네들이 강 건너편에서 서리해 온 땅콩을 먹으면서 힘차게 울어대는 곤충들이 나누는 밤의 소야곡에 가슴이 설렜을 것이다.

세월은 유수와 같은 것. 강물이 무심하게 흐르던 어느 순간 혼기를 넘은 나이가 된 박말순 사공은 서둘러 혼인 후 부산에 정착해 살았다고 한다. 시골에서 자란 사람들은 세월이 아득해질수록 옛 기억이 새록새록 되살아난다는 것을 알고 있다. 다만 그 추억에는 아픔이 저미는 삶의 내밀함도 촘촘하게 박혀있다. 나이가 들어간다는 것은 가을날 단풍이 물드는 것처럼 세월을 반추하는 것. 남강의 장엄한 노을처럼 생의 불꽃이 일시에 번졌다가 사라지는 것. 쓸쓸해지려는 사람은 고독이 남긴 허무를 받아들이는 것이 얼마나 마음 저미는지 안다. 삶이란 아름다움과 부질없음의 인생이 별반 다르지 않다는 것을. 인간의 운명은 그가 살면서 견뎌온 삶의 결정체라는 것을. 처녀 뱃사공 박말순의 삶의 그랬을 것이다.

청소년기의 나도 그랬다. 부남 들판을 가로질러 양포에서 둑방을 따라 악양까지 걸었다. 해넘이를 바라보면서 걸었고 어둠이 내린 밤에도 걸었다. 바람이 둑방을 넘지 못할 때도 있었고 태양이 이글거리는 한낮에 강물은 숨죽여 있는데 들판의 풀들은 바람에 쓸리어 가는 것도 보았다. 또 어떤 때는 바람이 불지 않는 어둠인데도 강물은 거친 소리로 울부짖었다. 자연생태계가 위대한 것은 겨울 강이 얼어 있을 때 무논의 들판은 잠들지 못하는 엄동의 생명을 안아주었다. 기러기의 군무는 하늘을 갈랐고 들판의 미꾸라지는 추수가 끝난 무논의 바닥을 파고들었다.

'처녀 뱃사공'은 한국 현대사가 감당한 여러 요인이 겹친 현상이다. 식민과 해방공간과 분단과 전쟁과 가난과 생이별의 가족사를 받아들였던 부모님과 우리 이웃의 이야기다. 마을마다 전쟁미망인과 상이군인들이 피 울음을 삼켰다. 처녀 뱃사공 박말순이 오빠를 기다리는 목마름이 목젖까지 차올랐고, 그 허기로 노를 저으면서 마음 깊숙한 곳에다 그리움을 묻었고 쓸쓸함을 견뎠으리라.

Part 4

나는 별을 물고 태어났다

노을이 붉어진다는 것

　　　　　　　　　　　　통영이란 지명은 '삼도
수군통제영'을 줄인 말이다. 내 마음속의 '통영'은 이런 건조체가 남
긴 지명과 거리가 멀다. 통영은 아슬아슬한 삶의 터전이 좀체 그려
지지 않는다. 지금도 내 눈에는 인심이 후하고 바다가 품은 넉넉한
통영만 보인다. 들릴 때마다 풍광이 풀어놓는 강한 이끌림이 있다.
그곳을 반추할 때마다 속살에 더듬어진 아름다움이 알알이 맺힌다.
통영 만에 솟은 수려한 섬들은 한꺼번에 여명이 밝아오고 노을이 석
양을 삼키면서 번진다. 파도가 몸을 일으키고 덤벼들고 윤슬로 태어
나고 울음을 삼킨다.

　내가 처음 통영을 찾은 것은 중학교를 갓 졸업할 무렵이었다. 그때
는 이충무공의 시호를 따서 '충무시'로 명명되었다. 그날 겨울비가
추적거렸고 아침 안개가 비탈길 중턱 아래까지 내려와 걸쳤다. 해무
에 기댄 통영의 이미지는 강렬한 경이로움 그 자체였다. 유년을 너
른 들판에서 자란 나는 바다가 품고 골라낸 통영을 바라보면서 인
간의 눈높이에선 쉽사리 보이지 않는 세계가 있다는 것을 처음 알았

다.

그 후 청년기의 나는 냉전의 경계선 위에서 팔딱인 한 인간을 만났다. 격동의 시대를 온몸으로 맞선 윤이상은 평생을 분단과 통일이라는 민족의 동질성에 갇혀 신음했다. 그분이 풀어놓은 음악 세계는 온통 그가 나고 자란 통영에서 영감을 얻었다고 한다. 박정희 정권 시대에, 북한에 있던 친구 김순남을 만나기 위해 방북을 결행한 윤이상은 '동베를린 간첩단' 사건에 휘말려 고국인 대한민국에 강제 송환된 후 모진 고초를 겪었다. 평생을 망명자로 신산한 삶을 살아야 했고 인간적인 모멸감과 수치심에 돌이킬 수 없는 상처를 입었다. 그분이 평양고분군에서 접한 고구려벽화는 한민족의 정신적 표상을 영감으로 휘몰아친, 거대한 서사가 용틀임한 웅장한 선율로 담아냈다.

인간이 복잡한 천 개의 얼굴을 가지고 있다면 예향의 도시 통영은 금세라도 천 개의 사연을 풀어 놓을 것 같다. 금 년 봄에 '수필과 비평 작가회의 경남지회' 문우들과 통영기행을 다녀왔다. 박경리와 유치환과 김상옥과 김춘수를 만났다. 한산도 제승당에 올랐고 해저터널을 걸었다.

봄날의 햇살은 따사롭다. 볕이 좋은 날에는 그림자도 선명하다. 위대한 문인들이 남긴 통영의 그림자는 도시의 얼굴이고 분신이고 문진이다. 도심의 길목마다 그분들의 흔적을 탁발하러 나선 나는 그분들에게 더 가까이 가려는 마음이 허기지고 요동치고 차올랐다.

나에게 비추는 그림자는 내 몸 밖의 내 몸이다. 그림자에 기댄 시간이 길어질수록 생각을 기워내는 묵상 또한 깊게 번진다. 그림자의 꽃이 허공에 피고 수묵화로 다가왔다. 봄의 길목에서 그림자로 투영된 통영이 낳은 위대한 문인들의 빛나는 생을, 눈이 부신 바다를 앞에 놓고도 수심에 잠겨 출렁인 불안한 감정은 어느새 멈칫멈칫한 우체통 앞에서 가냘프게 매달린 청마의 불안한 시선을 만난다. 그림자를 걷어내고 질문의 꼬리를 물리고 나니 통영에서 팔리고 소비되는 강렬한 흡인력이 이 소도시의 매력이면서 쉽게 범접할 수 없는 문화 권력의 위엄도 도사리고 있다는 걸 알았다.

문학기행 마지막 코스로 '박경리기념관'에 들렀다. 거목이 잠들어 있는 자리에 서면 무수한 문학 잎을 매달았던 인간 박경리가 그리워지기 마련이다. 잘 가꾼 문학은 서정의 꽃이 만발한 꽃밭이지만 당신이 살아온 인생사는 한국 현대사의 굴절과 질곡이 점철된 메마른 사막이었으리라. 생계라는 현실과 문학이라는 추상의 극점에서 당신이 감당한 고통이 오롯이 투영되어 독자를 견인하지만, 민족의 정체성을 작품에 담으려는 굳건한 의지는 오직 민중의 삶을 조영하고 있을 뿐이다.

대게 작가의 글은 생계형이면서 존엄한 글이다. 목숨 부지의 값과 존엄의 값이 충돌할 수밖에 없었던 박경리의 글 투쟁 앞에서 절로 숙연해진다. 그가 집필한 <토지>를 관통하는 구절마다 인간에 대한 따뜻한 온기가 배어있다. 한민족의 근원에 대한 충실성에서 경이로움을 느낀다. 그분은 살아생전 일본에 대해 강력한 도덕적 질타를 가했다. 스스로 반성하라고 양심의 가책을 지적했다. 그분에게 가장 어울리는 단어는 옳고 그름을 분별하는 일관된 삶의 정체성 아닐까.

기념관 건물 외벽에는 '박경리 선생 16주기 추모제' 현수막과 5월에 열리는 '박경리 선생 문학 축전' 현수막이 건물 옥상부터 현관 입구 바닥까지 길게 펼쳐져 관람객을 맞이하고 있다. 전시관 내에는 진주여고를 졸업하고 결혼한 당시 모습과 6·25 한국전쟁 때 남편이 납북된 후 딸과 함께 살았던 시절이 그려져 있다. 관람객의 시선을 멈추게 하는 토지 친필 원고와 여권과 편지 등의 유품이 가지런하게 전시되어 눈길을 끌었다.

기념관에서 숲속 오르막 경사로를 따라 선생이 잠든 묘소로 10분 남짓 걸었다. 산자락의 양지바른 곳에는 적막이 드리웠다. 봉분에는 듬성듬성한 풀들이 망자를 어루만지고 있다. 바람과 햇살과 달과 별만 있어도 고단했던 선생의 한 생애는 곤히 잠들 것이다. "이제 남는 여생은 비울 일만 남았다."라고 자조한 선생의 다음 생애는 그분의 염원대로 무명초로 남았을까. 산 중턱에서 바라본 통영만 영운리 내협에는 차갑고 시린 것들의 파도가 길손을 반긴다고 뜨거운 너울로 왈칵 밀려오고 있다.

선생이 잠들어 있는 산양읍 서쪽은 해넘이 노을로 유명세를 치르는 곳이다. 짐작하건대 박경리 선생은 삶의 본질이 우아한 관조가 아니라 질긴 고통이라고 여겼을 것이다. 그런 분이 어떻게 타인의 상처를 위로하고 공감했는지, 문학의 본령이 자못 아름답다는 명제를 끌어들일 수밖에 없다. 노을은 어둠을 안내하지만, 선생은 길을 잃지 않았다. 노을이 붉어진다는 것. 농도가 더해지는 어둠을 받아들이고 박경리라는 거목이 잠든 밤이라 신비롭다. 봉분을 비추는 높은 은하수의 별들이 눈을 뜨고 있으리라.

거름을 움켜쥔 작물의 뿌리

꽃비가 내리고 춤을 추는 사월입니다. 붉은 꽃은 천둥 같고 노란 꽃은 해님 같고 하얀 꽃은 눈물 같습니다. 나는 두 눈을 감고 생각에 잠깁니다. 만물이 생동하던 어느 봄날의 생경한 슬픔이 몰려옵니다. 고통의 전조에 몰려온 눈망울이 꺾인 꽃을 어루만집니다. 그 꽃은 자유를 민주주의를 외치던 광장의 꽃이 아닙니다. 한국 현대사를 수장시킨 세월호의 노란 리본에 떨어진 사월의 꽃잎입니다. 보성 벌교로 문학기행을 떠나는 차창에 기대 마음을 가라앉히고 사월의 의미를 새기다 보니 버스는 어느새 '월곡 영화골 벽화마을'에 도착했습니다.

벽화마을 골목길을 따라 걸었습니다. 찰나에 스치는 '골목'과 '골목길'의 차이를 생각해 봤습니다. 골목은 그 자리에 있는 수동적 존재이고 골목길은 행위를 표상한 능동으로 정리해보았습니다. 낮은 담장 너머에는 간간이 사람들의 인기척이 들리고 유년을 장면들이 겹칩니다. 수백 년을 한 곳에서 얼굴을 맞댄 골목은 '역사'라는 뿌리를 남겼습니다. 탐관오리가 후려칠 때는 거미줄처럼 공중에 매달린 곡예사처럼 아슬했을 겁니다. 삶이란 견디는 것이라고 합니다. 골목 길은 아이들이 뛰놀고 햇살이 퍼지고 안부 인사로 정감을 나누는, 인간이 배치한 탁월한 공간입니다.

나는 요리조리 한눈을 팔면서 골목 안길을 기웃거립니다. 담장을 넘어온 연녹색 감잎이 새초롬합니다. 달포 정도 지나면 봉긋한 감꽃 이 온순한 아기처럼 감질나게 매달려 있을 겁니다. 탱자나무는 담장 을 지키는 보초병 역할을 하는 경계 목(木)의 위엄을 갖추고 있습니 다. 초록의 가시를 자세히 보니 적의를 품지 않는지 두툼합니다. 하 얀 탱자 꽃은 땡볕의 양분을 받아먹고 그 아래 엎드린 풀들은 탱자 나무의 그늘을 받아먹고 자라겠지요. 눈만 뜨면 얼굴을 마주치는 골 목은 억지가 없습니다. 때가 되면 탱자는 노랗게 익고 대추는 붉게 익고 옥수수 수염은 저절로 고개를 숙일 것입니다. 마을에 기댄 나 무나 작물은 배보다 더 큰 배꼽을 인간에게 내놓습니다.

백화마을 골목을 걸어 나와 '태백산맥문학관'에 들렀습니다. 벌교 는 고을 전체가 여순사건과 지리산과 함께 소설 태백산맥을 등장 배 경으로 하고 있습니다. 항일과 친일은 그 사이의 꼬리표를 물고 있 는 좌우익의 첨예한 갈등의 진폭을 높였습니다. 문학관에는 작품을 집필하는 과정에서 작성했던 취재 메모를 비롯한 각종 자료와 육필 원고 등이 전시되어 있었습니다. 한국 근 현대사의 질곡이 거인 조 정래라는 걸출한 소설가가 탄생하는 자양분이 되었습니다. 나는 어 느 젊은 한 시절에 대하 장편 소설인 태백산맥을 단숨에 읽어내려가 는, 미친 듯이 숨을 몰아쉬고 통증을 느끼면서 책장을 넘겼던 기억 이 생생합니다. 극단적인 이념을 언어미학의 공간으로 채우고 뿌려

놓은 작가의 내면세계는 심원했습니다. 거기서 발원한 도도한 역사의 강줄기는 '내 조국'이라는 역동적인 에너지를 비축하는 모티브로 자리매김했습니다.

벌교읍 태백산맥길 19번지는 일제 강점기 때 형성된 노포가 늘려 있는 구렁 길입니다. 소설 태백산맥의 무대답게 보성여관(소설, 남도여관)은 원형을 살리면서 손님을 받고 있었습니다. 소설 첫머리에 나오는 소화의 집은 소박하고 현부자 집은 격조를 갖추었습니다. 눈길을 끄는 벌교금융조합 건물은 르네상스 건축을 흉내 낸 붉은 벽돌과 장식의 아름다움이 느껴졌습니다. 중절모를 눌러쓰고 팔을 흔들고 큰 대자 걸음을 걸었던 힘센 부자들은 '벌교금융조합'을 제집 드나들 듯이 이용했을 겁니다.

노포 거리를 걷는 것은 유쾌합니다. 문우님들과 즉석에서 간단간단한 담소를 장만하고 반죽하면서 노닐었습니다. 여러 모르는 문인들과도 사진도 찍고 귀엣말을 건네고 슬쩍 호감을 표하기도 합니다. 점심 만찬을 즐긴 풍성한 꼬막 정식은 별미였습니다. 막걸리 몇 순을 걸치니 비단 곤룡포를 두른 대륙의 황제도 부럽지 않았습니다.

점심 먹고 마지막 기행지인 낙안읍성에 들렀습니다. 중천을 넘어간 해는 먹장구름 속에 숨었고 이마에 빗방울 몇 개가 툭툭거립니다. 매표소에서 대기하고 있는데 무료 관람 대상인 '65세 이상'은 신분증을 제출하라고 합니다. 요구하는 억센 톤이 조금은 눈에 거슬렸습니다. 섣달에 태어난 나는 아니라면서 쓴웃음을 삼켰습니다. 돌로 쌓은 아치형 정문인 동문의 낙풍루 쪽으로 걸어갔습니다.

성내(城內) 마을 방면을 먼저 걷지 않고 성벽 위 돌담을 따라 발자국을 내딛습니다. 옹기종기 모인 조선의 초가마을과 빈약한 삶이 풀어낸 단출한 초가삼간을 곁눈질합니다. 성 바깥에는 봄인데도 온기로 달아오르지 못하는 우울한 들판이 잿빛에 서걱거립니다. 다시 눈을 돌려 마을을 둘러봅니다. 마을 뒷산을 닮은 초가지붕은 고졸하고 마을 안길과 지붕의 곡선은 손바닥에 닿을 정도의 절묘한 대칭을 이룹니다. 무릇 '아름답다'라는 것은 하나의 풍경이 그 이웃의 풍경 위에 있지 않다는, 몸을 낮추고 먼저 뜨거워지지 않는 것이라는 낙안읍성의 품격을 새깁니다.

마을 안길을 따라 천천히 걸었습니다. 사람이 거주하는 초가집을 들락거렸습니다. 주춧돌에 놓인 검정 고무신은 행색이 남루하지 않았습니다. 낮은 담장과 구멍이 숭숭 뚫린 사립문은 '내'와 '네'가 한마음이라는 것을 암시하는 것 같았습니다. 대청이 없는 초가집 안방에 어둠이 깃들면 다듬이질 소리가 고혹하게 들리겠다는 상상도 해봅니다. 부엌 서쪽 담장 앞에 앉은 장독대는 시간을 정지한 침묵을 숙성시키고 빛의 통로인 봉창은 시간을 끌어당긴 희망 한 줌을 내놓습니다. 가장 빛나는 풍경은 누가 뭐라 해도 해 뜨고 석양이 지는 무렵에 날숨을 내쉬는 연기 나는 굴뚝이겠지요.

인구 천명 정도 거주했다는 조선 시대 낙안읍성은 관아와 낙안객사와 그 옆의 동헌과 남문인 쌍청루 등으로 구성되어 있습니다. 지금은 다수의 민속식당과 민박집이 성업 중이라고 합니다. 자박자박 걸으면서 마주치는 텃밭의 마늘과 대파와 부추와 감자 잎이 정겹습니다. 담장 가장자리의 감질나는 두릅나무의 새순은 입맛을 다십니다.

낙안읍성은 마을을 둘러싼 성벽이 초가집을 놓아주고 있습니다. 텃밭에는 작물의 뿌리가 거름을 움켜쥐고 있습니다. 돌아오는 버스에 탑승했습니다. 문인은 자신을 놓아줄 줄 알기에 마음이 궁벽하지 않는다고 합니다. 인문주의자로 살겠다는 결기가 있길래 꿈결에서도 책의 본체인 사유를 움켜쥐고 있습니다. 봄이 건너가면 다음에는 여름이 건너갑니다. 그 계절을 담아내는 글 문장의 이엉도 덩달아 분주해질 것입니다. 낙안읍성의 초가집 같은 글 둥지만 있어도 행복하겠다는 생각도 깊어갑니다.

나는 별을 물고 태어났다

인생은 두 번 오
지 않는다. 이 땅의 모든 존재는 단 하나뿐인 생을 산다. 날마다 거대
한 벽이고 지금이 결정적인 순간이고 내일은 내일의 오늘이다. 오늘
은 오늘의 내일이 점지 된다. 꽃도 그랬다. 봄에 꽃피면 봄꽃이라 불
렀다. 그렇다면 봄꽃이 겨울에 꽃피면? 연유가 있을 것이다. 지난해
겨울 정병산 산행 중에 연분홍 진달래를 만났다. 이 꽃, 봄에도 꽃 문
을 열까. 아니 그때까지 살아남을 수 있을까. 살아남아 꽃을 피운다
면 꽃피는 시기의 명줄이 영원하다는 말인가. 두 계절에 두 번 꽃피
는 생생(生生)이 가능하단 말인가.

몽골 여름초원에 피었다 지는 꽃의 임종을 알리는 벌 나비들이 부
고장을 들고 망설인다. "지구가 제정신이란 말인가." 고을의 어른인
철학 하는 곤충의 자조. 나는 여행 내내 지금 몽골이 제정신인가.
그렇게 그렇지 않냐고 격한 뇌성을 쳐댔다. 비닐하우스가 설치되고
전봇대의 행렬이 끝이 보이지 않고 줄지어 선 공장이 초원을 덮으려
한다. 하지만 초원은 조용히 저항한다. 그 생각이 스칠 때마다 장중

하고 우람차고 고요한 초자연에 마음을 다 빼앗겼다. 언젠가는 초원이 사막이 되든지. 아니면 문명의 면역에 길들여지겠다는 생각에 잠길 때는 슬픔이 몰려왔다.

여름 몽골에 다녀온 후로 상사병이 걸렸다. 잠을 자다가 눈뜨면 몽골초원과 푸른 하늘이 떠오른다. 드넓은 평원을 생각할 때는 심장이 뛰었다. 초원의 들꽃이 일시에 아우성을 치고 함성을 지르는 환청도 들린다. 몽골로 떠나기 전에는 오랫동안 칸의 나라를 떠올렸다. 가축을 돌보고 순록이나 늑대를 사냥하고 전쟁터로 나가는 전사들의 눈빛이 어른거렸다.

몽골제국이 들어서기 전, 하늘의 두 태양인 테무진과 동지이면서 맞수였던 자무카가 죽음을 앞두고 남긴 말이 감동이다. '칭기즈칸'에 오른 테무진에게 패배한 자무카는 이승에서 당신을 실망하게 만든 행위에 부끄럽다면서 고개를 숙였다. '죽음'으로 더 나은 친구가 되겠다고 말하면서 살려주겠다는 테무진의 자비를 거부했다고 '몽골비사'는 기록해 놓았다.

남고비 사막 들머리에 있는 '차강소브라가'에서 밤하늘을 바라보았다. 별들은 개구리 알집이 풀린 수초처럼 투명했고 진득했다. 밤마다 별들이 소멸하면서 생성하는 초원의 밤하늘은 죽음의 영원성과 삶의 현재성이 공생하고 있었다. 문득 밤하늘의 별에 매달려 푸른 지구별을 보고 싶었다. 내가 바라본 초원의 온갖 궁금한 표정을 담을 수 있을까를 생각할 때마다 눈앞의 영달에 매달려 살아온 나는 아니라고 자조했다.

초원의 밤은 바람 같은 생명이 기약 없이 떠도는 공간이다. 어둠은 강물의 소리를 닮았는지 보이지 않는 원초적 소리 같은 것들이 윙윙거린다. 바람도 풀잎이 서걱거리는 소리로 들린다. 오늘 밤에는 살아온 서사를 풀잎에 맡기고 어떤 풀벌레의 꽁무니에서 발하는 발광체를 따라 동행을 자처할 것이다. 보이지 않는 꽃의 향기를 맡을 것이고 초자연 앞에 무릎을 꿇을 것이고 별자리가 뿌려놓은 곳에 앉아 사념의 허기를 채울 것이다.

초원의 유목민은 삶보다 죽음이 더 싱싱하고 경건하다. 고대 북방 민족의 장례식은 망자를 앞에 놓고 축제로 승화시켰다. 망자가 살아온 서사와 '어워'를 돌아 나온 산자가 풀어헤친 생은 다르지 않았을 것이다. 그러니 죽음은 스스로 자연이 되겠다는 굳건한 믿음에서 나온다. 살아있을 때는 척박한 환경을 견디는 힘을 키우고 죽음에 닿으면 푸른 하늘에 영혼을 맡기면 그뿐이다.

그들에게 '존엄한 죽음'이란 자연으로 돌아가는 숭고한 절차다. 초원에서는 짐승과 사람이 땅에 피를 흘리지 않고 태양과 하늘에 피를 드러내지 않는 고상한 죽음의 완결성이 날마다 일어난다. 눈뜨고 사라지고 다시 눈뜨는 불멸의 별들이 초원에 가득 채워진다. 나는 오늘 밤 이 광경을 목도 하고 무량수의 별들이 천상을 향해 두 발로 딛는 것을 볼 것이다. 생각 너머가 없는 이곳에서 어둠을 움켜쥐니 숨이 차오른다.

초원에 난 밤길은 신기하게도 신발에 이슬이 묻지 않았다. 년 중 강수량이 200mm 남짓한 고원지대의 건조한 날씨 덕분이다. 유목민이 걸어간 자국에는 흙이 다져져 있다. 오토바이나 차량이 지나간 곳에는 작은 고랑이 패였다. 가축들이 지나간 길에는 발바닥 형상이 흐릿하게 비친다. 군데군데 달빛 그림자에 얼굴을 내민 봉긋한 똥더미가 몇 겹의 층을 이룬 다랑논처럼 환하게 앉아 있다. 내가 야심한 밤에 똥을 퍼질러 놓으면 가축 똥처럼 나긋나긋한 똥이 될 수 있을까. 초원의 거름이 되기 전에는 누군가에게 역겨움을 안겨주겠다면서 즐거운 상상을 해본다.

몽골초원의 밤길에는 묵묵부답이 깔렸다. 적막이 깊어가는 사이에 나만 달랑 외톨이 별이 되었다. 그걸 선망했으니까 널린 침묵의 무게가 가볍고 찬란하고 내리막길이 없는 초원의 어둠이 신성해 보인다.

초저녁부터 제 얼굴을 드러낸 북두칠성이 깊어가는 밤을 따라 덩치를 키웠는지 선명하게 빛난다. 이 유년의 별친구가 지금 나에게 '무심'의 영감을 건넨다. 어둠의 제왕 앞에서 잠시 비켜 가겠다는 상념이 몰려와 윤동주의 '별 헤는 밤'을 붙들고 목청을 가다듬는다. 질주본능이 잠시 멈추면 나를 돌아보는 본능이 밀려온다. 나만 이렇게 많은 별을 소유해도 되나. 욕심도 유분수지 하면서 또 욕심을 부린다. 혼자 생각이 허장하고 남루해진다. '왜'일까. 고심이 없으니 마음이 평온하다.

숙소인 게르로 돌아오는 길에 한기가 몰려온다. 별들과 풀들도 숨을 죽인다. 풀냄새에 익숙한 가축들은 어디서 잠이 들었는지 궁금하다. 풀 한 포기가 수필 한 편이고 수필가라는 상념에 젖기도 한다. 밤길에서 주운 궁벽한 상상도 생각 틈새를 넘어 홀로 새겨진다. 하늘의 별처럼 빛나고 싶다는 순진한 정체성이 실한 어둠에 묻힌다.

황홀경이다. 어떤 경전의 '진리'도 이처럼 가벼울 수가 있을까. 영원을 생각하는 이 순간을 기억한다. 별은 뜨거워지고 나는 떨린다. 나를 지배하는 것은 아무것도 없다. 걸어온 길도 지운다. 쉬이 잠들지 말라는 무언들이 허공을 가른다. 오늘 밤에 나는 별을 물고 태어났다. 날 낳아주신 어머니 별도 만난다. 자꾸 눈길이 가는 저 별이 어머니별이라는 것을 나는 안다.

봄날에 떠난 누님

　　　　　　　　나무의 자식인 연두 잎이 햇살에 얹혀 눈부시다. 수피는 단단한 검은 몸통을 문질러 잎을 돋운다. 마음이 무거워질 때마다 여린 연두 잎들이 말없이 다가와 감기지 않는 검은 눈꺼풀에 수북하게 앉는다. 이따금 잎과 눈꺼풀의 떨림이 일치할 때는 슬픔이 일었다. 푸르른 하늘과 나무들이 그 슬픔을 다 받아줄 때마다 나는 눈을 감고 몸을 웅크렸다.

　가냘픈 연두를 바라보다가 허공을 바라보았다. 잎을 매달은 공원의 나무들이 하늘을 적당하게 가린 나를 내려다보고 있다. 살랑한 바람이 눈가에 모인 눈물 덩어리를 지운다. 속울음을 받아먹던 나는 무너지고 제 자식들을 주렁주렁 메달은 키 큰 느티나무는 4월의 햇살을 받아먹는다. 그다음 푸르름이 찼다. 전신이, 떨리는 마음들이 미어진다.

　하얀 국화꽃에 기대 환하게 웃고 있던 누님은 이제 한 줌의 재로 남을 절차를 기다리고 있다. 한 생애의 숨은 거칠고 가쁘고 망연하지만, 하얀 꽃들은 태양을 보내고 달을 끌어안고 흐드러지게 피고

질 것이다. 지독한 병마와의 싸움은 한시바삐 누울 자리에 눕겠다는 체념같이 보인다. 그 자리는 한 줌 흙도 없다. 진초록이 걸어온 잎새의 서사도 없으니 더는 고단한 땀방울을 흘리지 않아도 되겠지. 삶의 고비마다 인생살이를 분질러는 업보라는 인과응보도 이제는 사라지겠지.

작별할 시간 사이에 침묵이 흐른다. 침묵이 이어진다는 것은 오랫동안 당신에게 무심했지만 잊지 않았다는 것. 내 삶의 뿌리가 세파에 적응하고 뻗어간 것이 당신의 응원 덕분임을, 돌아보니 삶의 험로에 얽힌 고비마다 나를 붙잡아준 말 한마디의 사랑을 헤아리지 못했다.

누님이 말기 암 선고를 받은 금 년 초부터 막내인 나를 찾고 언제 오냐면서 기다리고 계셨다는 큰 누님의 이야기를 조카들이 전해주었다. 틈틈이 병문안 가는 날에는 어린아이처럼 기뻐했다고 한다. 새벽부터 동생이 오고 있는 게 다 보이는 환영을 끌어안고 들뜬 마음을 가라앉히지 못했을 당신이 떠오른다.

누님이 천상으로 떠나기 며칠 전 토요일 새벽에 베게 머리맡에 놓아두었던 휴대폰이 요란하게 울렸다. 전류처럼 빠른 직감이 전신을 후벼댔다. 조카의 목소리는 심하게 떨렸다.

"오늘을 넘기기 힘들 것 같습니다."

마침 오늘 병문안 가기로 했던 가족은 서둘렀다. 운전대를 잡은 아들 옆좌석에 앉아 멍하니 창밖을 바라보았다. 봄비는 내리고 나무들이 겹겹이 이른 봄을 껴입었다. 해방둥이 누님이 젖먹이 아기인 나를 등에 업고 마을 안길과 샛강에 놓인 빨래터와 논밭을 걸어 다녔을 장면들이 스친다.

봄비 그친 후 강가의 들꽃은 고왔을 것이다. 강모래는 눈이 부시고 맑은 강물은 저 아래로 흘러가고, 둔치에 무성한 잎을 이룬 버드나무 아래에 앉아 강 건너만 바라보아도 가슴이 탁 트였을 누님은 무슨 생각에 잠겼을까. 네다섯의 동생을 무릎에 앉히고 바람이 전해준 천진한 이야기는 다시는 들을 수 없다. 내가 초등학교에 입학도 하기 전에 누님은 배필을 만나 집을 떠났다. 막내의 등을 쓰다듬고 안아주었을 작별의 순간은 짧았을 것이다.

산소 호흡기에 기댄 누님은 눈을 감고 있었다. 병색을 걷어내지 못한 얼굴인데도 봄나물처럼 살결이 곱다. 손을 잡고 뺨을 어루만지고 얼굴로 비비고 파묻었다. 태어나 처음으로 당신을 꼭 안아주었다. 그렁해진 눈물이 눈두덩 위로 넘는다. 나에게 마지막 온기를 나누어주는 눈빛이 슬프면서 따스하다. 맥박 같은 것이 싸늘하게 굳어지는데도 거친 숨소리는 멈추지 않는다. 형제로 나누어진 핏줄이 조금 더 연명할 힘을 주었는지, 눈을 뜨고 나를 빤히 바라보는 게 애처롭다. 말꼬리가 꿈틀대는 것 같아 귀를 갖다 대었다. 나를 기다리고 있었다는 듯이 찰나에 말문을 열었다.

"고맙다."

눈빛이 멈춘다. 단 한마디의 말은 그윽하면서 격하다. 쥐어짜는 숨결이 안쓰러운 듯 백열등이 깜박인다. 온몸으로 하고 싶은 이야기가 나지막하게 들린다. "잘 살아라." "그래요, 누님! 잘 살게요." 이별의 절차가 이렇게 허무하다니. 나는 내가 미웠고 내 아니고 싶었다.

장례식 3일 내내 누님 곁을 지켰다. 조문객의 발길이 멈춘 늦은 밤에는 홀로 남겨진 영정 곁에서 슬픔을 붙들고 우두커니 서 있었다. 천연색 사진 속의 옅은 미소가 영원할 것처럼, 언제나 내 곁에 있어 줄 것 같아 눈시울이 붉어진다. 보라색 물이 들은 목 스카프가 눈에 들어오길래 조카에게 엄마가 두른 스카프가 잘 어울린다고 말했더니, 엄마는 평소에 스카프로 멋을 냈다면서 말을 흐린다.

촛대 곁에는 나의 졸작인 <배낭 메고 떠나는 지리산 둘레길> 에세이를 필사한 글과 그림 노트 두 권이 놓여 있다. 초기 치매를 이겨내려는 몸부림의 흔적이라는 조카의 말이 폐부를 찌른다. 그림 중에서 유난히 달과 별의 묘사가 선명하다. 누님은 착한 달과 별이 되기 위해 그림을 그리겠다고 다짐을 했으리라. 더는 밤하늘의 달이 차고 기우는, 별들이 유영하면서 데워지고 차가워지는 꿈을 꾸지 않을 누님이 웃고 있다.

영구차는 경산 시내를 관통하여 대구 시내 수영구 산속 깊은 곳의 'M' 화장장으로 들어섰다. 벤치에 턱석 앉았다. 정적이 감돌고 선연한 침묵이 망자를 토닥이고 있다. 화장장과 어울리지 않을 연두 옷을 걸친 나무의 정경이 눈부시다. 나무의 물레질로 이파리를 내는 화장장이 인간의 생(生)을 지우는 지우개 역할을 하고 있다.

봄마다 가지에서 이파리를 내는 것은 나무의 운명이다. 인간에게는 죽음이 진리다. 운명은 뒤돌아보면서 인연을 이어간다. 진리는 단하나의 불변을 잉태하는 영원성이다. 땔감으로 만든 불은 온기를 지피지만, 화장장의 고열은 싸늘하다. 육신을 비운 인간의 마지막 행색이 가볍다. 누님은 한 줌 흙으로 돌아가지 못하고 뼛가루 봉지만 남기지만, 운명이 절연한 납골당에서 영원히 잊힐 진리만 영생한다.

누님은 겨울에 아팠고 이른 봄에 죽음과 사투를 벌이다가 천상으로 떠났다. 팔순의 나이만큼 쌓인 근심도 내려놓고 죽음의 그림자도 받아들였다. 오래전에 점지해 두었던 사찰 납골당에서 영원한 안식을 얻었다. 낯선 하늘길 몇 번이나 뒤돌아보았을까. 천상의 그곳은 언젠가 당신과 그다음의 나와 재회하는 곳. '잘 살아라'와 '잘 가시오'가 '잘 있었나'로 이어질 곳. 부디 평안하시길.

너희는 하이에나 같다

나는 절대로 'AI'에게 문장과 단락과 작품을 기대고 맡기지 않겠다. 챗지피티나 딥시크에게 단 하나의 정보도 얻지 않고 무릎 꿇고 살지 않겠다. 네온사인에 달라붙는 불나방처럼 글쓰기에 목이 마른 허기진 인간군상의 구세주가 되어버린 AI 근처에 얼씬거리지 않겠다. '절대'는 '진리'가 구축한 불멸의 표현이다. AI만 생각하면 담벼락에다 붉은 스프레이로 갈겨 놓은 글씨들이 어른거린다. 영혼을 쪼아먹는 인공지능 기계 앞에 서성이는 당신들이 낯설어 보인다. 나의 글쓰기는 가을날 감나무 가지 끝에 대롱대롱 매달린 까치밥처럼 홀로 남겠다. 밀레의 '이삭줍기'처럼 생각 전선에서 건진 글감과 사투를 벌이면서 '내 글'을 세상에 내놓고 묵상의 시간을 가지겠다.

모든 정답을 알려주겠다는 AI가 우리 곁에 왔다. 어느 날 불시에 왔고 선전포고를 하면서 왔다. 눈뜨면 펼쳐지는 진득한 황홀경을 발산하면서 컴맹들에게 달려들었다. 인류가 오랫동안 인지에 축적한 삶의 근원적 사유까지 독점하겠다는 기세다. 두 손을 들고 항복하든지, 아니면 AI 없이는 살 수 없다는 지독한 중독이 되게끔 유인술을 편다. 그렇게 호응하지 않으면 문명인과 야만인이라는 이분법으로 갈라놓는다.

어느 순간부터 잠시 한눈을 팔면 코베이는 세상이 되었다. 장삼이사들은 '온라인'이라는 수많은 알고리즘과 앱이 심어놓은 광고 시장의 먹잇감이 되었다. 시장에는 눈에 보이지 않는 구매 충동과 낭비를 하지 않겠다는 본능이 충돌하고 타협한다. 적기에 배달되는 상품은 현관 앞에 차곡차곡 쌓인다. 유통의 편리성이 순기능 역할을 한다고 포장한다. 책과 볼펜 하나만으로 인간의 행복추구권을 담보할 수 없다는 것을 은연중에 전파하는 본질은 자본주의가 뿌리고 심어놓은 똥줄이 타는 '돈'이다.

인간은 AI 냄새를 맡고 AI는 귀신같이 돈 냄새를 맡는다. 이러다가 문학의 사람 냄새와 철학의 실존 냄새와 종교의 영역인 구원까지도 AI가 점령해버릴 것이다. 마치 근대자본주의를 잉태한 제국주의의 식민지 쟁탈전보다 기능적으로 더 간교한 AI 제국주의는 우리가 감지하지 못하는 곳에서 인류의 양심과 지성과 얇은 지갑까지 전리품으로 챙기는 포식자가 되었다.

인류 역사에서 가장 용서할 수 없는 최악의 전쟁이 '아편전쟁'이다. 청나라 말기의 중국은 어디 가나 '아편쟁이'가 차고 넘쳤다. 중국은 막대한 경제 수탈을 당했을 뿐 아니라, 인류가 생성한 인문주의에 커다란 획을 그은 백가쟁명의 춘추전국시대가 꽃을 피운 상고주의와 견고했던 중화주의가 농락당했다. 반대로 유럽 중심의 세계관은 이를 통상적인 약육강식의 법칙이 작동했다면서 정당화했다.

그 후, 냉엄한 현실을 잊지 않았던 중국의 등샤오핑 정권은 국가자본주의 노선을 걸었다. 미국이 구축한 AI의 절대적 우위에 도전하는 중국의 몸부림이 세계의 인공지능 영토에서 살육전을 벌이고 있다. 선발주자인 미국의 챗지피티와 후발주자인 중국의 딥시크 간의 전쟁은 시작되었다. 매달 20달러 사용료를 지불하는 챗지피티와 무료로 사용하는 딥시크와의 차이만 있을 뿐이다.

AI는 인류가 발명한 최고의 문명일까. 인류가 한 번도 겪지 못한 문명의 본질에 닿는 성격 규정은 무엇인가. 직립혁명과 농업혁명과 산업혁명을 거친 21세기의 정보 독점의 우위와 제한적 시장 방출의 포식자로 전락한 AI를 어떤 관점에서 바라보아야 할까. 환경 생태적 관점에서 바라본 지구가 온전하게 영속성을 유지할 수 있도록 도움을 줄 수 있을까. 공동체의 근간인 지금보다 더 나은 사회 경제적 양극화를 해소하고 불평등을 줄일 수 있을까. 선진국의 다국적 기업이 진출한 가난한 국가의 노동자 임금 착취를 막을 수 있을까. 이 모든 인류의 양심에 어떤 도움이 될까. AI는 가난한 사람은 더 가난해지는 경제학 논리에 최적화된 돈 먹는 기계일 뿐이라고 단정하며 딘편적인 인식에 치우친 오류에 빠지는 걸까.

AI만 생각하면 걷어차고 밀치고 싶다. 글쓰기 도움이 된다면 더 무시하고 싶다. 그래도 동인지 '주제 글'이니까 곰곰이 생각하고 감정을 추슬러야 한다. 약간의 부정적인 의미를 곁들여 AI에게 질문해본다. 독창적인 빛나는 문장을 나에게 선물할 수 있는가. 누구도 범접할 수 없는 살아있는 글을 제공할 수 있는가. 문장과 단락을 넘어 작품 전체를 조건 없이 나에게만 들어줄 수 있는가. 그런 작품으로 나를 노벨 문학상을 거머쥐도록 할 능력이 있는가. 그렇게 나와 계약한다면 나는 인간의 관점에서 재단한 만물의 영장인 호모 사피엔스보다 위대한 AI를 숭배할 것이다.

나는 활자의 냄새를 좋아한다. 곰곰이 생각해보니 사전을 가까이할 때가 '뜻'의 의미를 학습하고 영혼이 맑았다. 어휘 사이에 놓인 행간은 문장의 불꽃을 지피는 심연의 심지였다. 나에게 신문은 현상과 사물을 객관화시키는 텍스트를 구축하는 기둥이다. 지면의 공간은 판단의 영역이고 개념을 예열하는 분화구다. 책장을 넘길 때마다 거친 숨을 고르고 생각에 잠기고 화두를 붙들고 길을 물었다.

나는 의식적으로 AI가 만든 작품을 상상해보지 않는다. 나름 길 전도사라고 자부하지만, AI 칩이 장착된 만보기를 이용하지 않는다. 지리산 둘레길을 3번이나 완보했지만, 하루 동안 '이 구간'에 몇 걸음을 걸었다는 것은 중요하지 않았다. 길을 오래 걷다 보면 용어선택에도 무의식적인 '길'이 들어가 멈칫해진다. 숲에 길이 만들어지면 숲길이 된다. 마음에 길이 만들어지면 마음길이 된다. 마음길에는 겨울에도 꽃이 피고 여름에는 함박눈이 내린다. 글쓰기 원석이 지천에 늘려있으니 글 호사를 누린다.

AI는 피도 눈물도 없다. 유용성을 담보한 돈벌이 기계일 뿐이다. 어느 땐가 모두를 'AI' 작가라는 웃지 못할 현상이 벌어질 것이고 이는 광의의 관점에서 바라보면 표절 아닌가. 세상 모든 정보를 저장한 만용이 풍기는 아우라에 질식할 것이다. 종국에는 나의 영혼과 AI라는 기계와의 싸움은 무승부로 끝날 것이다. 나는 AI의 공격을 막아낼 내면의 수문장이 될 것이고 AI는 나를 향해 인간답게 살려면

'돈 들어갈 곳이 많다'라면서 속임수로 공격할 것이다. '너희는 나의 AI가 심어놓은 몸체에 달려드는 굶주린 하이에나 같다'라고 조롱할 것이고 지켜보는 나는 모멸감을 느낄 것이다.

노을이 위대한 것은 강물에 앉았다가 사라지는 것. 어둠이 아름다운가를 알지 못하는 인공지능 AI는 그것을 용납하지 않는다. 온 사방에 물신이 가득한데 '사라지는 것'은 온 사방의 돈 꽃을 걷어차는 낭비이기 때문이다.

약수터에서 캐낸
마음의 보석

　　　　　　거기만 떠올리면 숱한 생각들이 기어 나와 뾰족하게 매달린다. 한해 한해가 주르륵 넘어가다가 마흔 해를 넘기는 것은 불과 몇 초밖에 걸리지 않는다. 젊은 날, 나를 정지시키고 움직인 곳. 떠도는 내 영혼이 착생하기를 염원했던 곳. 나를 붙들고 있는 불면의 기억들이 선득하게 밀려온 그곳에는 하늘이 가까운 산중이었다. 더운 열기가 물러간 새벽 산길의 길섶에는 이슬이 맺히고 나뭇가지에 달린 칠월의 팔랑한 초록 잎들도 촉촉한 물기로 버티고 있었다.

　조붓한 길이었다. 눈뜬 새벽 숲을 곁눈질하다 보면 한 움큼 어질러진 마음이 손에 잡히고 바람은 비(非)자처럼 서 있는 나무 사이를 어슬렁거린다. 새벽 여명은 간밤에 드리워진 검은 산이 기지개를 들어 올리는 신호다. 여름 산은 나무마다 푸르름을 덥석 안고 살아간다. 잠에서 깨어난 새들은 나무 사이로 돌아다니도록 아리스토텔레스의 소요(逍遙) 철학을 빌리고 말간 마음들이 쌓여갔다.

약수터에는 유리알 같은 물방울이 천천히 떨어지고 있었다. 손바닥에 올려놓으면 금세 시퍼렇게 날이 선 칼날처럼 투명하고 시린 물이었다. 심호흡을 크게 한 후 표주박에 가득 담아 조금씩 입에 넣어 오물거리고 뜸을 들이면서 들이켰다. 간밤에 뒤척인 잡생각들이 엉킨 채 피어오른 열꽃을 제압한 차가운 약수는 오장육부를 흔들어 깨우고 두드렸다.

젊은 시절부터 그렇게 새벽 눈뜨면 물 마시는 습관을 이태 전 회갑 년을 넘긴 지금까지 이어오고 있다. 주위 지인분들이 건강을 위해 미지근한 물을 마시라고 권하지만 나는 일말의 불안을 안고 사는 것도 뭐 인생이지. 라면서 '그럴까'도 마음에 담아두지 않는다. 오랫동안 길들어진 얼얼한 차가운 물맛을 지금까지 고집스럽게 지키고 있다. 얼음을 갈아 불꽃을 만드는 것은 내 영혼이 누군가에게 깃들기를 바라는 마음에서 나온다는 믿음은 예나 지금이나 변함이 없다.

군사정권이 대학가를 접수한 80년대 초중반은 비루하고 무기력했다. 강의실 안에서의 고루한 학문은 상아탑의 본질에 닿지 못하고 겉돌았다. 인생 좌표와 시대 좌표가 충돌했고 갈등했다. 불안한 시선을 거두지 못하는 벗들은 창백했고 오월의 함성은 금남로와 망월동을 소환했다. 동시대는 울컥한 불끈한, 그러면서 절망했지만 봄은 푸르름을 채웠고 하늘은 눈이 부시도록 맑았다.

떠나고 싶었다. 세상과 단절된 담을 쌓아 나를 가두고 싶었다. 기말시험이 끝나고 하계방학이 왔다. 통영만 어디쯤 섬을 생각하다가 깊은 산사를 찾아들어 갔다. 주지 스님이 학생을 받지 않는다고 하길래 일주일만 있게 해달라면서 생트집을 부렸다. 환심을 사기 위해 아침저녁으로 약수터에서 길어온 물로 대웅전에 놓인 물그릇에 채우고 경내를 청소하고 범종을 타종하면서 버텼다. 세속과 불가의 인연이 닿았는지 그 후에도 방학 때만 되면 그 산사에서 보냈다. 전기도 가스레인지도 전화도 없었지만 불편하지 않았다. 책 읽고 글 쓰고 능선을 걷고 장작 패고 군불 때면서 근원적인 그 무엇에 닿으려했다. 생각이 심중에 퍼질러질 때마다 공허해지는 것은 어찌할 수 없었지만, 생각이 모인 영감의 촉수는 사방에 널리어 있었다.

중간고사가 끝난 어느 가을날, 잠시 틈을 내어 산사를 찾았다. 군북역에서 사촌마을까지는 버스를 이용했고 그 다음에는 도보로 두 시간 정도 소요되었다. 두 개의 저수지를 지나 산길을 오를 때는 길섶의 은빛 억새가 출렁였다. 꽁꽁 얼어붙은 겨울은 쉬이 동터오지 않았다. 절 아래 군북과 가야읍에는 눈 소식이 없어도 여항산 8부 높이에 터를 잡은 원효암 의상대에는 밤사이에 겨울눈이 자주 쌓였다. 어둠길이 부스럭거리기만 해도 달아나는 청설모는 뒤돌아보면서 눈을 힐끔거렸다. 아침 경내에는 먹이를 찾아 나선 짐승들이 발자국을 남겼다. 잎 떨어진 나무는 설한풍이 휘감을 때마다 온 골짜기를 울리도록 윙윙 소리를 냈다.

새벽 약수터 가는 길에서는 종종 적막 속을 배회하는 환영들이 보이는 듯했다. 그럴 때마다 핏빛 젊은이들의 아우성이 몰아쳤다. 6·25 한국전쟁의 격전지인 '마산방어전투'는 여항산이 주전장이었다. 약수터 위쪽의 헬기장은 전투가 불을 뿜을 때마다 미군들의 기관총이 '갓뎀'(goddam)을 외치면서 불을 뿜었다. 여항산 능선을 걸을 때마다 나무 냄새는 사라지고 피 냄새가 엄습했다. 50대에 접어

든 어느 추석 연휴 기간에 큰맘 먹고 추모 산행에 나섰다. 여항산과 서북산과 봉화산으로 이어지는 전투 루터를 9시간 남짓 걸으면서 이 골짜기에서 산화해간 수천의 젊은 병사를 위무하고 보듬었다.

다행히 약수터 물은 엄동에도 얼지 않아 언 손으로 붙잡은 표주박에 샘물을 채웠다. 목구멍을 넘어간 물맛이 명치 아래로 내려가 위장에 닿을 때까지 전신이 찌릿했다. 물맛이 좋다는 신호가 올 때마다 잠자던 세포가 일어서고 전율했다. 지금도 아침 물맛이 좋을 때는 활기찬 하루가 어른거린다. 냉기가 도는 겨울 새벽 물 한잔에 정신이 든다는 속된 말도 수행이 되었다. 산사에서의 일상은 해거름과 거의 맞추는 저녁 공양 덕분에 잠자리 시간에는 배가 고팠다. 젊은 혈기가 분질러지는 고통은 쉬이 가라앉지 못했고 새벽 약수터에 가는 시간은 더디 흘렀다.

주지 스님은 대웅전 곁에 있는 요사체에서 거처했고 나는 주로 거기서 멀찌감치 떨어진 위쪽의 의상대에서 보냈다. 의상대를 상징하는 청기와와 탱화는 내가 기거하기 전에 자취를 감췄다. 의상대사가 지팡이를 꽂았다는 담장 아래의 노송은 죽은 채로 기품을 유지하고 약수터 가는 방향에는 너럭바위가 있었다. 저녁 공양을 마치고 밤중에 들리면 군북면 소재지와 의령읍의 불빛이 가물가물했다. 사찰 아래 사촌마을이나 읍내의 불빛을 바라보면서 나 여기 있다는, 외로움이 번진 그리움을 삼켰다.

약수터에서 눈 뜨던 청춘의 한 시절을 잊을 수 없다. 어떤 번뇌의 순간도 분위기에 젖는 낭만 위에 있었다. 몸이라는 행색이 초라해도 상상력이라는 공간은 넓고 충만했다. 오늘 새벽도 냉장고의 물 한

잔이 목구멍을 넘어 물굽이를 만들며 인생행로를 그리고 밀어간다. '정신일도하사불성'의 위대한 여정이 쌓이고 '마음'이라는 원석의 금강석을 내면 깊숙한 곳에다 영원히 채워줄 마음의 보석을 안착시킨다.

내가 놀고 쓰는 자리

　　　　　　　　매서운 칼바람이 몰려왔던 그 해 12월을 잊지 못하겠다. 거리에는 세모의 종소리가 댕그랑거렸다. 그때 나는 '목향수필문학회' 정회원이 되기 위한 자격 심사를 받기 위해 3편의 수필 초고를 준비했다. 문을 두드린다는 것은 어떤 순간을 만나는 것. 까다롭기로 정평이 나 있는 입회 승낙을 초조하게 기다렸다. 인생이라는 것도 그렇다. 하루하루가 살얼음이고 축복이고 미완이다.

　며칠 지나자 '목향'의 향기가 마중 나와 반겨준다. 오래된 연륜과 기품이 성성한 목향이라는 굳은살로 나의 손을 덥석 잡아 주는데 묵직하다. 불안한 눈빛을 거두어주었고 고고성을 울리며 걸어 나온 햇병아리 수필가의 중심을 고정한다. 고대하던 목향의 정회원이 되었다. 환희가 몰려오고 근심도 따라온다. 수필가는 독자의 시선에서 바라보면 꽃길이지만 걷는 작가에게는 가시밭길이라 하지 않던가. 마치 캄캄한 어둠 속에서 낯선 글감들이 뭇별들과 조우한 것처럼 고뇌의 시간이 길어질 것이다.

연말 송년회 모임도 동석했다. 출발지인 '꿈꾸는 산호 도서관' 주차장에서 눈인사를 나누고 모임 장소인 의령읍으로 이동하는 차량의 운전대를 잡았다. 동석한 분들의 이야기는 삶의 무게와 숙성된 글의 무게가 다르지 않겠다는 생각이 스친다. 이분들과의 첫 인연이라 조금은 어색하고 불편한 기색을 어둠이 가려 주어 다행이다. 침묵도 놓아 주었고 차장 밖에는 을씨년스러운 겨울비가 추적인다.

목향과의 첫 만남은 운명이다. 만남은 찰나에 이루어진다. 고대했던 정회원의 염원이 이루어졌으니 운명에다 인연이 겹치는 행운이 덥석 안긴다. 가뭄 살이 타고 있는 논바닥에 찰랑찰랑 물 들어오는 소리처럼 목향은 나의 삶과 인식과 사유의 지평을 넓혀주겠지. 목적지인 '마음산책' 북 카페에 도착할 때까지 얕은 생각이 끊기고 이어지기를 반복하면서 몽실한 인연의 연줄을 늘리고 있다.

인연은 겹치기도 하고 끊어지기도 한다. 나에게 성문을 열어준 목향은 쉽게 들어갈 수 없는 거대한 성벽이다. 성문을 열고 들어온 이상 작품으로 족적을 남겨야 한다. 목향의 세평은 비옥한 옥토를 일군 고명한 작가들이 진을 치고 있다는 소문이 자자하다. 옆자리는 언감생심이고 구석진 귀퉁이에라도 앉으려면 어디서나 수필이 닿는 문장과 단락을 생각하고 꿈속에서도 어른거려야 한다.

오늘 모임 장소인 북 카페 '마음산책'의 김인선 사장과 초면 인사를 나누었다. 통성명을 나누다 보니 오빠는 경남은행에 함께 근무했던지라 살갑게 오빠의 근황을 물었다. 시인이자 수필가이며 카페지기인 작가가 꾸며 놓은 공간에는 손수 만든 작품과 책들이 가지런하게 꽂혀 있다. 카페 앞을 흐르는 의령천이 가로등 불빛 사이로 어른거린다. 겨울비는 진눈깨비처럼 강물로 향해 포개지고 흩어지면서 않는다. 수필 합평은 진지하고 담담하다. 세상이 아무리 각박해도 수필은 그래도 살만하다고 가르쳐 주는지 입꼬리가 위쪽으로 올라가 흐뭇한 표정을 짓는다.

그해 발간한 '목향동인지'를 건네받고 틈새마다 천천히 읽었다. 세평처럼 고수의 글이 어떻게 기워지고 입혀지고 다듬어지고 탄탄한 문체로 완성되는지를 알 수 있었다. 번지수를 잘 찾아 왔다는 생각과 글쓰기 고수들 사이에서 견딜 수 있을까를 고민하면서 책 표지를 물끄러미 바라보았다.

노갑선 작가님의 수필집 <하늘 꽃 피다>를 선물 받았다. 천천히 읽고, 음미하면서 의미를 새기고, 저자를 생각하면서 봄날을 다 비운 후, 내면에다 그분이 빚어낸 수필 양식을 채워 넣는다. 그분은 <꽃등 하나 켜고>에서 "수필은 그 사람의 됨됨이를 볼 수 있는 글이다."라고 말미에다 담담하게 적었다. 진한 감동과 전율에 감전될 것 같은 예감이 스친다. 나에게 삶의 성찰을 새기게끔 죽비를 들어준 문우의 선배로 오래 남으리라.

이동이 작가님의 수필집 두 권 <소금호수에서다>, <머문 자리>를 건네받고 첫날부터 읽어 나갔다. 한 권은 집에서, 다른 한 권은 사무실에 비치해 놓고 출근 후 바로 펼쳐 보았다. 내면 성찰이라는 수필의 본질이 어른거리고 그분이 걸어온 삶이 보이고 수필 밭의 진원지에다 남긴 글 씨앗까지 궁금하다. 소문대로 글 문장이 유려하고 팽팽하다. 치열한 글쓰기가 온화한 성품에서 나온다는 걸 느낀다.

최근에 이홍식˙˙ 선생님의 수필집 <그대(癌)와 함께 살기>를 등기

우편으로 받아보았다. 글이 꿈틀거리고 글 물살이 솟아오르고 자신이 써 내려간 글을 뚫어지게 바라보는 것 같았다. 글에서 "글 쓰는 것 말고는 할 수 있는 게 없다."라는 자조의 원천이 곧은 선비를 연상시킨다. 작가라는 호칭보다 선생님 호칭이 더 어울리는 분이다. 단숨에 읽어내려갈 것 같아 한 편 읽고 덮는다. 내일도 모레도 그러하리라.

오늘도 새벽 별보다 먼저 눈을 뜨고 졸린 눈으로 책상에 앉는다. 목향에서 내 삶의 존재를 확인받는 유일한 길이라는 것을 각인시킨다. 내가 바라본 사물은 눈의 호강이나 풍경이 아니다. 오직 글감의 원석이나 아니냐를 놓고 고민한다. 생각이 깜박하던지 끊어지는 것도 글 흔적의 인연 줄이 끊긴 현상이라, 그 고통의 숙명에서 벗어날 수 없다. 무엇을 준비하고 실천할 것인가. 목향에서 뒹굴다 보면 어느새 수필가라는 호칭이 자라고 있을 것이다. 혼자서 감내하기는 언제나 두렵지만.

인간은 홀로 행복할 수 없다. 인간의 가장 약한 고리다. '목향'은 어떤 곳인가. 거기가 내가 놀고 쓰는 자리다. '목향'의 문우님들과.

** 김홍식 선생님은 이 책이 출간되기 전에 끝내 병마를 이겨내지 못하고 이승을 떠났다. 삼가 고인의 명복을 빈다.

Part 5

24년 봄,
아라가야 역사교실 일본 기행

序言

　　　　　　　　　이번 일본 역사기행의 목적은
일본에 산재해 있는 아라가야의 발자취를 찾아가는 것이다. 주요 대
상지는 야스시역사민속박물관과 쿠사츠의 아라마을에 있는 안라신
사와 쓰루가의 게히신궁, 쓰에무라(陶邑, 도자기마을)에서 출토된 유
물을 보관하는 사카이박물관 등을 답사하고 기록하는데 온 정성을
다하고 물러서지 않는 결기로 나의 심장을 데울 것이다. 협소한 지
식의 한계는 극복의 대상이지 절망의 대상이 아니라는 자기 긍정을
되새김질할 것이다.

　내가 태어나고 자라고 사유했던 함안은 안라국이 번성했던 왕도
국가다. 나는 이곳에서 토기를 어루만졌고 말이산 고분군 능선을 수
도 없이 걸었다. 토기와 고분은 역사시대를 증명하는 영생불멸이다.
언제 바라보고 만져보고 둘러보아도 영혼의 순도처럼 예민하게 반
응한다. 봉분을 덮은 풀과 밭고랑에 널브러진 파편까지도 고래로부
터 이어진 아라가야의 후손처럼 끈질기게 살아남았다.

　나는 늘 아라가야와 연관된 한국과 일본의 고대사(*편의상 신라의

삼국통일 이전을 지칭)를 공부하고 바라보는 인식의 범주를 '어떻게 할 것인가'를 고민도 하기 전에 방대한 고대사에 대한 육중한 무게에 갇힐 것 같은 두려움이 앞섰다. '아라가야'처럼 역사기록이 제한된 공간의 역사는 자기 긍정이나 부정과 대립 할 수밖에 없다. 특히 고대 한반도와 '왜'가 교류하면서 혼재해 있는 편협된 역사 인식은 역사 왜곡의 시발점이 되었다. 일본의 정사인 <일본서기>가 그랬고 허구의 '임나일본부'설은 구한말 황국사관에 기반한 일본 제국주의의 한반도 침탈의 논리적 정당성을 부여했다.

"역사란 무엇인가." 한 인간이 내재한 세계관에서 출발한다고 나는 믿는다. 이 질문에 답을 하지 못하면 역사는 부정당하고 역사관은 협소해진 편견에 빠진다. 모든 역사는 동시대를 관통한다. 기록의 역사는 동시대의 혈관이고 유물은 역사를 지탱하는 등뼈의 역할을 한다. 한일 두 나라는 지정학적 운명을 비켜 갈 수 없다. 한일간의 미래는 동아시아의 평화와 직결되어 있다. 양국이 고대에 쌓았던 친선이 정답인지 모른다.

선린은 교류에서 출발한다. 고대의 한일관계는 왕성한 인적자원과 물산이 현해탄을 따라 이동했다. 왜국에 선진 문명을 전수한 4세기부터 6세기까지를 통찰할 수 있어야 비로소 동아시아 역사와 한일관계가 제자리를 지킬 것이다. 나는 열린 사고와 객관적 시각이 무엇인지를 사유하면서 이른 아침 김해 국제공항에서 오사카 간사이공항으로 출발하는 비행기에 탑승했다.

평등원의 아자못,
그리고 봄비

　　　　　　　　그야말로 눈뜨니 바다를 건넜다.
한숨 돌리고 나니 입국 수속이 끝났다. 가깝고도 먼 나라 일본은 그
런 곳이다. 한일관계는 언제나 불편함을 숨기고 있다. 원인은 일본의
식민지배를 정당화시킨 식민사관에서 출발한다. 식민사관의 모태가
일본서기다. 다행히 이 분야의 해박한 전문 지식과 관련 저술을 집
필한 조정래 선생('성찬성씨록을 통해 본 일본 고대 인물'의 저자)의 주도
로 '아라가야 역사 교실'이 탄생했다. 거의 한주도 거르지 않고 몇 년
간을 아라가야와 일본서기와 한일 고대사를 공부하고 토론했다. 이
번 기행은 오랫동안 기획되어온 첫 결실이고 7명의 공부방 도반이
참여했다. 이른 새벽에 공항버스를 타고 환전을 하고 휴대폰 로밍을
하고 모닝커피를 마시는 충만은 익숙한 삶에서 벗어나지 않으려는
자기 검열이다. 그 반대편의 역사는 언제나 아득하다. 존재하는 모든
것들은 삶의 역사이고 기억의 역사이면서 망각의 역사이기 때문이
다.

공항 출구 게이트에서 우리를 마중 나온 김용대 선생과 가볍게 통성명을 나누고 간사이공항을 빠져나왔다. 김해공항에서 아침 8시 40분에 이륙한 비행기는 어느새 이국의 승합차에 몸을 실었다. 오사카를 거쳐 첫 방문지인 교토 동남쪽에 터를 잡은 우지(宇治)로 향했다. 11시경에 편의점에 들려 차내에서 마실 생수를 구입한 후, 오랫동안 모아두었던 엔화 동전을 지폐로 교환했다.

승합차에서 도반들과 담소를 나누다 보니 어느새 우지시로 들어섰다. 도로변에는 이 도시의 상징인 차나무가 가로수 역할을 하고 있다. 우지 차(茶)는 일본 최고의 명품 차로 대접받는다고 한다. 한적한 시내를 가로지르는 비와호에서 산과 들을 적시면서 흘러온 우지강은 수량이 풍부하고 맑은 물이 흐른다. 폭이 넓은 강변을 중심으로 상점과 식당이 늘어져 있다. 그 강은 히에이산 비와호(琵琶湖, 비피호)에서 발원해 오사카의 요도강(淀天)으로 물길을 잇는다. 우지는 고래로부터 교토와 오사카를 연결하는 교통의 요충지인 셈이다.

차에서 내리니 봄비가 죽죽 퍼붓는다. 살결에 닿는 빗방울은 촉촉하다. 나뭇잎이 우거진 노거수의 그늘이 깊어서 감성에 젖는다. 점심 요기로 가볍게 소바를 주문했다. 도반 몇 분은 장어덮밥을 선택했다. 점심 후 식당 앞 가게에서 4백 엔을 계산하고 '녹차 아이스크림'을 사 먹었다. 3백 엔 정도는 '우지 녹차'의 명성 값 같다. 간사이 지방은 오래전부터 상인의 자치로 발전한 일본 유수의 경제 일번지답게 장사 냄새가 술술 풍긴다. 그래도 소바는 쫄깃하고 아이스크림은 달콤하다.

비가 세차게 내려서 우지 공원을 들르지 못하고 눈앞에 있는 평등

원(平等院, 뵤도인)을 관람했다. 6백 엔의 관람료가 아깝지 않을 정도로 단정하고, 그러면서 웅장한 일본건축의 백미를 엿볼 수 있다. 유네스코 세계유산에 등재되었고 법당 안에 있는 조각과 벽화는 모두 일본의 국보로 지정되었다. 봉황당 건물의 양 끝 용마루 치미에 앉은 한 쌍의 봉황은 금세라도 창공을 비상할 것 같은 생동감을 불어넣는다. 봉황당 앞 연못 건너편에서 바라본 건물은 그야말로 걸작이다. 어둠이 깃들면 연못에 그림자로 비치는 봉황당은 아미타불이 인도하는 극락세계를 비추는 듯 신비롭겠다는 생각이 스친다. 우리는 여기서 연못에 엊힌 봉황당을 배경 삼아 단체 사진을 찍으면서 가볍게 담소를 나눈다. 연못가의 당당한 소나무와 앞쪽의 수양버들은 이곳 사찰을 세운 헤이안 시대의 권력가 후지와로노 요리미치

(992~1053) 관백의 부귀영화가 당대에는 견고하지만, 뒤돌아보면 자연으로 돌아가는 한 줌 흙과 웅장한 건축물이 빚어낸 찬란한 세속의 흔적이 오버랩으로 겹친다. 인간이란 조금은 잘 살았고 조금은 잘 못 살았다는, 으리으리한 빈손을 들고 있는 집착의 화신인지 모른다.

경촌골짜기에 묻어 있는
아라가야의 숨결

　　　　　　　　　　　야스시(野洲市)는 시가현
남쪽에 있다. 일본에서 가장 큰 비화호에 인접한 평야에 건설된 인
구수 오 만명 남짓 되는 소도시다. 우리는 두 번째 답사지인 경촌 골
짜기의 유물이 전시된 '야스시민속박물관'에 들렸다. 박물관의 학예
사는 친절하게 안내하고 심도 있게 설명하면서, 이 한적한 소도시에
들린 우리 일행을 반기는 표정에는 진심이 묻어 있는 것처럼 보인
다. 전시실에는 '동탁' 위주로 전시되었고, 학예사는 '동탁'이 고대 청
동기시대의 한반도에서 건너왔다는 것을 굳이 숨기지 않는다. 내가
관심을 가지는 건 건 2층에 전시된 조잡한 토기 몇 점이다. 학예사는
그 연유가 경촌골짜기의 도자기는 깨어진 채로 발굴되었고, 원형을
보존한 토기는 일부에 그쳤다면서 은근슬쩍 핵심을 비켜 갔다.

　그 많던 경촌 골짜기의 도요지는 분명 아라가야와 연관되어 있다.
함안박물관에 전시된 아라가야 토기의 위용이 일본보다 앞서간 당
대의 빛나는 선진문화인지를 역설적으로 증명하고 있다. 야스시는

너른 들판이 선물한 풍요의 땅이다. 동탁은 비구름을 불러 비를 내리는 기술을 가지고 있는 '풍작의 신'이다. 근강국(시가현을 지칭) 경촌골짜기의 도인(陶人)은 신라 왕자 천일창을 따라온 자들이라고 <일본서기>는 기록하고 있다. (**여기서 조정래 선생의 견해를 덧붙이자면, 안라신사의 주재신인 천일창은 근초고왕 2년 조정좌평에 임명되는 '진정'이라는 실존 인물이다. 그는 아라 혹은 가라의 왕이었으며, 천일창은 일본서기에 가짜로 등장시킨 가공인물이라는 것을 밝혀냈다.)

　박물관 앞 주차장에 늘어선 벚나무 가지에 빗물을 모은 이슬 꽃이 피었다. 새잎이 돋기도 전에 봄을 알리면서 영롱하게 반짝거린다. 나는 지그시 눈을 감고 내 고향 함안 법수 우거리 토기가마군을 떠올렸다. 그 안에는 4세기 아라가야의 다양한 토기 조각들이 너무 많아

셀 수 없을 정도로 출토되었다. 근세의 유럽에서는 일본을 도자기 왕국이라고 지칭했다. 도쿠가와 막부는 엄청난 도자기를 유럽에 수출해 부를 축적했다. 당대의 조선은 무역을 국가의 아젠다로 설정하지 않았고 도공을 천대했다. 나뭇가지에 매달린 이슬 꽃은 햇살 한 줌에 허망하게 사라진다. '야스시민속박물관'은 이슬 꽃처럼 아라가야의 기억 저편에서 아슬아슬하게 매달려 있었다.

아나무라(穴村)의 안라신사

　　　　　　　　　　　　　　야스시에서 안라
신사가 있는 쿠사츠시의 아나무라로 가는 길은 잘 정비된 광활한 평
야 지대다. 농촌 마을은 띄엄띄엄 산재해 있었고 보리와 밀밭에서는
봄이 건넨 초록 생명이 올라오고 있었다. 무엇보다 순정한 풍경을
풀어놓은 것은 맑은 물이 흐르는 도랑과 마을의 깨끗한 환경이었다.

　농업은 동아시아 고대사회 통치기반의 원천이다. 정치질서의 수
호자는 농업 생산성과 소유권에서 우위를 점했고 강력한 통치를 구
축하는 지배 이데올로기를 구축했다. 그런 관점에서 안라신사를 바
라보면 선진문물을 통해 '왜'로 진출한 아라가야의 우두머리 정치
집단과 그들이 토착민에게 전수한 선진농법과 대체로 일치한다. 즉,
아라가야가 진출한 쿠사츠의 아라마을은 비화호의 풍부한 물로 넉
넉한 들판에서 농사를 지었을 것이다. 안라신사는 그 연장 선상의
수확물로 세워졌다.

　쿠사츠시에는 3곳의 안라신사가 있다. 오후 4시경에 첫 번째 들른
노무라(野村)의 안라신사는 초라하고 적막했다. 적당히 방치된 게 더

어울릴 것 같다. 신사로 들어가는 도리이에는 황색 줄이 걸려 있었고 상단 정중앙에 설치된 '안라신사'로 표기된 현판이 선명하게 다가왔다. 아니 눈이 번쩍 띄었다. 이국땅 일본의 한적한 시골에서 안라신사를 만나다니. 긴가민가했던 일본에서의 안라국의 실체적 흔적이 남긴 전율에 오싹해진다. 아니, 그냥 울컥하고 만감이 스치고 심장이 뜨겁게 격해지고 놀란 가슴이 멈추면서 얼음장이 된다. 그리고 두 손을 모았다. 동행한 도반들도 서로를 바라보는 진한 감격의 파노라마가 일렁거린다.

기원전 10세기경에 처음 존재했다는 일본의 신사는 한반도에서 건너온 도래인과 함께 유입된 청동기 문명을 받아들인 '야요이시대'와 거의 일치한다. 자연을 숭배하고 조상신을 받드는 신토 신앙이 발현한 의식행사의 구심점이 당대의 '선진문물'인 셈이다. 그 연장선상에서 '안라신사'를 바라보면 고대 아라가야의 존재감이 선명해진다.

두 번째 들른 아나무라(穴村)의 안라신사는 이곳에서 승합차로 10분 남짓 걸렸다. 제법 규모를 갖추었다. 경내를 둘러보면서 역사 공부방 도반들과 담소를 나누었다. 세 곳의 안라신사 관계자 전부를 함안에 초청해 말이산 고분군과 박물관을 보여주고, 이곳 주민들과 유대를 강화하고 지원해주면 좋겠다는 의견이 분분해진다.

작물의 씨앗은 땅속에서 생명을 잉태하지만, 인간이 뿌리내린 세계는 산과 강과 바다를 건넌다. 천오백년 전의 아라가야의 흔적이 닿은 종착지가 쿠사츠시의 안라신사 도리이다. 도리이는 삶과 죽음과 이승과 저승을 경계 짓는다. 인근의 릿토시(栗東)의 세 번째 안라신사는 끝내 일정을 맞추지 못해 들르지 못했다. 아쉽다.

오후 5시경 첫날 숙소인 '얀마선셋트마리나' 호텔에 짐을 맡기고 비화호에 놓인 다리를 건너 대길목장식당에서 저녁 만찬을 즐겼다. 삿포로 맥주를 곁들인 근강 소고기 맛은 일품이었다. 호텔에 돌아와 3층 미니바에서 레드와인과 차이나블루 칵테일로 하루의 여정을 토닥거린 담소를 나누며 자축했다. 숙소에 들어와서는 창문을 열고 어둠에 깃든 비화호의 밤 풍경에 젖어 든다. 지긋이 눈감은 평온한 어둠이다. 물 위로 살포시 걸어와 살결에 닿는 바람은 오늘 하루의 촌각을 다투며 자라온 우수(憂愁)에 앉는다. 부디 얕은 잠에도 깨어나지 않기를.

새벽 단상

          깊은 잠에서 깨어나 눈을 떴다. 잠이 든 비화호의 여명이 밝아오고 있다. 진원지를 알 수 없는 물결이 조금씩 몸집을 키우면서 숙소 앞까지 밀려와 출렁인다. 이 또한 이국의 풍경이 풀어놓은 물상(物像)이다. 평범해 보이는 풍경도 여행에서 만끽하는 감정선이 닿으면 어느새 호기심이 발동한 낯선 분위기에 젖는다.

  이 분위기에 젖을 수 있는 여행의 고수는 '고독'은 고립이 아니라 충만이고 해방이고 여유라는 걸 알아차린다. 그보다 조금 더 높은 '사유'로 인식하면 여행의 불편조차도 귀찮고 투덜거릴 필요가 없는 경험으로 받아들인다. 진짜 여행 고수는 상대를 인정하는 '문화'의 관점에서 받아들이는 힘이다.

  맨발로 걷고, 손으로 밥을 먹는 것도 그 나라의 문화고 전통이다. 근 현대사를 지배해온 '서구는 우월하다'는 식자들의 논리야말로 우리 안의 우리가 심어놓은 패배주의의 산물이다. 문화의 본질은 높낮이나 차등이 존재하지 않는다. 경이로움만 있을 뿐이다. 고비사막을 걷는 것은 고행이지만 '순례자'라는 거룩한 존재를 얻는다. 사막에서 바라본 별이 가장 아름다운 것은 그곳에서 홀로 빛나는 순례자가 있기 때문이다.

오래된 습관인 새벽 조깅에 나서는 발걸음이 가볍다. 비화호를 옆구리에 끼고 달리면서 거친 숨을 몰아쉬지만, 오랫동안 몸속에 저장된 기억이 이를 잠재우면서 동반한다. 비화호에 정박한 고깃배와 수상 요트가 흔들리고 갈대는 가늘게 제 몸을 출렁이고 있다. 휴일이라 차도는 한적하다. 어느 마라톤클럽 회원들로 보이는 20명 남짓 되는 달림이들이 두 줄로 보조를 맞춰 뛰면서 새벽공기를 가른다.

그들이 나에게 손을 흔들어 주고 나도 그들과 보조를 맞추면서 연신 우리말로 "안녕하세요"로 화답한다. 친밀감의 표시는 우아한 행동이나 글이 아니라 몸이 먼저 반응하는 살가운 정감으로 분출한다. 달리기로 스친 인연은 국경을 나누지 않는다. 비화호의 갈대나 새들

도 국경을 모른다. 흔들면서 흔들릴 뿐이다. 나는 달리기로 새벽을 열고 '알아들을 수 없는 말'로 국경을 넘은 셈이다.

물바다처럼 끝이 보이지 않는 비화호는 두 개의 힘이 맞대고 있다. 자연의 힘과 인간의 힘이다. 자연이 선물한 물의 힘만으로 이토록 웅장한 호수가 탄생했다니, 경탄을 금할 수 없다. 이번에는 인간이 지혜를 짜냈다. 이 넓은 시화호 둘레에다 토사유실과 물 수량 조절을 위해 땅의 지면과 맞닿는 호수에다 인공 석축을 촘촘하게 다져놓았다. 쇄국의 빗장을 푼 메이지 정부 때부터 공사를 시작했다고 하니 놀라울 따름이다. 일본 고대국가의 터전이 비화호와 밀접한 관계가 있다는 정설에도 수긍이 갔다. 한반도 유민은 일본의 뿌리에 매개체 역할을 했고 촉매제 역할을 했다는 것을 누구도 부인하지 못할 것이다.

오다 노부나가가 쌓은
아즈치 성(城)

아침 조식은 정갈했다.
모닝커피와 대나무로 엮은 소반에 담긴 소시지와 빵과 생선튀김과
야채 샐러드로 담소를 나누면서 조찬의 여유를 만끽한다. 음식 맛뿐
아니라 종업원의 친절과 정성에 연신 '오이시'(美味)를 연발한다. 그
들의 속마음과 또 다른 친절의 이중성이 내재 되어 있다 할지라도
제대로 손님 대접받는 기분만큼은 상큼하다.

숙소에서 아침 9시에 출발한 도반들은 9시 40분에 아즈치 성
(1576~1579년 축성)에 도착했다. 오는 길에 어제저녁 만찬을 즐긴 '대
길목장식당'의 현지 축사와 간판을 보고 도반들은 눈이 휘둥그레졌
다. 어제 뒤풀이 저녁 만찬을 즐긴 이 식당과 오늘도 인연이 닿았다.
우연 없는 인연이 존재할 수 없다는 명징한 진리를 증명하는 것. 두
번의 인연이 닿았으니 소중히 여겨야 하는 운명 아닌가. 진짜 운명
은 이번 '아역탐'에 동행한 7명의 도반이다. 우리는 1,600년 전의 도
래인으로 향하는 아라가야의 불꽃이고 전사고 탐험가라는 인식을

놓은 적이 거의 없다. 생각의 전선이 넓어지면 여행 맛도 덩달아 부푼다. 이는 역사기행에서만 가능한 달콤한 행복이고 불로소득이다.

시가현 오미하치만시에 있는 이 성은 전국시대의 무장 오다 노부나가가 쌓은 산성이다. 아즈치는 천황이 거주하는 교토까지 말이나 배로 하루면 충분히 도착할 수 있는 거리다. 노부나가는 전국시대 최강인 다카시다 가쓰요리군과 맞선 나가시노 전투(1575년 6월 29일)에서 당대의 최첨단 무기인 소총(뎃포)을 활용해 승리했다. 그다음 도요토미 히데요시가 장전한 그 소총은 조선반도로 향했다. 임진왜란과 정유재란을 거치는 동안 약 50만 자루의 소총이 생산되었다고 한다. 유럽의 대항해 시대에 포르투칼에서 건너온 소총은 일본에서 대량생산의 꽃을 피웠던 셈이다.

노부나가가 교토의 혼노지(本能寺)에서 가신인 아케치 미즈히데의 배반이 없었다면, 임진왜란이 발발하지 않았을 개연성이 높다. 당시 노부나가는 전국 통일을 목전에 둔, 주코구, 시코구, 규수만 남겨놓고 사망했다. 노부나가가 쓰러진 권력 진공상태는 당시 주목을 받지 못했던 도요토미 히데요시에게 넘어갔다. 야망으로 불타던 히데요시는 전국시대를 통일한 후 조선을 정조준하고 있었다. 조선은 개국 이래 최대의 위기를 맞았고 전쟁이 남긴 참화는 상상을 초월했다. 그 후 우리 역사는 불평등 조약인 강화도 조약과 한일 병탄과 분단과 식민유산이라는 길고 긴 고통의 터널로 이어졌다.

아즈치 성은 성터만 남았다. 노부나가는 천하통일의 일보 직전에서 파란만장한 생을 마감했다. 나는 폐허로 변한 성터 바깥에서 서성였고 땅바닥에 널브러진 동백꽃에서 노부나가의 환영을 떠올렸다. 일본의 전국시대는 사생결단들이 벚꽃처럼 흩날렸다. 노부나가는 단숨에, 단칼로 자신을 찌른 후 자신이 방화한 혼노지의 불길에 뛰어들었다. 그는 동백꽃처럼 송이째 떨어졌다. 자꾸만 역사를 거슬러 되새김질하다 보니 입안에서는 뜨끈한 단내가 뜨끈해진다.

근구수왕과 이마스강

다음 목적지인 카이도 텐만구(天萬宮. 헤이안 시대의 학자이자 시인인 스가와라 미치자네노(管原道眞, 845~943)를 학문의 신으로 모시는 신사.)로 향하는 승합차 안은 화롯가에 둘러앉은 노변정담처럼 무수한 삶의 말들이 불쑥불쑥 솟아난다. 길 위의 역사가 용트림하고 인문주의자로 변신한 도반들은 마음 내밀한 곳에 저장해두었던 향기를 빠르게 퍼 나른다. 웃음꽃이 만발하다가 삶과 역사적 쟁점에 부딪히면 날카롭게 대립하기도 한다. 그럴 때는 도반들 각각의 성격과 개성이 잘 드러난다.

여행 내내 도반들 사이에 뒤끝 작렬이 없었던 것은 우리가 오랫동안 토론과 질문하는 학습으로 끈끈한 우의를 다져놓았기 때문이다. 나는 그분들이 그저 고맙기만 하다. 개성은 다채로운 색깔로 배열된다. 목소리 높이다가 어느새 돌아서 미안해하는 우리 모두의 인상(印象)도 그 사람의 개성을 새긴 아름다운 지문이다. 기행 글을 쓰면서 생각해 보니 답사기행 장소도 중요하지만, 다행히 풋풋한 담소를 채우는 우리 얼굴의 자화상이 더 찰지다는 원론적 중지를 비켜난 적이 없었다.

11시 10분에 카이도 텐만구에 도착했다. 기온이 하강하고 싸락눈이 날리고 있었다. 제단은 남루하지만 엄숙한 공기가 돌았다. 그곳을 둘러싼 우람한 편벽나무와 소나무와 잣나무가 혼재해 마치 거대한 원시림 같았다. 여기서 안라국의 숨결을 느낄 수 있는 건 들판 건너편 좁은 협곡에 이마스강이 흐르기 때문이다.

이번 역사기행 도반들이 산세가 험준하고 외진 이마스강을 찾은 이유는 근구수왕(조정래 소장의 일본서기, 풍토기, 성찬성씨록 해석과 견해를 덧붙이면 '이마스'는 금수(今須)고 '근구수'는 여기 있다는 뜻이고 지금의 이부키산인 오십줍산)의 흔적이 남아있기 때문이다. 그 남쪽에는 료젠산이 있으며 두 산 사이에 불파관(不破關)이 있고 그 아래에 이마스강이 흐른다. 불파는 근구수왕도 깨지 못했다는 의미다. 근구수왕이 이곳을 침입했을 때 안라국의 도래인인 진정의 아들 진지가 이마스강을 막아서 물을 채웠다가 일시에 터뜨리자 근구수왕이 그 물살에 휩싸여 사망했다.

이마스강은 맑았다. 봄의 언저리에 얹힌 햇살은 차갑게 들판에 앉았다. 변화무쌍한 해님은 몇 번이나 구름 속으로 들락거리고 논에는 파릇한 새싹 보리가 스치듯이 닿는 빗방울을 받아먹고 있다. 이곳에서 일본서기에 표기된 안라국의 가공되고 숨겨진 행간을 쪼아먹다 보니 근구수왕이 죽은 서기 384년의 격렬함이 오히려 담담하게 다가온다.

이마스강 다리에서 서성였다. 안라국 사람들을 떠올리고 무언의 대화를 나눈다. 마을 앞 논에서 작물을 파종하고 있던 촌로의 조상

뿌리가 함안의 왕도길 어디인지 모른다는 생각도 스친다. 단체 사진을 찍는 것으로 이마스강과 이별했다. 안라가 뿌려놓은 역사의 편린에 허기진 나는 무엇하나 제대로 건지고 정리하는 것 또한 쉽지 않다. 공허로 채운 이마스강과 뒤돌아보는 석별이 오래 남을 것 같다.

쓰루가의 게히 신궁

점심시간이 임박해 후쿠이현 (福井縣)의 쓰루가시(敦賀市)로 출발했다. 차가 흔들릴 정도로 추위를 동반한 바람이 거칠게 차창을 때린다. 거기에 아랑곳하지 않는 들판은 봄기운을 받아 넘실거린다. 한낮인데도 산 능선을 가뭇하게 받은 수묵화는 태초의 신비를 간직한 어떤 신성함이 깃들어 있다. 산악지형이 빚어낸 골짜기의 해그림자는 서서히 하강하고, 봄의 전령이 억세게 밀어내고 있는 봉우리에 쌓인 흰 눈은 눈이 부신다. 이 모든 풍경이 정겹고 외롭고 아름답게 다가온다. 노곤함이 몰려와 잠시의 틈새마다 토막잠이 쏟아진다. 사념에 잠기다가 뜨기를 반복하면서 '나'라는 근원적 사유 공간이 뭘까를 떠올려 보기도 한다.

후쿠이현 중앙에 있는 쓰루가시는 인구 6만 남짓한 작은 도시다. 고대에는 중국과 한반도로부터 선진문물을 받아들인 항구로 번성했다. 메이지 시대 이후에는 철도 금융과 대륙침략의 전초기지로 명성을 날렸다. 생선요리로 유명한 시내 맛집에서 늦은 점심을 먹었다. 게히신궁 해설사도 점심을 함께하면서 의견을 나눴다.

일본 왕실이 세운 게히신궁(702년)은 쓰루가시 중심지에 있다. 신라에서 일본으로 건너온 천일창 왕자를 주 신주로 모시고 제사를 지내다가 명치유신 이후 황국사관에 입각한 국수주의자들은 이사사별신, 중애천황, 신공황후 등을 추가한 일곱 분의 신을 함께 모시고 있다. 여기에서 이사사별신이 천일창과 동일 인물이라고 후대의 역사학자들이 밝혀냈다. 신궁으로 들어가는 옛날의 도리이는 일본에 문명개화를 열어준 한반도 방향이었으나 지금은 서방정토 아미타불방향인 인도로 향하고 있다고 한다. 게히 신궁 내 한쪽에 있는 '쓰누가 아라시토'를 모시는 신사에 참배했다. 일본서기에 '쓰누가 아라시토'는 천일창에 앞서서 도래한 안라국 왕자로 기록하고 있다.

게히신궁 해설사는 쓰루가에서 15년간 원자력계통에서 근무했고, 회사 업무로 1년 동안 영국에서 보냈다고 자신을 소개했다. 은퇴 후 삶의 활력소가 된다는 초로의 그분은 진심을 담아 안내하고 설명해 주었다. 우리에게 천 엔의 봉사료를 받고 영수증을 발급해 주길래 연유를 물어보니 시 당국의 조례에 그런 조문이 있고 자신은 충실하게 그 조례를 지킬 뿐이라는 그 맡은 평소 업무에 빈틈을 보이지 않으려는 프로 정신을 확인할 수 있었다. 도반인 장성현 선생과는 통역을 곁들인 영어로 대화했다. 장 선생의 유창한 영어 회화는 기행 내내 공항·호텔·식당·길거리에서 요긴하게 활용하는 호사를 누렸다.

해가 서산을 향해 뉘엿거린다. 시가지에 있는 붉은 벽돌 창고(1905년, 유류저장) 등을 둘러보고 스타벅스에 들러 커피로 추위를 녹인다. 돈가스로 저녁 만찬을 즐긴 후 호텔로 돌아와 체크인하고 다시 시내로 이동해 생맥주로 둘째 날을 보냈다. 걸어서 숙소 인근에 있는 쓰루가 역사(驛舍)를 들른 후 하루 일정을 마무리했다.

술김이 적당히 오른 1인 비즈니스호텔의 잠자리는 아늑하다. 있는 것의 없음과, 없는 것의 있음의 폐사지처럼 한일 고대사는 왜곡과 허구로 채워져 있다. 고대에 신라와 아라가야의 도래인들은 쓰루가에 터전을 잡은 흔적을 남겼다. 나는 지금 작고 외지고 커텐이 닫힌 침실에서 1,600년 전의 '안라'인을 생각하면서 잠이 들 것이다. 왠지 썰렁하고 초라해지는 것 같아 이불을 끌어당겨 얼굴을 묻었다. 오늘 밤은 깊은 잠이 들기를.

'아라사등'의 불꽃

　　　　　　　　　　새벽 4시에 일어나 커튼을 걷고 창문을 열었다. 선득한 바람이 몰려와 냉기가 서린 녹진한 방을 문지르고 있다. 창틈에 우두커니 서서 '쓰루가시'의 허공을 바라보았다. 잠이 든 회색 도시의 불빛이 가물거린다. 오래전 한반도에서 건너온 도래인이 잠든 이곳에 지금은 너희 나라 시민이 잠들어 있겠다. 현해탄을 건너와 홀로 남은 나는 다시 지나간 '역사'라는 시간의 꽁무니를 따라 한반도 남단에 터를 잡은 '아라가야'로 거슬러 올라가고 있다. 지난밤은 어질한 꿈자리들이 잠결 속을 돌아다녔다.

　도반들과 새벽 6시에 아침 산책을 하자고 약속을 해 두었다. 시간이 많이 남아 집에서 가져온 우엉차를 달여 내 조금씩 음미하면서 정일근 시인의 시(시집 '저녁의 고래')를 읽었다. 그의 시편 한 구절에는 "봄입니다. 당신이 사랑하는 길을 천천히 걸어보길 권합니다. 어디에 어떤 풀꽃이 피어 있고, 어느 나무의 꽃이 피었는지 알 수 있는 속도로 말입니다." 산책길은 나를 확인하는 질문과 맞닿아 있다. 느림이 가까이 있을 때, 만물이 얼마나 아름다운지를 보여준다. 나에게 주어진 이 시간만큼은 오롯이 내 존재가 개별적으로 배치한 공간이다.

새벽 6시에 도반 4명이 호텔 로비에서 반갑게 아침 인사를 건넸다. 우리는 '게히신궁'가는 길과 반대 방향으로 걸었다. 잘 정리된 구획 도시를 정교한 컴퍼스로 그은 ㅁ자 방면을 따라 걸었다. 간밤에 말끔하게 다시 태어난 도시는 깨끗하고 아침 공기는 상큼하다. 집안에는 잘 다듬어진 나무와 파와 상추를 심어놓은 화분이 일렬로 가지런하게 놓여 있다. 어떤 집 대문 앞에는 조상신을 모신 석등이 옛 모습 그대로 자리를 지킨다. 새벽에 소박한 골목을 걸어보는 것도 쏠쏠한 재미로 따라온다.

내가 유심히 바라본 것은 가정집마다 작은 철망에 담긴 생활 쓰레기 봉지였다. 수량도 작았고 위생적인 상태로 보관되어서 청결하다. 도시의 얼굴은 민낯의 새벽 거리에서 모습을 드러낸다. 도로변이 끝나는 곳에는 도시를 가르는 소하천이 맑은 물로 흐르고 경사진 언덕에는 생명이 움트는 봄의 초록들이 올라오고 있다.

도반들과 호텔 뷔페에서 아침 조식을 먹고 '쓰루가역' 쪽으로 걸었다. 오늘 첫 방문지인 '아라사등(阿羅斯等)' 동상은 호텔에서 5분 거리에 있었다. 지난밤 마지막 일정도 쓰루가 역사를 둘러보는 것으로 마무리했다. 지난주 금요일 도쿄와 쓰루가 사이에 대망의 '신간센' 철도가 개통되었다. 역사와 관공서와 거리 곳곳에는 '환영' 현수막이 부착되었다. 천혜의 양항(良港)과 근대화를 앞당긴 철도의 요충지에서 이제는 초고속 '신간센'으로 관광객을 유인하고 있다. 문명을 견인하는 것은 시간과 속도이지만 인간의 근원적 본질인 감성은

낡고 초라한 간이역대합실 같은 분위기에서 젖고 무르익는다. 지난
밤에 들린 쓰루가역은 외진 곳처럼 썰렁했지만, 아침에는 밝고 두텁
고 생기로 화색이 돈다.

'아라사등' 동상은 제법 웅장한 청동상의 위엄을 갖추고 있다. 쓰
루가역 광장에서 오른쪽 인도와 여관건물 사이에 있다. 우리 도반들
은 두 손을 합장하고 정중하게 예를 갖췄다. '아라사등'은 가장 먼저
왜국에 도달한 아라가야 도래인이다. 일본서기의 '숭신천왕기'에는
이렇게 표기하고 있다. "이마에 뿔이 난(각록 角鹿) 사람이 포구에 나
타났다. 낯선 모습에 어리둥절한 행인이 출신지를 묻자 그는 '안라

국'의 왕자로 왜의 왕을 만나러 왔다면서 공손하게 대답했다."라고 기록하고 있다.

　오늘 아라가야의 후손들이 들리었으니 선진 문명을 전수한 당대의 불꽃은 꺼지지 않을 것이다. 돌이켜보면 역사전쟁인 한일고대사는 오랫동안 흔들리고 가물거리면서 여기까지 왔다. 일본은 역사 왜곡으로 흔적을 지우고 한국은 유물과 고대사의 행간을 들추어 가면서 힘겹게 진실게임을 벌이고 있다. 우리 도반들이 쓰루가를 떠나면 천년, 만년은 고사하고 백년동안 만이라도 아라사등의 존재가 제자리를 지키고 있을까. 기념사진을 찍고도 쉽게 발걸음이 떨어지지 않는다.

'정한론'의 출발지

　　　　　　　　　　쓰루가항(港)은 이 도시의 북쪽
에 있다. 한반도와 중국의 동북방면과 러시아 연해주의 관문이다. 항
구에 접한 광장의 보도블록에는 북반구를 기준점으로 잡고, 서쪽에
서 동쪽 순서대로 상해(上海), 톈진(天津), 다롄(大連), 부산, 청진, 블라
디보스토크를 입체적 글자체로 동아시아 지도에다 새겨놓았다. 일
본 메이지 정부의 동북아 진출의 전초기지로 쓰루가시를 보도블록
에다 한자(敦賀)로 뚜렷하게 각인시켰다.

　아침에 들린 쓰루가항은 고요하다. 스스로 파도를 잠재운 바다는
침묵하고 있다. 고깃배와 상선이 띄엄띄엄 보이고 흰색으로 도배한
군함 몇 척이 침략 근성의 발톱을 숨기고 다소 곳이 정박해 있다. 터
벅터벅 걸어 바다 가까이 다가갔다. 이곳이 고대에서 근현대사에 이
르기까지 격동의 바닷길 루터였다는 것이 실감 나지 않는다. 오히려
그 루터가 고대의 조선반도가 건넨 선진문물을 원수로 되돌려준 일
본의 만행에 감정이 솟구치다가 가라앉았다.

　역사의 현장에서는 역사를 잊지 않는다는 격언이 있다. 잔잔한 바

다에 눈길을 돌렸다. 이 바다에는 현해탄을 건너온 아라가야인들이 남긴 무수한 편린들이 떠 있다. 거기에다 인접한 시립박물관의 철도자료관을 연상하니 조선반도와 만주와 시베리아로 뻗어 나간 철도의 선로에서 구르는 바퀴 소리가 들린다.

일본 메이지 정부의 조선 침략 정당성을 제공한 것은 한반도를 정벌하여 일본의 국력을 창대하게 건설하자던 '정한론'(征韓論) 신봉자들이다. 조선 병탄의 근기인 식민지 논리의 바탕에는 외세에 의존하는 조선의 '타율성'과 자강하지 못하는 '정체성'을 근간에 두고 있다. 그 중심에 영국 유학파인 '이토 히로부미'가 있다. 그는 신흥관료들과 의기투합해 처음에는 정한론을 반대했다. 세이난(西南) 전투를 통해 메이지유신의 영웅인 정한론 자 '사이고 다카모리'를 무력으로 제압하는 데 앞장선 정객으로 성장하는 계기가 되었다.

메이지 유신은 천황제의 국가주의가 추구하는 부국강병 노선이다. 일본의 국가 이익선이 조선에서 만주로 확장 시켰다. 조슈번과 사쓰마번의 사족(士族)계급의 정신적 지주인 정한론을 계승한 인물이 '이토 히로부미'가 속한 해외유학파와 신흥관료들인 셈이다. 이는 공업원료를 실어나를 통상로 확보와 장기적 영토확장의 전략적 차원에서 이루어졌다.

나는 나의 몸에서 역사가 흩뿌린 쓰루가 항구에서 비릿한 바다 냄새를 맡으면서 생각에 잠긴다. 일본은 왜 강했고 조선은 어떤 연유로 일본의 식민지가 되었는가. 알면서도 묻고 답답해서 묻는다. 누구의 책임인가도 묻는다. 우리의 책임은 당연하다. 역사의 교훈을 곱씹다 보면 분명한 것이 있다. 전 세계 어떤 제국주의 국가도 진심을 담아 식민지 지배에 대한 배상이나 사죄를 하지 않았다. 개항 이후 미국은 언제나 일본 편이었다. 우리가 일본보다 국가의 힘이 부족해서 그렇다. 냉엄한 현실은 지금도 이어지고 있다.

'만선철도'와 역사지우기

답사기행을 다니다 보면 무언가 손에 잡힐 듯 잡히지 않는 빈칸이 있다. 어떤 때는 역사 꽃이 만발한 허공의 신기루가 빈칸을 차지하기도 한다. 역사와의 대화도 길어지면 조금씩 옆길로 새면서 떠돌아다닌다. 역사적 실체보다는 보고 싶은 것만 도드라지게 부풀어 오른다. 답사기행은 다시 일어서기 위해 넘어지기를 반복해야 한다. 답사를 관통하는 호기심을 북돋워 주는 건 질문과 떠날 수 있는 용기면 충분하다.

쓰루가항의 뱃머리 모형 앞에서 기념사진을 찍고 가까이에 있는 철도자료관(쓰루가 항의 기차역을 개조해 꾸며놓음)으로 이동했다. 놀라운 것은 이곳 옆에다 조선 병탄의 원흉인 '이토 히로부미'의 친필 만세영뢰(萬世永賴) 액자를 달아 놓았다. 만세에 이르도록 국운이 융성하고 세상을 위해 일해 주기를 바라는 간절한 희망이지만, 나는 가슴 밑바닥에서 올라오는 깊은 통증을 느낀 무방비 정신세계를 노출했다. 그렇게 국운이 융성하는 첫째 조건이 조선 병탄이 아닌가.

안내판에는 1912년 쓰루가 항만에 기차역이 생기고 유럽과 아시아를 연결하는 국제노선이 개통되었다고 기록하고 있다. 도쿄에서 파리까지 시베리아 횡단 열차를 타고 17일간을 여행하는 여행상품을 팔고 이용하면서 고루한 아시아를 넘어서자는 '탈아론'을 가슴에 새겼을 것이다. 그때의 안내 책자와 철도 노선 지도가 '철도자료관'에 비치되어 있다. 그만큼 쓰루가는 철도로 유명한 곳이다. 아주 큰 철도정비창이 있었고 뱃길이 발달해 무역이 성행했다.

일본이 식민지 조선에 건설한 철도는 수탈의 산물이고 식민지배의 장치다. 조선반도를 넘어 만주까지 국제철도망을 확장했다. 일본이 설립한 남만주철도주식회사(이하 '만철')는 만주를 지렛대로 동아시아를 경영하는 지정학적 가치가 매우 높았다. '만철'은 식민지 조선이 처한 삶 속에서 대륙의 탈출구로 깜박였다. 가난한 백성들은 살기 위해서, 우국지사들은 조국광복을 염원하면서 압록강과 두만강을 건넜다.

인근의 쓰루가 시립박물관은 1927년에 완공된 (구)오와다은행 본점 건물을 개조해 사용하고 있었다. 고풍스러운 건물은 당시 일본의 풍요와 쓰루가항의 번성을 대변하고 있다. 1층은 화폐나 유가증권을 보관한 금고와 은행 창구로 꾸미고, 2층은 시립박물관의 유물을 전시해 놓았다. 내가 주목한 것은 쓰루가시 연혁에서 '아라사등'이 빠진 것을 보고 고대 한반도와의 연관성을 감추려는 저들의 속셈을 알아차렸다.

1876년 체결된 조일수호조규(강화도조약)는 관세 자주권을 포기한 조선의 갈 길이 여기까지라는 것을 역설적으로 증명하고 있다. 조선은 태생부터 상고주의와 중화주의에 매몰되어 있었다. 중국의 울타

리는 견고했지만, 경세가들은 세계정세를 읽지 못했고 근대 외교와 통상업무에 무지했다. 쌀, 콩 등의 농산물과 금 구리 등의 광산물이 일본으로 급속히 유출되었다. 반대로 관세를 피한 일본의 값싼 공업품이 물밀 듯이 조선반도로 들이닥쳤다.

관세 주권은 힘의 논리에 의해 결정되고 경제 주권의 심장 역할을 한다. 일본과의 상호주의와 호혜주의를 잃은 조선은 국가 주권 상실에 앞서 무방비 상태로 먼저 경제 주권을 내주었다. 그다음에 국권을 상실했고 말과 글을 빼앗겼다. 바람 앞에 깜박인 조선이라는 호롱불이 꺼졌다. 암흑의 시간 앞에서 모멸감을 감수했고 민족의 자존에 깊은 상처를 남겼다.

'오사카성'을 걷다

　　　　　　　　　오늘은 오사카로 돌아가기 위해
아침부터 서둘렀다. 시내에 옹기종기 모여 있는 아라사등 동상과 쓰
루가항, 철도자료관과 쓰루가시립박물관 관람 후 오사카로 출발했
다. 가는 도중에 '히에이산'에 있는 사카모토 케이블카를 탑승하기
로 했다.

　산길을 따라 이동하는 지방도로는 좁고 험난했고 강풍이 몰아쳤
다. 날카로운 산들이 협곡을 사이에 두고 어깨를 맞대고 비수를 감
춘 듯 상대를 노려보고 있다. 긴장을 몰고 온 풍경에 취해 잠시도 눈
을 떼지 못하는 사이 승합차는 깊은 골짜기를 빠져나왔다.

　이번 기행에서 친숙해진 웅장한 비화호가 시야에 들어왔다. 고속
도로 지명 간판에 표기된 '북비량'과 '남비량'의 '량(良)'은 '라(羅)'로
읽힌다. 즉, 아라가야의 라(羅)와 신라의 라(羅)처럼 '나라'의 의미이
고 '비량'은 '비라'로 읽힌다. 창녕의 옛 지명이 '비사벌'과 '비라'인
것처럼 그것과 어떤 연관이 있는지 궁금하다면서 조정래 선생이 해
설을 내놓았다.

정오 무렵에 사카모토 역(驛)에 도착했다. 도착지인 히에이 산의 엔라쿠지 역까지는 케이블카로 2km의 수직 경사를 타고 오른다. 1925년에 건설한 일본에서 가장 긴 케이블카라고 선전하고 있다. 케이블카에 탑승한 도반들은 바깥의 우람한 편백나무 숲을 보면서 탄성을 질렀다. 상부의 엔라쿠지 역 전망대에서 바라본 비화호는 구름을 걷어낸 하늘처럼 푸르고 맑고 시린 얼굴이 투명하다.

늦은 오후 2시에 수이타 휴게소에서 점심 요기로 메밀국수를 주문했다. 시장기와 포만감이 10분 사이에 일어났다. 오사카로 들어가는 진입로는 차량정체로 혼잡하다. 3시경에 오사카 관문인 요도 강에 놓인 다리를 건넜다. 요도강의 '요도'는 도요토미 히데요시가 그의 부인 이름에서 따와 유래했다고 한다. 그가 오사카를 본거지로 선택한 가장 큰 이유는 수상교통의 이점을 활용한 경제력 구축이었다.

오후 4시경에 오사카성에 도착했다. 성은 인파로 넘치고 대규모의 이중 해자가 거대한 성을 따라 돌았다. 히데요시는 천하를 얻은 뒤 모은 재산으로 오사카성에 몇 년은 버틸만한 식량과 병기를 모아놓았다고 한다. 그는 여러 사후 방비책을 구축해 놓았지만, 배신을 밥 먹듯이 하는 '전국시대' 인간 군상을 제대로 간파하지 못했다. 세키가하라 전투와 오사카 전투에서 승리한 도쿠가와 막부는 오사카 일대를 직할지로 관리했고 히데요시 가문은 멸문을 당했다.

오사카성 중심에 우뚝 솟은 천수각에 올라 탁 트인 시내를 조망하면서 하루해가 저물어가는 아쉬움을 달래 본다. 천수각 앞의 아름드리 녹나무를 배경 삼아 단체 사진을 찍은 후 전철을 타고 '온야채'

식당으로 자리를 옮겼다. 가는 길에 오사카 시내의 최고 명소인 '도
톤보리'의 화려한 상가의 다채로운 조명이 인상적이다. 식당은 무한
리필이 가능한 쇠고기와 생맥주와 보리소주를 곁들어 마시면서 기
행 마지막 3일째를 자축하면서 술잔을 들었다.

천하인天下人이 건넨 경제 도시

새벽부터 비가 내린다. 빛이 터져 나온 간밤의 오사카는 어둠에 묻히고 여기저기에 피어있었던 허기진 인간의 표상이 깜박인다. 무언가를 먹고 마시면서 고립된 허허로움을 채우는 건 환하게 밝힌 밤의 도시다. 도반들과 자축하면서 보낸 지난밤과 다르게 급속하게 새벽 상념에 빠지는 나를 보면서 인간은 꽤 별난 '종'이라는 생각에 헛웃음이 나온다.

오늘은 일본 역사기행 마지막 날이다. 아라가야의 흔적을 찾아 도반들과 열도의 심장부로 뛰어들었다. 한일 고대사가 거느린 숱한 은폐의 공간이 끊임없이 허공을 맴돌았지만, 지난 3일 동안 잠시도 긴장을 늦출 수 없었다. "빈방에서 홀로 눈을 감고 상념에 잠기면 우주가 열린다"는 다석 유영모 선생님의 빛 한 줌을 생각하다 보니 한일 고대사의 본질에 더 가까이 다가가려는 근원적 허기가 도톰하게 차오른다.

새벽 조깅에 나선다. 빗방울을 얻어맞으며 직진 인도를 따라 천천히 뛰면서 호흡을 가다듬는다. 싸늘하고 스산한 도시의 민낯이 흔들린 삼월의 오사카 시내는 쉽사리 어둠을 깨우지 못하고 주춤거린다. 거리의 비둘기들이 빌딩 사이의 좁은 통로에 모여 젖은 체온을 나누는 게 안쓰럽다. 인간이 건설한 도시는 인간은 물론, 동물이나 새들에게도 의도된 적의가 번득이고 발톱을 숨긴다. 숨이 차고 땀과 빗물에 흥건하게 젖었지만 알 듯 모를 듯한 쾌감도 동반한다. 일정한 틀 속에 갇힌 기행이 조금이나마 해소되는 일탈처럼 가볍다. 이 또한 이국의 거리에서 혼자 뛰는 고립이 하강하고 해방이 동시에 상승하는 묘한 감정이입을 느낀다.

오사카는 고래로부터 세토 내해 끄트머리에 면한 상인의 도시다. 일본의 고대 역사서인 '고사기'에 따르면 닌토쿠 천황(仁德天皇, 재위 313~399)의 재위 기간이 턱없이 긴 것으로 보아 숨은 '년대기'로 부풀어졌다는 것을 알 수 있다. 그의 무덤은 오늘 들리는 오사카부 사카이시에 있다. 5세기 중엽에 축조된 고분은 '전방 후원분' 중 가장 규모가 크다. 범람을 막기 위한 장치로 오사카에 대규모 항만공사를 축조했다. 오늘날의 항구 도시인 오사카만의 원형이 만들어진 셈이다.

특히 내가 오사카에 주목한 것은 당대의 선진국인 중국의 수나라와 당나라에 견수사(遣隋使)와 견당사(遣唐使)를 파견한 국제 해상 루터를 갖춘 항구의 기능을 짚어 보는데, 의미를 둔다. 수·당에 파견된 사절단과 유학승은 선진문물과 불교 경전을 수입해 야마토 조정과 헤이안 시대의 번영을 구가했다. 오래전부터 한반도는 마한 진한 변한 가야연맹체와 삼국이 왜국과 교역 길을 열었다. 그 후 장보고의 청해진은 중국과 일본과 동남아로 개척한 항로를 이용한 해상무역의 중개지로 막대한 부를 축적해 통일신라 왕권의 권위까지도 넘보게 되었다.

야망으로 가득 찬 도요토미 히데요시는 오사카에서 천하인(天下人, 천하를 얻은 사람이라는 뜻으로 무로마치 막부 후기부터 전국시대에 일본을 통일시킨 사람을 높이 부르는 말)을 꿈꾸었다. 그는 바다에 잇는 요도강의 하구를 준설하여 오사카만의 배를 육지로 연결한 장본인이다.

히데요시는 처음부터 오사카를 경제 도시로 만들어 전국의 다이묘를 자신의 통솔 아래 두고자 했다. 그러다 보니 일본 각지의 물자가 오사카로 몰려들면서 번성했다. 동서고금을 막론하고 국가의 힘은 경제력에서 나온다. 그 파급 여파로 국방력과 문화 예술이 꽃을 피운다. 우리의 경세가들이 깊이 새겨볼 일이다.

자치도시 사카이

사카이시는 오사카 남쪽에 있다. 오늘 마지막 일정표에 있는 이 도시의 첫인상은 '망'으로 촘촘하게 감싼 벚나무다. 이국의 풍경은 웃자라는 호기심을 발동시킨다. 왜' 도로나 공원의 벚나무에 진폭을 키우는 상상 옷을 입혔을까. 병충해나 동사(凍死)를 방지하기 위한 것 같지 않는다는 통역사의 설명이 건조하지만 나름의 운치로 다가온다. 엎질러지는 생각도 여행이 주는 값진 선물이라면서 독백 같은 물음을 건넨 나는 이 도시의 낯선 이방인이다.

사카이시 박물관은 다이센 공원 내에 있다. 입장료 200엔을 내고 정문으로 들어갔다. 이 박물관에 소장하고 있는 4~5세기 유물을 관람하겠다는 사전 공문 탓인지 시 관계자가 우리 도반들을 기다리고 있었다. 놀랍게도 소고 요시카즈(十河良和) 박물관 학예 과장의 직함을 가진 그는 박물관 운영의 총책임자의 중책을 맡고 있다. 풍광이 고즈넉한 호수가 보이는 대기실로 안내를 받았다. 휴식을 취하고 있는 사이 박물관 전시관에 소장된 유물과 안내문을 설명해 줄 고용 해설사와 반갑게 인사를 나누었다.

유네스코 세계유산인 '백설조고분군'에 대한 영상을 10분 남짓 시청했다. 이 도시의 모즈-후루이치 지역에 산재한 천황릉 고분군을 발굴하지 않는 이유는 왕실이 관장하는 '국내청'이라 어쩔 수 없다고 설명해 주는 해설사의 모습이 궁색해 보인다. 한반도와의 연관성이 짙게 드리워진 사실을 해설사는 굳이 숨기지 않는다. 우리 도반들의 질문의 강도가 높아지자 학예 과장이 직접 보충설명을 곁들여 주었다. 잠시의 어색한 틈새에 도반인 권옥경 선생이 기지를 발휘해 아라가야 불꽃무늬 문양이 새겨진 가방을 건넸다. 이 작은 선물에 학예 과장은 감격스러운 표정을 지었다. '감동은 진심에서 나온다.' 라는 격언을 실천한 권 선생의 사려 깊은 마음이 찡하게 닿는다.

일본이 천황릉을 발굴하지 못하는 이유는 한반도 전래설을 입증하고 함안의 말이산 고분군 등의 유물보다 조잡할 것 같은 두려움 때문이다. 우리가 관람한 박물관 토기의 전체적인 수준이 동시대 아라가야의 토기에 비해 질적으로 떨어진 강도와 모양새다. 그들은 움가마 형태인 부엌처럼 깊은 굴을 파서 도자기를 굽는 '교요'를 '아나가마'로 말했다. '아나'는 '아라'이고 이 가마가 아라가야인이 만든 '쓰에무라'(陶邑)토기 임을 굳이 숨기지 않았다. 그러니 그들에게 아라가야는 심원한 존재가 발원한 문명의 정수로 받아들이는 것이다.

사카이시 남부 센보쿠 있는 천여기 이상의 쓰에무라 가마 유적군의 스에키 토기는 형태, 문양, 제작기법 등에서 한반도와 유사하다고 한글 안내문에 기록되어 있다. 이는 정유재란 때 끌려온 도공집단 이전에 아라가야의 대규모 기술자 집단이 먼저 도래했다는 것을 상징한다.

품질이 우수한 스에키 토기는 일본 각지로 팔려나갔다. 사카이시는 무로마치 막부시대에 접어들어 일본 최대의 상업 도시로 번성을 누렸고 고치 앞바다에서 규수의 가고시마를 돌아 동남아시아와 명나라로 향하는 항로가 활짝 열렸다. 오다 노부나가와 도요토미 히데요시의 간섭 전까지는 권력자의 지배를 받지 않는 거상들의 합의제인 '자치도시'의 면모도 갖추었다. 이때부터 "사카이에서 돈 자랑 말라는" 말들이 회자 되었다고 한다.

박물관을 나오니 비바람이 몰아친다. 다이센 공원에 붙은 식당에서 늦은 점심 요기를 하고 출국장인 간사이공항에 도착하니 비가 그쳤다. '아라가야역사교실'의 첫 번째 일본 현지 기행은 아주 뜻깊은 흔적을 남겼다고 자평해 본다. 현해탄을 건너오다 보니 비화호와 안라신사와 이마스강과 아라사등이 휙휙 스쳐 지나간다. 갑자기 말이산 고분군의 선경이 어른거린다. 비행기 기내는 고요하고 나는 숨이 차오른다. 내가 누울 자리인 '함안이라는 곳' 조금씩 깊이 들어가 보니 나는 높은 지배자의 무덤 앞에 엎드렸던 안라인처럼 낮은 존재로 남을 것이다.

Part 6

25년 봄,
아라가야 역사교실 일본 기행

두 번째 기행이 되기까지

　　　　　　　　내가 일본 답사기행을 가는 목적은 단순하다. 이는 고대로부터 이어져 온 '아라가야와 일본열도'의 상관관계를 제대로 알아야 '역사'라는 인류의 보편성에 접근할 수 있다고 믿기 때문이다. 그 연장 선상에 놓인 신라 백제 고구려의 삼국시대가 아닌 가야연맹체와 왜국을 합한 '5국'이라는 격동의 동아시아가 어떻게 중국이 점지한 질서에 편입과 이탈을 반복했는지, 이번 일본 답사기행을 통해 고찰하는데 주된 목적이 있다.

　일본을 알아야 그들이 왜곡하고 가공한 '임나일본부설'과 메이지 천황 시대의 '황국사관'을 극복할 수 있다. 황국사관의 본질은 조선이 열등하다는 식민사관에서 출발한다. 이를 극복하기 위해서는 오래된 질문인 일본을 제대로 알아야 한다. 주관적 현상을 걷어내고 객관적 열린 공간으로 전환해야 한다. 이는 한일 간을 일방적 카테고리 안에 가두지 않겠다는 쌍방적 인식의 대전환이 선행되어야 한다. 그러기 위해서는 통렬한 질문이 수반된 심장을 뛰게 하는 간절한 그 무엇이 있어야 한다.

한일 고대사는 숱한 의문부호를 생성하는 공간이다. 그만큼 양국은 오랫동안 적의를 키워왔다. 한국은 선진 문물을 전해준 은혜를 앙갚음한 일본의 무도한 침략으로 한민족의 자존감에, 어쩌면 영원히 매워지지 않을 깊은 내상을 입었다. 일본은 현해탄을 건너온 도래인의 뿌리가 한반도라는 열등감을 숨기고자 숱한 역사적 진실을 은폐하고 왜곡했다. 그 산물로 중국을 끌어들였다. 메이지 시대 이전의 중화 세계관을 흠모한 일본이 고대 한반도를 대륙문화가 전승한 중간기착지로 축소 시킨 것을 보면 그들의 본심이 어디에 있는지 알 수 있다.

지난해 7명의 도반이 뜻을 모은 '아라가야역사교실' 첫 번째 일본 기행은 생각범주의 팽창이 불러온 '앎'의 욕구로 분출했다. 정기적으로 모여 학습하고 토론하면서 우리가 답사한 실제적 현상들을 차근차근 정리해 나가면서 담론을 만들고 '무엇을 준비할 것인가'를 설정하고 향후 진로를 모색했다. 야스시민속박물관 2층에 전시된 아라가야 초기 토기를 구워낸 경촌 골짜기를 떠올리고 아나무라의 안라신사와 쓰루가 역사(驛舍) 광장의 아라사등(阿羅斯等) 앞에서 두 손을 모았던 가슴 떨림을 잊지 않았다. 메이지 정부가 신봉한 정한론의 출발지인 쓰루가 항(港)에서는 '자강' 많이 한민족의 운명을 담보한다는 평범한 진리를 각인시켰다.

지난해 첫 번째 일본 답사는 열대우림의 정글 탐사만큼 긴장했고 움츠러들었다. 경험 법칙이 적용된 이번 두 번째 일본 답사는 여유가 있다. 무엇보다 선진국으로 진입한 한국의 국력과 일본과 대등해진 역사 인식이 발로하는 자신감이 넘쳤다. 일본에 산재해 있는 아라가야의 지명, 유물, 기록의 흔적이 곳곳에 있는 것을 확인하는 순간마다 심장이 뛰었고 가슴이 벅찼다.

모든 역사는 지혜의 보고다. 깊이 들어가면 호모 사피엔스의 본질에 닿는다. 답사기행은 역사의 행간을 짚고 안목을 키운다. 우리 도반들은 두 번째 답사기행이 무사히 이루어질까'로 노심초사했다. 경비문제와 시간의 확보는 고사하고 그중 누구 하나라도 이탈하면 구름 잡는 신세로 전락할 것 같은 두려움이 엄습했다. 정말이지 우리는 간절한 마음을 모았고 거기에다 나의 오래된 절친인 송영정 선생도 합류해 역사기행 내내 힘이 되어주었다.

불꽃무늬 토기가
현해탄을 건넜다

어둠이 가시지 않는 새벽이 가
뭇하다. 별 밤이 도시의 불빛에 휘청하다가 제 몸을 열어 여명을 받
아들인다. 어느새 8명의 도반이 모여들고 눈인사와 수인사로 정감
을 나누니 마산역 광장에 웅크리고 있던 공항버스 탑승장이 부산하
다. 탁음들은 산란한 말소리로 섞이고 마음이 먼저 김해국제공항으
로 향한다.

리무진 공항버스는 천천히 시동을 걸었고 서늘한 의자 등받이에
얼굴을 묻었다. 어둠밖에 본 일이 없는 별 몇 개가 하늘에 매달려 있
다. 창원대로 변에는 꽃 문을 채 열지 못한 벚나무 망울이 개화의 열
망을 품고 있다. 김해공항에서 입국 수 속 절차를 밟고 비행기에 탑
승하고 현해탄을 건넜다. 여기까지는 내 몸 전체가 답사기행의 설렘
으로 통과절차를 거치는 내면의 쿵쾅거림이다. 도반들의 눈웃음도
콸콸하다.

11시경 오사카 간사이 공항에 도착했다. 입국 수속절차는 까다롭

게 진행되고 수화물은 더디게 곡선 루터를 따라 헛헛하게 돌고 있다. 작년에 이어 올해도 가이드 겸 통역과 운전을 책임진 김용대 소장의 살랑한 눈웃음이 정겹다. 지난해와 달리 손팻말로 환영하는 어색함과 긴장감이 없으니 금세 친근해지는 속도를 만끽하는 여유도 생긴다.

우리는 사전에 준비한 '불꽃무늬문양'이 새겨진 가방을 선물했고 김 소장은 우리의 세심한 배려에 연신 감사 마음을 표한다. 이 약소한 선물에 감동하는 것을 보면서 어느 시인의 시구절을 떠올렸다. "모래밖에 본 일이 없는 낙타는 별빛을 받아 슬픔도 아픔도 까맣게 잊으며 사막을 걷는다." 타국살이에 온 신경망을 작동시키는 김 소장은 치열한 현실의 이면에 녹아있는 삶의 달관자인지 모른다.

정오를 조금 넘긴 시간에 첫 번째 답사기행 목적지인 나라현 '가시하라시립박물관'으로 향했다. 사전에 이메일로 박물관 측에다 오후 1시에 들리겠다는 공문을 보냈기에 마음이 바쁘다. 승합차 내비게이션은 오후 1시 20분경 도착 예정이라는 김 소장이 알려주고 우리는 마음이 바쁘다. 아침도 제대로 챙겨 먹지 못한 마당에 점심까지 편의점 도시락을 차내에서 꾸역꾸역 씹으면서 때웠다. 약속을 지킨다는 것은 신용을 팔고 구매하는 행위고 때와 장소에 따라 국격과 인품과 인격을 동반한다는 격언이 긴장을 한껏 끌어올린다.

오늘 첫 답사 행선지인 오사카부 '가시하라시립박물관'은 나라현의 서북부에 있다. 사전에 약속했던 시간을 거의 30분 넘겨 도착했지만 츄유구치 마사히로 박물관장(露口貢広)과 안내 직원이 내색하지 않고 정중한 마음을 담아 환영해 주었다.

우리 일행이 처음 안내받아 간 방에는 온전한 3점의 불꽃무늬 토기와 7점의 토기 파편들이 놓여있었다. 말로만 듣던 아라가야의 심장을 직접 대면했다. 우리는 너나 할 것이 없이 환호하고 감격했고 전율했다. 아라가야의 상징인 '불꽃무늬굽다리접시'를 친견하고 허락을 받아 손으로 직접 어루만진 감촉은 매끄럽게 윤기 나는 떨림을 와락 안겨주었다. 명함을 주고받은 후 선물로 함안에서 직접 구운 차사발과 불꽃무늬문양이 새겨진 가방 10개를 전달하고 함께 기념사진을 찍었다.

문명의 모자이크, 불꽃무늬토기가 일본 열도에 안착하다

　　　　　　　　　　우리 답사 일행은 천천히
나라현의 '가시하라시립박물관'을 관람했다. 츄유구치 마사히로 박
물관장과 스기야마 마유미 주사의 해설과 김용대 소장의 통역에는
막힘이 없었다. 금 번 답사를 기획하고 인솔을 맡은 조정래 선생은
지난 2019년, 함안의 말이산 45호분에서 발굴한 '봉황장식금동관'
과 보물인 '배모양, 집모양, 사슴모양토기' 등을 설명하면서 틈틈이
박물관에 소장된 여러 유물에 대한 질문을 이어갔다. 특히 금 년 하
반기인 9월 26일부터 28일까지 함안에서 '아라제' 행사에 귀 박물
관장과 관계자 초청 건을 문의했는데, 마사히로 박물관장이 '가시하
라 시장'님께 물어보고 참석 여부를 알려주겠다면서 진중하게 양해
를 구하는 모습이 인상적이었다.

　함안의 아라가야에서 건너온 '불꽃무늬토기'는 경나화(京奈和) 자
동차 전용 도로 쇼핑몰 센터 건설현장에서 발굴되었다. 이곳 신당유
적에서 고분시대 전기 및 중기 취락지가 발견되었고 마을 옆을 흐르

는 강에서 다량의 토기와 목제품 등의 유물이 빛을 보게 되었다. 일
본의 야요이 시대(대략 기원전 10세기부터 기원후 3세기)와 고분 시대
(대략 3세기부터 7세기)는 한일 역사상 가장 많은 인적 물적 교류가 신
천지에 대한 열망과 정치 경제적 동인으로 한반도에서 규슈로 이어
지는 해상 루터를 이용했다. 이는 '물밀 듯이 몰려가고 밀려왔다'라
는 표현이 더 어울릴 것이다. 인류학 전공자인 '하니하라 카스로' 등
의 학자들 견해에 따르면 이 시기에 한반도에서 벼농사와 토기와 토
목기술 등의 신기술이 일본 열도로 다양하게 유입되었다는 학설을

전개하고 있다.

'불꽃무늬토기'가 일본 열도에 건너간 시기는 초기 고분 시대로, 이는 일본 역사의 대변혁기가 작동하는 격동기이다. 이때 초기 국가 형성과 중앙집권적 국가로 전환하는 시대를 열었고 대형고분과 일본식 건축문화가 제대로 기틀을 잡아나가던 시기였다. 아라가야에서 수입한 '화염형투창토기'의 강렬한 '불꽃무늬굽다리접시'를 접한 외국의 지배계층이나 백성들은 어쩌면 지금의 스위스제 고급시계보다 더 인기몰이로 열광했을 것이다. 이는 그만큼 당대의 선진 아라가야 토기가 밤하늘의 별처럼 경외의 대상이고 로망이었다는 것을 반증한다는 것을 이곳 향토사학자들도 숨기지 않았다.

인류 문명의 본질은 이동과 교류가 빚어낸 '무역'이라는 역동성에서 꽃을 피운다. 다양한 물물교환이 이루어졌던 시골 장터도 광의의 관점에서 바라보면 이 범주에 속한다. 아라가야 권역인 마산 현동과 말이산 고분군에서 출토된 배 모양 토기는 합포만에서 직항로를 이용하던지, 아니면 법수산 끄트머리가 닿는 남강에서 낙동강 수로길을 따라 현해탄을 넘나드는 여객선이자 무역선이었다. 아라가야 왕도의 중심지인 삼봉산 자락에 산재한 마을과 장명마을과 윤내마을을 거쳐 제암산이 있는 우거리 골짜기로 이어지는 5km 남짓한 동선은 찬란한 문명이 꽃을 피운 아라가야판 도자기 강국의 네트워크였다. 마을 길 담장마다 폐기장 도기가 박혀있고 밭을 갈면 흙살보다 도자기 파편이 더 많이 나왔다는 장삼이사의 말들이 각인된 것은 우연이 아니다.

나는 고래의 일본문화를 접할 때마다 야요이 시대부터 한반도에서 인적 물적 자산들이 넘어오고 받아들이고 섞인 모자이크식 융합 문명이 생성 발전되었다는 것을 직감으로 알 수 있었다. 이는 외래 문명요소가 토착화되면 고유의 정체성과 객관성을 유지한다는 인류사의 보편성 논리와 일치한다. 그러니까 문명교류가 정상적으로 작동될 때는 편파적 담론을 선도하거나 일방적 우월주의는 존재하지 않는다.

석양이 머무는
다카마쓰즈카 고분

가시하라시립박물관 뒤쪽 제
법 높은 구릉에 있는 '신자와치즈카' 고분군으로 올라갔다. 해발
150m의 낮은 구릉에는 5세기 중반부터 6세기 말까지 집중적으로
조성된 600여 기의 고분군이 분포하고 있다. 처음 대면한 고분이
173호분이다. 지름 14m, 높이 3.5m의 이 고분에서 거울과 사슴뿔
로 장식한 쇠칼과 판갑(板鉀, 금속판을 이어 붙여 만든 갑옷)은 말이산
고분군에서 출토된 것과 흡사해 호기심이 발동했다.

특히 눈길을 끄는 열쇠 구멍 모양의 초기 '전방후원분' 고분이 경
사진 곳에 비스듬하게 누워있었다. 거대한 전방후원분 고분만 뇌리
에 박혀있는 나로서는 작고 행색이 남루한 이 고분이 의아했고 신선
했고 충격이 가미된 어떤 비밀의 문이 앞을 가로막았다. 대체로 3세
기 중엽부터 나라 지역에 조성된 전방후원부 고분이라면 신자와치
즈카 고분 연대(5~6세기)가 3세기부터 조성되었다는 것 아닌가. 장대
한 전방후원분 고분 출현은 당시 호족세력의 세 대결의 통치 장치로

건설되었다는 것에 반하지 않는가.(그 후 천황의 위엄을 상징하는 세계 최대 규모의 백설조고분군이 조성되었다) 영산강 유역에서 발견된 6세기 무렵의 전방후원분 고분의 성격을 어떻게 규정할 것인가.

고분은 잠이 들었고 풀들은 고분을 덮었고 잡다한 생각과 상상이 벚꽃처럼 흩날렸다. 고분도 역사도 풀들도 나도 살아있고 살아남았으니까 질긴 생명력이다. 철학에서 실존이 떠받드는 '존엄'에는 고유성만 있을 뿐, 무명의 풀들과 인간이 다르지 않다.

오후 4시를 조금 넘겨 다음 행선지인 '키토라고분' 주차장에 도착했다. 나라현 아스카촌에 있는 키토라 고분은 7세기 말에서 8세기 초에 만들어진 석실분이다. 네 벽면의 상부에는 사신(四神)을, 하단에는 12지신과 천장에는 천문도와 해와 달을 그렸다. 사신 가운데 현무 그림이 가장 선명했고 고구려 '강서대묘'에 그려진 현무도와 닮았다. 뱀 신상은 김유신 장군 묘의 뱀 신상 옷차림 등의 구도와 일치했고 천장 벽화에 그려진 천문도는 아스카의 34도가 아니라 북위 37도의 한반도에서 관측된 천문도임이 확인되었다. 숨 고르기를 하면서 한반도와 아라가야와 삼국시대를 떠올렸다.

1시간 남짓 머물다가 북쪽으로 1km 떨어진 다카마쓰즈카(高松塚) 고분(사신도와 십이지상과 천문도가 키토라고분과 유사하다)에 들렀다. 고맙게도 석양이 우리 곁에 다가와 웃고 눈물 보이며 머물려 주었다. 아니 1,300년 전부터 기다려 주었다. 키토라 고분군으로 되돌아와 잔디광장에 덥석 앉았다. 커피와 아이스크림으로 긴장을 풀고 도반들과 담소를 나누면서 줄기차게 진행된 하루 일정의 강행군을 토닥였다. 나라현 시내로 이동하여 호텔에 짐 풀고 저녁 만찬 후, 숙소로 들어와 눈에서 떨어지지 않을 새벽을 연상하면서 깊은 잠에 빠져들었다.

백제사 삼중탑의 위용

　　　　　　　　　　　　　　나라현 가시하라 호텔의
첫날밤은 아늑하다. 깊은 숙면이 남긴 새벽은 답사기행의 충만을 느
낀다. 한반도의 숨결이 떠도는 고도(古都)라 그런지 낯선 숙소가 일
상의 아침보다 더 편안하다. 오래된 습관인 차가운 물 한잔을 천천
히 마신다. 몸의 최전선인 피부가 잠들어 있던 살결을 곧추세운다.
커튼을 젖히고 창문을 열었다. 한결 상큼해진 바람이 창틈을 넘어오
는 길 따라 맑은 목청의 새소리가 방안에 배달되었다.

　새벽 조깅에 나섰다. 호텔 앞 좌측 모퉁이를 돌아 일직선으로 정비
된 주택가 이면도로로 뛰다가 아스카 다리를 넘었다. 모르는 길인데
도 좌우의 곡선과 앞만 보고 뛰어가는 직진이 가능한 것은 동물처럼
건물이나 간판 등에 영역을 표시해두기 때문에 길을 잃지 않고 숙소
로 되돌아올 수 있다. 바람을 거스르며 디딤발에 가속을 붙인다. 수
량이 풍부한 아스카 강 양쪽에 줄지어 서 있는 벚나무는 하얀 꽃잎
을 달았고 또 어떤 마음 급한 벚나무는 간간이 꽃망울을 터트리려고
안간힘을 쓰고 있다. 며칠 지나면 아스카 강 천변에는 온 세상 벚꽃

이 만개하리라.

뛰는 도중에 새벽 산책 나온 권옥경 도반이 손을 흔들어주었다. 우리는 오밀조밀하게 붙어 있는 주택가를 따라 한담을 나누면서 걸었다. 주택은 담장조차도 마당에 붙은 정원처럼 다듬고 가꾼 흔적을 곳곳에 남겼다. 오래된 집들도 꽃과 나무를 단정하게 꾸며놓아 누추하지 않았다. 집집마다 잔가지를 자른 나무의 형틀이 반듯하고 어느 주택은 현관 안쪽에다 석정(石庭)을 조성해 놓아 유심히 바라보았다. 일본인들은 정제된 관조로 꽃과 나무를 구분하면서 대하고 우리는 인공이 덜 가미된 열린 공간의 개념으로 꽃과 나무들이 마당과 어우러지기를 바란다. 즉, 우리는 사람의 손길이 느껴지지 않는 자연에 더 가까이 다가가기 위한 있는 그대로를 선망한다.

도반들과 아침 식사를 마치고 오늘 첫 번째 목적지인 백제사로 향했다. 나라현 고료정(広陵町)의 구다라(百濟)에 위치한 백제사는 삼국시대 백제인들이 정착한 곳에 세운 사찰이다. 승합차는 호텔에서 북쪽 방면을 이동 후 아스카 강줄기를 따라가다가 다리를 건넜다. 이어서 소가 강을 건넌 후 논 사이의 농로를 따라가다 보니 백제 마을이 시야에 들어왔다. 이윽고 백제사 공원 주차장에 도착했다. 인근에 백제사 버스 주차장과 기차역이 있다. 차에서 내려 '삼중 탑'을 배경으로 단체 사진을 찍었다. 비교적 떨어진 거리에서 바라보니 우뚝 솟은 삼중 탑의 위용이 대단하다. 어떤 만감 같은 것이 밀려오고 한 민족의 고향에 귀향한 친밀감 같은 정서도 느끼고 친숙하다.

'백제사'는 지명이 점지한 원형질이 한반도다. 아스카에 터전을 잡았으니 자기 운명의 대척점이 도래인이다 보니 나의 몸에서 백제 들판의 풀냄새 같은 동질성이 도드라진다. 그러니까 현해탄을 건너온 나로서는 신비롭고 신성하고 자연스럽게 경도되는 감정이입이 '부질없음의 반가움'처럼 진폭의 강도도 잔잔하게 울렁인다. 20m가 넘어 보이는 삼중 탑은 화려하고 웅장하다. 기와지붕 아래 켜켜이 쌓아 올린 목제 구조물을 보자니 탑이 아니라 감탄이 쏟아지는 건물 같았다. 발걸음을 쉬이 떼지 못하고 오래 바라보고 그렇게 바라보고 싶었다.

천둥 번개가
처음 소리를 만드는 곳

백제사 삼중 탑을 돌아 대웅전이 있는 본당 방면으로 걸었다. 쇠락한 본당과 경내의 무병장수를 기원하는 작은 전각과 여러 석조물은 관리가 제대로 되지 않았는지 어수선하고 누추해서 발걸음이 무겁다. 역대 천황이 공들여 지었다는 백제사가 황폐해지자 고승인 홍법 대사가 823년에 부흥을 위해 축조한 범자(梵字) 모양의 연못도 부유하는 나뭇잎들이 느리게 흐르는 물길을 조물거리는지 제자리를 뱅뱅 돌고 있다. 백제인의 영혼이 깃든 삼중 탑을 생각하면 어떤 근원적인 비애감 같은 것이 느껴진다. 우리에게 잊힌 삼중 탑이 역사의 물줄기를 따라 긴 호흡으로 되살아나는 건 '과거'라는 역사를 망각하면 결국에는 '현재'에도 맹목적인 망각의 구렁텅이에 빠진다는 날 선 역사의 법칙이 작동하기 때문이다.

절 근처에 '백제'라는 이름이 들어 있는 간이우체국과 주택가 문패 주소를 보고 이곳이 고래의 아스카에서 번성했던 백제 땅이라는 걸 알아차린다. 서기 663년에 금강 하구에서 벌어진 건곤일척의 백강 전투(백제·왜국의 연합국에 맞서 승리한 신라와 당나라 연합국이 벌인 동아시아 최초의 국제 전쟁)의 패배가 일본인의 마음에 내재 된 정신적 고통과 후유증이 고스란히 남아있는 것 같아 잡다한 생각이 스친다.

백제사 삼중탑에서 왔던 길을 되돌아 나라현 다카이치군(高市郡)의 아스카무라(明日香村)로 이동했다. 승합차를 간이 주차장에 정차한 후 노거수 옆에 설치된 안내판의 기록을 일부 인용해 본다. "1959년, 들판의 논에 용수로 공사를 하다가 유물을 발견하게 되었고 대대적인 발굴조사 끝에 1972년 사적으로 지정되었다. 안내판의 내용 중, 비조판개궁적(飛鳥板蓋宮跡)의 판개궁(板蓋宮)은 나무판자로 궁궐의 지붕을 덮었다는 뜻이다. 일본에서 기와지붕을 가진 건물이 처음 등장한 것은 서기 596년에 완공된 비조사(飛鳥寺)라고 기록하고 있어 이 비조 궁터의 한반도 유래가 궁금하다. 답사를 이끈 조정래 소장은 이 궁궐터가 온조계나 비류계 백제의 궁전이나 거처로 추정된다는 의견을 개진해 깊이 공감하고 새겨들었다.

아스카 시대는 초기 가야인들과 그 후의 백제인들이 신명힌 지국을 남겼다. 이는 백제계가 참여한 호족 연합정치세력인 대화(大和) 정권이 백제로부터 불교가 전래 되고 율령이 어느 정도 틀을 잡아 가던 시기였다. 아스카 들판에 천지개벽 같은 정치적 격동과 문화적 모국이 한반도라는 사실을 그곳의 지명과 사찰과 언어와 왕인박사 같은 학자의 면면에서 투영된다. 천둥 번개가 처음 소리를 만드는 곳이 들판이다. 아스카 들판에 봄이 올라오고 하늘이 뭐라도 내주고 싶은지 조각구름을 걷어내고 있다.

풍우를 견뎌낸 아스카 대불

일본 아스카 시대의 역사는 한 반도에서 건너온 도래인과 일맥상통한다. 그중에서 가야와 백제의 영향은 지대하다. 그들은 국가 기원의 틀을 갖추어가는 천황제 토대를 구축하면서 선진 문명과 문화를 집중적으로 받아들였다. 사람과 물산이 이동하는 곳에는 어김없이 역사발전의 법칙이 작동한다는 문명 교류사를 증명한 셈이다.

일본인은 아스카 시대를 '마음의 고향'이라고 일컫는다. 그렇다면 아스카에 정착한 도래인이 느끼는 '마음의 향수'는 어디일까. 능선 길이 그림 같은 공주 송산리 고분군과 내 고향 함안 말이산 고분군 어디쯤 아닐까.

나는 1994년 봄에 처음 나라현 아스카에 들렸을 때의 생생한 기억을 잊지 못한다. 낮은 산기슭이 감싸 안은 구릉과 낮게 앉은 마을과 들판을 적시는 개천에서 한반도 어디서나 느끼는 친숙한 풍광을 대면했다. 역사에 있어 '숨결'은 동시대의 격랑을 '역사'로 인식하고 겪는 사람들의 이야기가 오롯하게 살아있을 때 느끼는 생명력이다.

아스카에 첫발을 딛는 순간부터 일본 고대사의 폭넓은 시공간에 자리매김한 도래인의 서사가 샘물처럼 솟아나고 어른거린다.

오늘 두 번째 답사지인 아스카 비조 궁터(동서 약 158m, 남북 약 197m의 장방형 구획)를 둘러보고 있는데 우물터에서 기도를 올리는 사람을 기다렸다가 그 연유를 물어보았다. 자신은 인근 사찰의 주지승인 기무라 료카쿠(木村良格)이고 틈이 날 때마다 여기서 '임신란'에 희생된 영혼을 위해 기도를 올린다는 설명을 들었다.

임신란(壬申亂, 672년)은 덴지(天智) 천황(재위 668~671)이 죽은 후 일어난 왕위계승에 따른 내란이다. 반란군의 수장인 오아마황자가 덴무(天武, 재위 673~686) 천황으로 즉위한 사건으로 정치 사회적으로 큰 영향을 끼쳤다. 그 이전의 을사(乙巳, 645년)의 변과 다이카개신(大化改新, 645년)을 거치면서 소가씨 가문이 멸문을 당하고 왕권 강화와 율령국가의 기틀이 마련되었다. 답사 인솔을 이끈 조정래 소장은 임신란은 백제 멸망 후의 연장 선상에서 온조계와 비류계 사이의 정권 다툼의 종말로 이어졌다는 견해를 피력했다. 궁극적으로 710년에 아스카에서 나라(奈良)로 천도하면서 문명의 수혜국이 한반도에서 중국으로 옮겨가는 변곡점이 되었다.

기무라 주지 스님이 우리 일행을 인근에 있는 자신의 사찰로 초대하겠다길래 순순히 따라나섰다. 가는 도중에 다이카개신 시기에 소가 가문이 건립한 산전사(山田, 야마다寺) 절터로 안내를 받았는데 폐사지는 쓸쓸한 것 이상의 영감이 서려 있다. 건너편 산기슭은 아스카 시대 도래인의 집단 거주지다. 수령이 오래된 녹나무 옆에는 대찰을 창건한 동기와 연혁을 기록한 비석이 있고 전각 서쪽 한갓진

곳에는 붉은 동백꽃이 지나가는 길손을 반기는 듯 고개를 내밀고 있다. 산전사 절터를 둘러본 후 기무라 주지 스님이 거처하는 법영사(法榮寺)로 이동하여 커피와 다식을 앞에 놓고 정갈한 한담을 나눈 후 경내에서 단체로 기념사진을 찍었다.

법영사를 빠져나와 아스카사로 향했다. 시간은 어느새 정오를 넘기고 있길래 '점심'을 고민하다가 아스카사를 마저 둘러보고 다음 코스인 석무대 고분 입구에서 해결하기로 의견을 모았다. 석가여래 좌상인 아스카사 대불은 금동 대불로 서기 606년에 금당에 안치되었다가 가마쿠라 막부 시대가 열린 1196년에 벼락이 떨어져 사찰 본당은 불에 타고 대불은 산산조각이 나 버렸다. 오랫동안 풍우에 방치되었고 1825년에 이르러 본당이 완성되었으니 630년 남짓한 풍찬노숙을 견뎌야 했다.

거석이 춤을 추는 석무대

서기 596년에 창건한 아스
카사(飛鳥寺)는 일본에서 가장 오래된 사찰이다. 지금은 사찰이 쇠락
하여 옛 모습 그대로의 웅장한 기품을 잃었다. 벼락으로 파손된 것
을 보수한 대불 하나로 근근이 버티는 형국이지만 역사적 의미는 실
로 중대하다. 스이코 여왕(椎古女王, 재위 593~628)과 국사의 섭정을
맡은 쇼토쿠 태자와 황금 300냥을 보내준 고구려 영양왕의 지원을
받은 소가씨 가문의 사사(私寺)로 발원하였다. 일본 역사에서 가장
존경받는 숭불파인 쇼토쿠 태자(성덕태자)는 도래인의 핏줄인 소가
가문의 소가노 우마코와 연합하여 토착세력인 배불파를 물리치고
아스카 시대의 찬란한 불국토의 번성을 구가한 장본인이다.

입장료를 내고 본당으로 들어가 참배하고 해설사의 설명을 들으
면서 아스카 대불을 바라보았다. 얼굴의 윗부분과 오른손만 원래 모
습이고 나머지는 곳곳에 보수한 흔적이 선명하다. 눈은 볼록한 개구
리 눈처럼 튀어나왔고 콧대는 높은 직각을 이루었는데도 입가엔 잔
잔한 미소를 흘린다. 유난히 긴 얼굴은 도리(止利) 양식의 일반적 현

상인 간다라 양식 이전의 초기 그리스 조각상을 연상시킨다. 조금은 비대칭의 조화 같은 것이 어른거렸고 대불 곁에는 눈을 살며시 감은 채로 오른쪽을 바라보는 쇼토쿠 태자상이 열락에 든 존자(尊者)의 모습으로 안치되어 있다.

도반들과 석무대 입구에서 늦은 점심 요기를 마치고 잘 조성된 산비탈의 넓은 잔디광장에 앉아 담소를 나누면서 꿀맛 같은 휴식을 취한 후 석무대(石舞臺)로 걸었다. 낮은 언덕 위에 두 개의 자연석 큰 바위(하나의 무게가 75톤)가 이마를 맞대고 있는 석무대 고분은 아스카사 남쪽에 있는 '석실봉토분'으로 본래 규모가 아주 큰 봉분에 덮여 있던 흙이 벗겨지면서, 마치 돌이 춤을 추는 형상(石舞)인 무덤 덮개돌만 남았다.

봉분에 묻힌 주인이 궁금해서 함안군청 해설사로 근무하는 이근칠 선생님께 국제전화로 문의해 답변을 얻었다. 그분의 답변인즉 도래인인 소가노 우마코의 묘라는 설이 유력하지만, 지금껏 일본의 공식 입장과 식자층은 인정도 부인도 하지 않는다고 한다. 이는 소가 가문과 혼인으로 이어진 아스카 시대 전황사의 모계와 밀접한 연관이 있어 그렇겠다는 생각을 지울 수 없다. '만세일계'를 신줏단지처럼 여기는 일본은 자신들의 뿌리인 정체성을 숨기기 위해 은폐하고 감춘다. 석무대 석실은 개방되어 있다. 석실 안에서 맞댄 덮개돌 사이로 올려다본 천장은 하늘이 뻥 뚫려 있다. 내일 답사 장소인 이세(伊勢)로 넘어가는 산길은 원시림이 빽빽하게 들어찬 좁고 험난한 고갯길로 이어지고 어둑해지는 하루해는 금세 저물어 가고 있다.

신토의 성지 이세신궁

어둠이 채 걷히지 않는데 자명종 시계처럼 눈이 뜨인다. 숙소인 미에현의 단아한 호텔 객실 창문을 열었다. 깊은 골짜기의 연두 바람이 새들의 목청과 화음을 이루면서 방안으로 불어와 맛있게 받아먹었다. 관솔불처럼 뜨거웠던 어제의 강행군 답사 일정의 노곤도 녹는다. 이국에서의 새벽은 간밤의 들뜬 생각들이 사라진 과묵한 풍경에서 시작된다. 하늘과 산과 나무와 숨은 들판을 바라보는 나도 과묵해진다.

새벽 달리기 나선다. 이세의 어느 단출한 마을을 지나 오르막 산골짜기로 뛰고 있는데 위쪽에서 돌아 내려오는 장성현 선생이 먼저 알아보고 손을 들어준다. 가쁜 숨소리가 심장에 옮겨붙어 터질 것 같은 가슴을 누르고 반갑게 몇 마디 말을 나눈다. 작년 답사 기행 때 룸메이트였던 장 선생은 마라톤 입문이 기쁘다면서 웃음 짓는 땀범벅 얼굴엔 화색이 가득하다.

아침 식사는 1층 로비 바깥 의자에 둘러앉아 정갈한 도시락밥에 '미소된장국'을 데워서 먹었다. 오늘 첫 기행지인 이세신궁으로 가는 도중에 장 선생이 휴대폰을 열어 감미로운 "Wonderful tonight"을 틀어주는 세심한 배려에, 잊고 있었던 청춘의 찬연한 추억들이 차창을 따라 스쳐 지나간다.

이세신궁(伊勢神宮)은 태양신인 천조대어신(天照大御神, 아마테라스 오미카미)을 모시는 내궁과 곡식의 신인 풍수대신(豊壽大神, 토요우케노오미카미)을 모시는 외궁이 있다. 풍수대신은 천조대어신을 위해 음식과 의식을 지원하는 신으로 천황이 신궁을 참배할 때는 외궁부터 먼저 들른 후 정궁인 내궁에서 참배한다고 한다. 일반 참배객들도 대체로 그 순서를 따르는데 우리 답사 기행팀은 일본 국가기원의 상징과 고대 천황가의 조상신을 모시는 정치적 동인을 새기는 의미에서 내궁부터 먼저 들렀다.

나는 오래전부터 이세신궁 답사 기행을 구상했지만, 태평양 연안에 자리 잡은 지리적 여건과 교통의 험로 때문에 차일피일 미루어 왔다. 이세신궁에 관한 몇 가지 궁금증을 옮겨본다. 첫 번째로 왜국의 성립 시기부터 존재했던 천조대어신이 도래인과 밀접한 연관이 있는 야마토 조정의 아스카에서 이세신궁으로 옮겨진 행로와 아스카·나라·교토·오사카·도쿄에 황조신을 모시지 못한 연유. 두 번째로 일본 천황은 매년 정월 초에 이세신궁에서 제사를 지내는데 축문의 내용 중 경상도 사투리인 <'아지메 오게'>를 읽는 구절이 내포하고 있는 가야와의 연관성. 세 번째로 일본이 조선 병탄의 수단으로 서울 남산에 세운 조선 신궁이 천황가의 조상신과 메이지 천황을 제신으로 모두 모신 사유가 고래로 이어진 한반도와 관련된 모든 역사 흔적을 지우겠다는 내선일체와 동조동근과의 어떤 의미가 있는지

곱씹어 본다.

이세 내궁으로 들어가는 우지교 앞에 놓인 목재 도리이(鳥居) 앞에서 단체로 기념촬영을 한 후 우지교를 걸었다. 일본인은 '도리이'를 세속의 불경한 곳과 신성한 곳으로 구분하고 이스즈강에 놓인 '우지교'는 신령이 노니는 내세와 인간 세계로 나누는 불가영역의 경계로 받아들인다고 한다. 우지교에서 바라본 이스즈강은 울창한 숲을 휘감아 나오는 물길이 우렁차고 환상적이다.

참배객과 공물이 몰리는
이세신궁

우지교를 건넜다. 이세신궁은 평일인데도 경향 각지에서 몰려온 참배객들의 행렬이 끊임없이 이어진다. 내궁의 들머리에 놓인 도리이에 묵례를 하고 오른쪽으로 돌아 걸어갔다. 잘 다듬어진 신원(神苑) 동산의 소나무들이 아침 햇살에 반짝이는 금빛을 풀어놓는다. 신령이 깃든 신궁의 무거운 분위기를 아는지 해그림자를 만든 솔가지들도 엄숙하다. 나도 숙연한 분위기에 흘려 잠시 답사객이 아니라 참배객으로 변신한다. 동산 끝에 있는 수수사(手水舍)에서 손을 씻었다. 참배객은 마음을 정화하고 답사객인 나는 이세신궁이 함축하고 있는 본질이 무엇일까를 생각하니 정신이 번쩍 들었다.

수수사 안길로 나 있는 길로 걸어가니 맑은 물소리가 들린다. 우지교를 건너면서 잠시 잊고 있었던 이스즈강이다. 수수사가 들어서기 전에는 이곳에서 정궁을 참배하기 위해 심신을 정화하는 어수세장(御手洗場)이 있었다. 정궁 방향의 숲길에는 천년도 더 된 아름드리

편백 나무가 간간이 눈에 들어온다. 이세신궁은 거의 이천 년 동안 산림을 가꾸어 왔으니 나무만 봐도 배가 부르겠다는 생각이 들 정도로 울창하다.

정궁으로 향하는 창창한 숲길은 시시한 풍경이 없는 역사길이고 원시림 길이다. 정궁에 오르는 계단을 지나 대문에 들어서자 두 개의 건물이 얼굴을 내민다. 단순해 보이는 건물이 대단한 건물로 착시현상을 일으키도록 설계된 것처럼 묘한 분위기로 다가온다. 20년마다 수명이 다한 건물을 해체하고 다시 짓는 식년천궁(式年遷宮)이 고대부터 이어져 온 건물의 역사를 대변하고 있다. 2013년 10월에 62번째 천궁이 있었고 이를 위해 200년, 300년 뒤에 사용할 나무를 심어둔다고 한다. 일본의 모든 신사를 아우르는 이세신궁은 신사본청 역할을 하는 특별한 성소로 취급받는다.

원래 이세신궁은 신분이 높은 무사와 귀족과 다이묘들이 참배하는 장소다. 센카쿠 시대(戰國時代)가 열리는 15세기 후반부터 일본 전역에 상업과 교통망이 급속도로 팽창한 여파로 도샤(道者)라 불리는 참배자가 순례자 행세를 하면서 모여늘었다. 삼도(三道)라 불리는 교토와 오사카와 도쿄에서 이세신궁으로 향하는 가도는 참배객들로 문전성시를 이루었다고 한다. 서민에게는 세상 밖의 견문을 넓히는 공간이 되었고 상인에게는 전국 각지의 영지에서 보내오는 공물을 다루면서 번창하였다. 그 후 에도막부 시대로 진출한 이세 상인은 오사카 상인과 오미 상인과 더불어 상업자본의 초석을 깔았고 일본 근대화의 주춧돌이 되었다.

정궁 앞 계단을 지나 천조대신의 황어혼(荒御魂, 아라미타마. 아라가야의 영혼인 '아라사등'일 개연성이 높다는 조정래 소장의 의견을 경청함)을 모시는 별궁인 황제궁(荒祭宮)을 거쳐 신에게 음악과 춤을 올리는 신락전(神樂殿)과 천황의 영지에서 수확한 봉납용 쌀을 저장하는 창고인 어도어창(御稻御倉)을 둘러본 후 울창한 숲에 둘러싸인 연못을 거쳐 처음 들어선 우지교를 걸어 내궁을 빠져나왔다. 뒤돌아본 이세신궁의 '아라가야'는 미미할지라도 역사의 흐름에서는 무너질 수 없는 울타리로 다가온다.

이세신궁의 몬젠마치

2016년에 서방의 주요선진국 7개국이 이세에서 정상회담을 개최했다. 일본은 신궁에 둘러싸인 도시의 풍경이 고즈넉하여 각국의 정상들에게 깊은 인상을 남기고 싶은 전략이 숨어 있었을 것이다. 이세는 도시의 4분의 1 이상이 거대한 신궁에 소속한 내궁과 외궁을 중심으로 125개의 신사가 있고 거기에 신성한 숲을 합친 면적만 해도 5,500만 제곱미터에 이른다. 메이지 시대인 1893년에는 교통과 운송을 획기적으로 번창시킨 철도가 개통되었다.

우지교에서 오른쪽으로 이어진 몬젠마치(중세 이후 신사나 사찰을 따라 번성한 상점 거리)에는 몰려든 관광객으로 북적였다. 다음 목적지인 외궁으로 향하는 길이라 눈요기도 하고 기웃거리기도 하면서 인파에 휩쓸려갔다. 이세 참배를 성지 순례 돌풍으로 만든 장본인이 에도막부 시대에 활동한 영업인 오시(御師)였다. 이세신궁에 소속된 '오시'는 참배자의 시중을 들면서 숙박업소를 경영하고 상점 물건과 부적 등을 판매하면서 성장했다. 번성기에는 오시가 영업하는 외궁인 야마다 몬젠마치와 내궁인 우지 몬젠마치를 합친 1,000여 곳이 성업했다고 한다.

이세 외궁에 도착했다. 처음 답사기행 동선을 그리고 일정표를 꿰맞추고 일자를 조율할 때는 막막했지만 현지에서 직접 부딪히다 보니 '현장이 답이다'라는 것을 실감한다. 외궁 입구에 있는 안내판에는 '외궁'이 웅략천황 22년인 478년에 세워졌다고 표기되어 있다. 조정래 소장은 일본서기 어디에도 이와 관련된 문구가 보이지 않는다면서 고개를 갸우뚱했다. 신성한 울타리 안에 있는 어찬전(御饌殿)에서는 매일 아침과 저녁에 풍수대어신이 내궁(本宮)의 천조어대신에게 음식을 올리는 제사를 한 번도 끊이지 않고 명맥을 이어오고 있다고 표기해 놓았다.

외궁은 내궁보다 규모는 작지만 도리이 상판에 가로로 얹힌 일자형 들보와 마음을 정화하기 위해 손을 씻는 수수사(手水舍)와 20년마다 정궁을 옮겨 짓는 시키넨 센구(式年遷宮) 전통은 그대로다. 좌측으로 난 길(내궁은 우측보행. 왜 그런지는 설명이 없다)을 따라 정궁에 도착했다. 정궁은 내궁처럼 계단을 올라가는 게 아니라 지면보다 조금 높은 곳에 있어서 접근이 쉬웠지만 그만큼 엄숙함은 덜하다.

정궁으로 가는 도중의 숲에는 방사한 흰 닭들이 몰려다니고 있다. 일본의 전래 신화에는 새벽 닭울음이 신을 깨우는 의식행위와 인간에게 신의 계시를 전달하는 역할을 한다. 아침 해와 더불어 일본 국가기원의 설화가 깃든 영물이라고 생각하는지 흰 닭보고 절을 올리는 참배객이 드문드문 눈에 띈다.

정궁을 둘러보고 별궁으로 이동하다가 만난 어느 편백 나무는 상상을 초월할 정도의 아름드리로 우뚝 서 있다. 마치 천년을 넘긴 세월의 유장함을 견딘 얼굴과 우람한 둥치인데도 가벼운 목질이 흐르는 여유와 천년만년 서 있는 그대로 열반에 들것 같은 목(木) 성자의 풍채에 경이로움을 느낀다. 인간의 수명도 백 년을 넘기면 그렇게 될까를 되네면서 걷는 내 얼굴은 수심을 걷어내고 체념을 받아들이는 무심의 경지에 닿을 수 있을까. 풍찬노숙을 견딘 그때쯤에도 길을 걸으면서 심장의 박동 소리 들을 수 있을까. 그러면서 답사기행에서의 '망상'은 조금의 긴장을 풀어주기도 한다. 생각에 잠긴 상태로 널뛰기를 오래 하다 보면 너무 멀리 가버리는 현실감각에 놀란다. 그래도 구름 위로 걸을 때가 있어야 그나마 고단한 현실을 다독일 수 있다. 인간은 지혜로 무장했다고 하지만 그리 강하지 않는 존재다.

황학관대학에서
황국사관을 만나다

　　　　　　　　　　풍수대신을 모신 정궁을 둘러
보고 남쪽으로 이어진 별궁으로 향했다. 별궁은 곡식 신을 모시고
내궁의 천조대어신에 제사를 지내기 위한 지원을 책임진 전초기지
를 수행하는 곳이다. 즉, 바람의 신을 모신 풍궁(風宮)과 땅의 신을 모
신 토궁(土宮)을 거쳐 98개의 오르막 돌계단에 오른 후 대면한 다하
궁(多賀宮)은 풍년과 백성의 안위를 챙기는 수호신 역할을 맡는다.

　외궁을 나와서 메밀국수로 늦은 점심을 먹은 후, 입장료 500엔을
내고 이세신궁이 관장하는 '신궁미술관'에 들렀다. 추상화를 보는
안목이 빈약해 흥감이 나지 않아 주로 서예 작품을 주로 감상하였
다. 그중에서 일본 정형시의 일종인 '하이쿠' 한편에 눈길이 머물렀
다. 케네코 오우테이(金子鷗亭, 1906~2001)가 금가루를 입힌 붓글씨
로 쓴 작품인 "돌산의 돌보다 더 하얗구나, 가을 바람이여"라는 감성
을 끌어올린 시구가 잠시나마 길손의 더운 마음을 가라앉힌다.

　신궁미술관을 나와 황학관대학(皇學館大學) 내에 있는 신궁박물관

으로 이동했다. 이 두 곳은 일본 우익의 이론적 근거를 제공한 황국사관과 에도막부를 제압한 메이지유신이 발주한 대동아공영권의 유산이 고스란히 남아있다. 1990년대에 전후 동경재판소에서 사형선고를 받은 A급 전범인 도조 히데키 수상 등을 복권 시키려는 움직임이 일었다. 이는 군사 재무장을 위해 평화헌법을 폐기하려는데 목적이 있다.

황학관대학은 1882년 건립한 '신궁황학관'을 기원으로 한다. 처음 설립 목적은 신사본청의 신직(神職, 신토 교직자)을 양성하기 위한 교육기관이었다. 태평양전쟁 개전 초기인 1942년에 신직에 더해 국사와 고전 항목을 추가하였다. 이는 황국사관이 추구하는 진충보국(盡忠報國)과 승조필근(承詔必謹)의 정신적 지주대가 되었다. 아베 신조 정권하의 2015년에는 전후 70년에 즈음한 태평양전쟁 전몰자 위령제를 거행하였다.

신궁박물관 전시실은 2층에 있다. 1층 안내실 앞에는 이세신궁에 모인 엄청난 참배객들이 신에게 올리는 제사를 지내는 광경을 담은 '미니어처'가 눈길을 사로잡는다. 이는 이세신궁이 국가 신토의 중심지라는 것을 은연중에 설명하는 것 같다. 2층 전시실에는 교토나 도쿄에서 출발한 천황이 외궁을 거쳐 내궁으로 이어지는 순행기 행렬도와 제례에 사용할 제기들을 전시해놓았다. 신궁박물관 관람을 마치고 나오니 어느새 하루 일정이 마무리되고 검붉은 해가 저물어 간다. 숙소인 와카야마시 외곽에 있는 카츠우라 우라시마 동굴온천으로 두 시간 남짓 이동해 저녁 만찬과 파도 소리에 기대 온천욕을 즐긴 후 숙소에서 고단한 몸을 뉘었다.

구마노 신앙의 중심지
나치 폭포

답사기행 마지막 날이다. 간밤에 바다를 품은 동굴 온천욕을 즐긴 여유 덕분인지 깊은 숙면을 할 수 있었다. 종일 일을 한다는 심장과 생각을 담았던 뇌도 충분히 쉬었는지 강행군으로 지친 몸 기운이 서서히 올라온다. 창문을 열었다. 고기잡이배들이 갈매기의 호위를 받으며 작은 포구의 방파제를 돌아 들어오고 있다. 어둠을 건너오면서 검푸른 파도를 겨워 낸 만선이 새벽 바닷길을 가른다. 바다는 여전히 물거품이 밀고 당긴 꼭짓점에서 포말을 만들면서 넘실거리는 파도를 잠재우고 있다.

새벽 조깅은 암반을 뚫어 연결한 동굴로 달렸다. 얼핏 보고 느끼는 것은 천장과 벽면 사이마다 고립되는 낮은 조도와 흐릿한 빛 그림자다. 설핏한 동굴을 빠져나오니 다시 바다의 풍경을 그려내는 어느 면 소재지 같은 아담한 시골길이다. 가까운 곳에서 닭울음 소리가 들리고 길 따라 산책하는 입 다문 사람들이 눈인사를 건넬 때마다 더러는 손을 흔들어주고 더러는 미소를 흘린다. 조금은 쌀쌀하게 닿는 공기 질이 땀에 절이면서 얼굴에 뽀송뽀송한 지문을 남긴다.

우리가 묵은 와카야마현 우라시마(浦島)호텔은 밤바다 야경이 아름다운 곳이다. 도반들과 뷔페에서 아침 만찬을 즐기면서 답사 과정을 복기하고 한담을 나누면서 쫀득한 말 탑을 쌓아갔다. 슬리퍼에 헐렁한 옷을 걸치기만 하면 말의 성찬을 채워주는 식도락이 풍성해지는 것도 답사기행이 선물한 축복이다.

호텔 인근 서쪽이 기이승포항(紀伊勝浦港)이다. 어느 시기의 전쟁에서 승전했다는 사실을 모르니 그저 고개만 갸우뚱한다. 짐작하건대 기이반도 남동부인 구마노(熊野) 지역을 거점으로 활약했던 지방 영지의 수군이나 해적이 시코쿠 섬 주변이나 세토내해와 나고야와 교토로 이어지는 북쪽 개척을 담보하는 제해권 확보를 위한 전진 기지로 이곳을 선택했는지 모른다. 아니면 2차에 걸친 몽골의 일본 원정군에서 이탈한 잔류병사의 북상 루터였거나 헤이안 시대 말기의 내란에 편승한 전쟁과 연관이 있겠다는 생각이 든다.

오늘 첫 기행지인 나치 폭포로 가기 위해 승합차에 탑승했는데, 홍희수 도반이 수산시장에 들러보는 것을 제안해 인근의 '승포어항수산시장'으로 이동했다. 수산시장의 안내 간판에는 '승포 항구에서 출항한 배낚시로 잡은 것 중에서 제일 큰 참치 길이는 2.74m, 무게는 450kg'로 표기해 놓았다. 승합차로 돌아가던 중 우연히 어마어마한 참치 경매장을 발견했다. 족히 수천 마리가 넘을 참치가 입을 벌린 채 크기별로 진열해 놓았고 경매를 본 상인은 참치를 차에 싣고 있었다.

와카야마 중 남단에 있는 구마노 산잔(熊野三山)은 유네스코 세계

유산으로 지정된 순례길이다. 일본의 신사나 사찰 개념은 대체로 순례와 참배를 동일시한다. 즉 '나는 어디서 왔고, 누구인가'의 불교의 내면세계와 '신령한 신을 받드는' 신사의 참배와 상통한다. 이는 도래인에 의해 전수된 선진 문물인 아이덴티티가 일본인의 의식 세계에 깊이 각인되고 남아 있다는 것을 의미한다. 기이반도의 서쪽 해안을 따라 걸어가는 기노쿠니(紀路)와 동쪽 해안 길인 이세(伊勢路와 중앙부를 통과하는 고야산(高野山) 길은 헤이안 시대부터 무로마치 막부까지 성행했다고 해서 '구마노 행렬'로 회자 되었다. 곧 도착할 '기이산지참배길'에서 만나게 될 웅장한 나치 폭포는 '구마노 산잔'의 영성이 품고 있는 구마노 신앙의 모태로 추앙받는다.

다시 인연을 지핀
불꽃무늬토기

　　　　　　　　'요시노구마국립공원'에
속한 히로 신사는 나치 폭포를 신체(神體)로 경배하는 거소 역할을
한다. 헤이안 시대부터 이어진 천황의 행차는 역사의 신앙이 되고
고승의 폭포수 참선은 수도의 신앙이 되었을 것이다. 폭포의 높이는
133m, 폭은 13m, 용소의 깊이는 10m로 평상시에 초당 1톤 정도
의 물길로 떨어진다. 아름드리 삼나무에 둘러싸인 이끼 낀 돌계단을
걸어 내려가 가장 가까이서 나치 폭포를 대면했다. 장엄한 물비늘들
이 엄청난 굉음을 내면서 휘몰아친다. 마치 사바세계가 '여기 있다
는!' 나치 폭포에 투영되는 중생의 표정은 각양각색이지만 노기나
슬픔의 얼굴은 보이지 않는다.

　나치 폭포를 빠져나오니 아침 해가 중천을 향해 기웃거린다. 몇 시
간이나 소요될 간사이 공항까지는 지레짐작이 떠오르지 않는다. 와
카야마로 이어지는 해변 길은 가슴이 탁 트이는 태평양과 맞댄 환상
길로 반긴다. 반쯤 감긴 눈으로 차창에 스치는 기암괴석과 모래톱과

윤기 나는 뭉게구름과 인해전술 같은 성난 파도를 감상하면서 생각에 잠긴다. 가는 길에 온천으로 유명한 시라하마에 내려 아쉬운 석별의 증표로 해변의 백사장에서 기념촬영을 하고 반주를 곁들인 점심 만찬으로 회포를 즐겼다. 승합차에 오른 후 답사기행에서 일어났던 잡다한 에피소드를 넉넉한 말꼬리로 물다 보니 어느새 간사이 공항에 도착했다. 며칠간 우리 일행을 위해 운전하고 통역하면서 동고동락했던 김용대 소장과 석별의 정을 나눈 후 공항청사 내로 들어갔다.

조밀한 일정을 진행할 수밖에 없는 답사기행은 패배한 바둑을 복기하는 것처럼 아쉬움을 남긴다. 그렇지만 사석의 바둑알도 패배원인을 분석하다 보면 죽은 돌이 살아 꿈틀거린다. 이세 신궁이 관장하는 일본 최초의 산업박물관인 '농업관'과 처음 도요토미 가문이 축성한 '와카야마성'을 전리품으로 획득한 도쿠가와 막부의 거성을 들리지 못한 아쉬움이 남는다. 곡식을 상징하는 '농업관'은 한반도 도래인이 전수한 벼농사와 밀접한 연관이 있는 것이 명약관화한데도 시간이 주어지지 않아 들리지 못했다.

공항에는 간사이 지역으로 수학여행 온 인근 거제시의 k고등학생들이 긴 대열로 입국 수속 절차를 밟고 있었다. 오사카성 천수각을 오르고 교토의 광륭사가 소장하고 있는 '목조미륵보살반가상'을 친견했을 것이다. 안목을 키우는 역사는 '질문'에서 시작된다는 단순 명제를 얼마나 느꼈는지 궁금증이 생긴다. 이번 답사기행의 여운이 채 가시기도 전에 낭보를 접했다. 조근제 함안군수님과 관계자 일행이 함안박물관과 카시하라시박물관 간의 친선 도모를 위해 카시하라시를 방문해 가메다 타다히코 시장님과 간담회를 개최했다. 양 단체장은 아라가야의 대표 토기인 '불꽃무늬토기'가 맺어준 인연이 학술교류와 지속적인 방문으로 이어지기를 희망한다고 했다.

Part 7

꽃의 존재론

울란바토르를 꿈꾸는 아이

몽골초원에는 온 사방이 가축이고 푸른 하늘이고 만지면 금세 흩어질 것 같은 뭉텅뭉텅한 구름이 있다. 오늘 내가 숙박할 게르 옆의 조악한 자재로 얼기설기 잇댄 헐렁한 축사가 이채롭다. 겨울 극한을 보내는 가축의 둥지이거나 순산한 새끼의 거

처 같기도 하다. 그 앞 폐타이어에 앉아 있는 초등학교 나이 정도의 아이를 지긋이 바라보았다. 건강한 구릿빛이다. 그의 상반신 몸에서 흙냄새가 나고 종아리에는 웃자란 먹기름띠가 겹친다. 검고 희고가 아니라서 내 유년의 자화상이 따라온다.

나는 그에게 다가가 눈으로 인사하고 그는 엷은 웃음을 짓는다. 마음 안팎이 허물이 없는 순박한 아이 같았다. 말과 몸짓을 더듬어가면서 교감을 예열시킨 후, 내가 먼저 그의 손을 잡았다. 그의 손아귀가 묵직했다. 장난기를 넣어 그의 허리채를 잡고 뱅뱅 돌려보았다. 단단한 바위 같았다. 저녁 먹고 지금 서 있는 이 자세로 씨름하자면서 그의 눈빛을 보았다. 그는 '엄지 척'을 하면서 호응했다. 늦은 저녁을 먹고 그 자리에 갔는데 아이는 나오지 않았다. 그 아이는 내 말을 잘 못 알아들었는지 모른다. 갑자기 아이가 외로워 보였다. 어쩌면 시골뜨기 어린 내가 도회지를 동경했듯이 그는 울란바토르를 꿈꾸고 있었는지 모른다. 고개를 숙이고 골몰하는 것은 고민하고 있다는 것. 그가 내 허리춤을 잡았을 때 '자본'의 냄새가 확 풍겼을 거라는 생각이 들었다. 홀로 남겨진 그의 고독이 데워지는 초원의 밤 별은 이슥토록 거친 숨을 고를 것이다.

시원

　　　　몽골만 생각하면 잠재된 시원(始原)이 떠오릅니다. '시원'은 그야말로 단순합니다. 가는 길이 하나이기 때문입니다. 나는 누구인가, 어디서 왔나가 전부입니다. 흙에서 발아한 씨앗이 꽃피고 열매 맺고 다시 흙으로 돌아가는 이치입니다. 북방 민족인 몽골족은 선사시대부터 유라시아 동쪽 끝자락인 한반도에 발

을 디디고 베링해를 건넜습니다. 잉카인은 조상이 몽골족이라는 유전형질을 남겼습니다. 몽골 관련 책장을 넘길 때마다 근원적인 통증이 느껴졌습니다. 싱싱한 생명력이 충만한 몽골초원이 떠오르고 사막의 아득한 외진 곳에 홀로 남겨진 나를 만나는 꿈을 꾸었습니다. 어느 순간 '그, 나가' 나의 시원이라는 걸 직감했습니다. 심장을 조이는 통증은 다시 초원으로 돌아오겠다는 갈증을 의미합니다. 나는 원류를 향해 폭포수를 튀어오르는 물고기처럼 일격의 숨을 몰아쉬면서 초원으로 달려왔습니다. 울란바토르에서 남고비 사막의 들머리에 있는 '차강소브라가'로 가는 길은 험난했습니다. 수백Km나 떨어진 초원길을 버스로 8시간 남짓이나 이동했습니다. 눈 호강이 넘치는 초원의 풍경은 압권이었습니다. 지평선 끝에 닿으면 다시 지평선이 열렸습니다. 차강소브라가는 '흰 불탑'이라는 뜻입니다. 그랜드캐니언을 닮은 장엄한 사막의 협곡에 탄성을 질렀습니다. 모든 사막과 초원을 집어삼키는 석양이 뉘엿거릴 때는 인간의 상상을 넘어선 적막이 숨을 죽였습니다. '흰 불탑'이 사막 위의 불탑이 아니라 '순백'이라는 가장 고결한 위엄을 상징한다는 것을 알아차렸습니다. 숙소인 인근의 게르로 가는 길에 글자를 새긴 석비를 만났습니다. 현재의 위치나 경계를 짓는 길잡이 역할을 하는 것 같았습니다. 비석의 글자를 보면서 원의 간섭기에 있을 때의 역관은 물 만난 고기였을 거라는 생각이 스칩니다. 게르에 짐 밀어 넣고 저녁 만찬 후 밤길을 걸었습니다. 별들이 시간을 두면서 눈을 뜨고 있었고 잠자리까지 따라왔습니다. 나는 별이 비추고 유영하는 꿈자리에서 밤새도록 '노마드'로 떠돌아다니는 별똥별이 되었습니다.

꽃의 존재론

여름 몽골에서 숨이 끊어질 듯 연명하고 있는 꽃을 만났다. 영하 60도를 넘기는 극한의 겨울을 이겨내고 하얀 꽃을 피운 모래 흙은 거칠었다. 신이 존재한다면 어떻게 악전고투한 여린 꽃이 걸어온 수난을 몰라라 했을까. 이 꽃은 몽골 여름 초원의 꽃처럼 적기에 내린 비를 받아먹고 앞다투어 피어올린 꽃이 아니다. 꽃 옆에는 듬성듬성한 풀이 보이는 게 전부다. 인근의 고비사막에서 날아온 모래가 맨흙을 덮어 가는 찰나에 꽃문을 열었을 것이다. 위험을 감지하니 본능이 따라오고 '희망'이란 단어가 불쑥 떠오른다. 그래, 그래 여기서 여름 두세번 넘기고 깃털 같은 꽃씨로 남쪽 나라 어느 한갓진 곳으로 비행하기를, 염원을 담는다.

꽃을 보면서 가늠할 수 없는 '존재'의 신비를 생각했다. 우기가 오래가는 열대지방은 연중 꽃을 피울 수 있어 색깔이 화려하고 존재가 가볍다. 여름 잠깐 피는 몽골초원의 꽃은 그럴 수 없다. 겨울에는 설한풍을 견뎌야 하고 비를 기다리는 여름에는 목이 말라야 한다. 그

러니 생존 투쟁의 산물인 존재가 무겁다. 꽃을 피우는 존재의 무거움이란 삶의 무게를 줄인다는 것. 겨울에는 죽은 듯이 살고 여름에는 납작 엎드려야 한다. 모래 흙에서 꽃을 피운다는 것은 위대한 서사고 기념비적인 사건이다. 이곳에서 태어난 하얀 꽃의 운명은 땅속에서 뿌리로 견디고 꽃으로 존재를 알린다. 꽃의 '존재론'은 삶과 죽음을 초월한다. 인고로 견디고 씨앗 한 톨을 남기고 자연으로 돌아간다. '죽어서 이름을 남길 것이 아니라 꽃 피는 동안 완전체로 남는 것.' 달밤에 쪼그려 앉아 수련수련 나누는 하얀 꽃들의 순결한 존재 말이다.

어둠이 봉분을 비추고 있습니다

　　　　　　　가을이 깊어갑니다. 바람이 서늘해지는 어
둠은 그가 남긴 어둠 속에서 사람들을 불러들입니다. 지금 함안의
말이산 고분군에는 유네스코 세계문화유산 등재를 기념하기 위해
"아라가야 불멸의 빛" 행사가 대대적으로 열리고 있습니다. 그 동안

아라가야 지배자가 남긴 봉분은 망국의 슬픈 역사를 새기면서 말이산 능선에 잠들어 있었습니다. 오랫동안 아라가야의 후손들이 봉분을 걸었고 아이들은 봉분 꼭대기에 올라 뭇 별들과 조우했습니다. 나도 저녁을 일찍 먹고 어둠이 내리는 초저녁 길을 따라 봉분 곁으로 다가갔습니다. 어둠의 지배자인 달이 환하게 봉분을 비춥니다. 문명이 건져 올린 레이저 불빛은 봉분의 여백에다 진귀한 불꽃놀이로 어둠을 밝히고 있습니다. 마치 생이란 무엇인가. 그것은 아름다운 흔적 아닌가요, 이렇게 수련을 떠는 것 같습니다. 어둠이 깊어가니 어느새 사람들이 '오리모양 토기'와 '봉황장식 금동관'과 '사슴모양 뿔잔' 토기가 나온 북쪽의 45호분 봉분 앞에서 레이저가 비추는 건너편 남쪽 봉분을 지켜보고 있습니다. 말이산 능선에서 가장 높은 곳에 있는 13호분에서는 사수자리, 전갈자리 등 초여름 밤하늘의 별자리를 표현한 무덤 덮개 돌이 발견됐습니다. 당대의 아라가야 사람들은 하늘의 별자리에서 상상을 키웠고 오늘의 사람들은 그 별자리를 찾아 나선 아라가야 사람들을 상상합니다. 나는 그분들이 더운 밥 먹고 뜨겁게 살지 못했다고 생각합니다. 신비로운 것은 천둥 번개를 몰아치는 것처럼 불안을 동반하니까요. 자연 앞에서 강하지 못한 그들은 나무나 돌멩이에도 신이 있다고 신성하게 여겼던 것입니다.

시월의 고분 길을 걷다

　　　　　　　시월의 고분 길을 걸었습니다. 울컥할 것
같은 흐린 날이라 우울의 그림자가 따사로운 햇살을 지우고 있습니
다. 천천히 고분 곁으로 다가갔습니다. 신기하게도 까마득한 기억이
선명해지면서 비화가야의 송현동 고분에 잠든 가야 사람을 깨웁니

다. 우리는 오랫동안 만난 사람처럼 고분 길이 낯설지 않았습니다. 그저 산 자는 풀잎을 밟고 망자는 풀잎 아래 잠이 들었습니다. 초 가을에 고개 숙인 마른 풀잎은 가을 봉분을 덮었고 오랫동안 고분에 누운 사람은 현생으로 돌아가는 시간 기차표 예매를 서두르고 있습니다. 그러나 그들은 왕복 기차에 탑승하지 못합니다. 어둠은 동이 터오는 새벽을 건너 갈 수 없기 때문입니다. 봉분이 밀어 올린 그 자리에 곤충과 곤충이, 풀잎과 이슬이, 달빛과 별빛이 서로를 껴안고 있습니다. 접신론을 알지 못하는 망자는 신과 영혼이 타올랐던 불멸의 사랑을 목을 놓아 부를 수도 없습니다. 오늘 걸었던 봉분 길은 모든 슬픔이 모인 길입니다. 일제강점기의 야만이 현해탄을 건너와, 여기 송현리 고분과 교동 고분의 봉분을 도굴 했습니다. 아니 어둠의 두더지처럼 둥근 봉분을 파 먹었습니다. 오늘 나는 그 봉분의 아래 자락 길에서 서성이고 있습니다. 보름달이 차오르고 그믐달이 비워낸 어둠의 봉분을 생각하다 보니 한기가 몰려오고 있습니다.

말이산 고분군

　　　　　　　　말이산 고분길을 걷다 보면 막대기를 든 해
변의 아이들처럼 상상으로 그림을 그립니다. 집을 짓고 도기를 굽고
별자리를 새긴 아라가야 사람들과 조우하는 블랙홀에 빠져듭니다.
그러다 정신이 번쩍 들면 홀로 남겨집니다. 겨울이라 손은 호주머니

깊숙한 곳에서 꼼지락 댑니다. 나무 사이로 보이는 봉분이 봉긋합니다. 풀이 자라고 덮고 풀벌레가 뛰놀고 봉분에 머리를 박은 두더지도 겨울 한 철은 식탐에 눈이 멀지 않을 것입니다. 내려 놓는다는 것은 봄이 오면 온 세상의 중심에 서겠다는 혁명가처럼 용감하게 살겠다는 자기 암시인지 모릅니다. 생이란 숨이 멈추면 봄도 멈춥니다. 사후 세계에도 봄이 있다면 선홍색 진달래처럼 붉은 꽃을 피우는지 모릅니다. 그렇게 생각하면 그 생각만큼 꽃망울을 터트린다고 믿고 싶습니다. 생이란 살아있을 때 만큼은 숲을 파고든 햇빛처럼 찬연합니다. 무덤의 망자는 궁성도 사라지고 사직도 사라진, 그저 잊힌 존재로 남았습니다. 숙명 앞에서 영원한 삶을 찬양하지 못하는 그 숙명을 받아들입니다. 그래서 겨울 고분 길은 무작정 걷지 못하고 조심조심 걷는 길입니다. 망자를 불러낸 무언의 대화는 혼잣말을 담는 비망록입니다. 고분군 초입에 있는 카페에서 차 마시고 박물관 쪽으로 걸어오다 보니 어느 듯 중천의 해가 서쪽으로 넘어가고 있습니다. 살아 생전 망자의 고뇌는 얼마나 깊고 사랑은 얼마나 뜨거웠을까. 이 생각이 불현듯 스칩니다. 주 능선에서 갈라진 줄기 봉분들이 고분 전시관이 있는 아래로 내려가면서 흔들립니다. 눈이 맵지 못한 초로의 남자가 걸어오고 있다고 1600년 전의 망자가 봉분 밖으로 걸어 나오고 있습니다.

진리의 길

사마르칸트의 비바하눔 사원 옆에 있는 '사
흐진다' 공동묘지 외곽 길을 걸었다. '사흐진다'는 귀족들의 공동묘
지고 그 주변에 평민들이 묻혀 있는 일반 공동 묘지가 조성되어 있
다. 묘지에는 당대의 신분과 상관 없이 고인의 생전 사진이 부착되

어 있다. 사원과 공동 묘지가 밀착된 공간에는 신에게 다가가는 느슨한 시간이 천천히 움직인다. 담장을 따라 길을 걷는 어느 수도사는 더 느리게 발걸음을 옮긴다. 고개를 들지 않는다는 것은 모든 존재 안쪽의 본심에 닿아야 가능한지 모른다.

담장 너머는 공동묘지다. 반대편은 지상의 안식을 열어 놓은 공원이다. 이슬람 전통 복장으로 몸을 두른 수도사는 고개를 숙이고 앞만 보고 걷고 있다. 육신은 지팡이에 의지하고 영혼은 담장 너머를 향한다. 그 담장 열리고 닫힐 때마다 육신은 이승에서 떠돌고 영혼은 육신에서 떠날 채비를 한다. 그러니 영원한 것은 진리가 감춘 헛것이다. 모든 길은 서 있는 자리에서 맴돌다 떠난다. 그 떠나는 길이 '진리의 길'이다.

광장

　　　　　타슈겐트에 있는 하지티 이맘 사원으로 들
어가는 광장을 걸었다. 사원에는 티무르 제국의 아미루 티무르 황제
가 튀르키예에서 전리품으로 획득한 코란이 전시되어 있고 사원 내
의 교육기관인 마드라사는 상점으로 이용되고 있었다. 수공예 장인

들이 만든 물건들로 채워진 상점은 한산했다. 흐린 불빛을 받은 장인의 조각 칼은 삶을 초월한 인생을 새기는지 방문객의 눈길에 미동을 하지 않는다.

광장은 수평적 사고를 키워내고 잘날 것도 못날 것도 없는 관대한 충동이 생성되고 소멸되는 영역이다. 사원을 향해 걸었다. 한낮의 폭염이 잠든 시간을 잉태했지만 길을 잃지 않았다. 팽창과 소멸, 어느 쪽도 조건을 달지 않는 이 길에서 가장 낮은 인간의 사유가 무엇 인지를 생각했다. 그 답은 느림이다. 느림은 노림수가 없는 철학이다. 광장을 천천히 걸었다.

그믐달

　　　　　지금 시각 새벽 4시, 동쪽 하늘에 그믐 달이
지구를 비추고 있다. 아니 우즈베키스탄과 타슈겐트와 창가에 우두
커니 선 나를 비춘다. 우리는 서로의 거울 속으로 들어왔다. 홀로 받
아들이고 견딘다. 여명이 밝아오고 잠시 후면 아침 해가 솟는다.

이슬람 국가의 상징은 녹색과 별과 초승달이다. 선지자인 무함마드는 알라 신의 계시를 받았다. 그는 아랍인이 비 아랍인 보다 우월하지 않다고 말했다. 찰나에 뭔가 스쳤다. 그렇다. 초승달도 희망이고 그믐달도 희망이다. 어둠도 희망이고 새벽도 희망이다. 달은 지구를 돌고 지구는 태양을 돈다. 내가 창가에 우두커니 서있을 때, 그믐달은 점점 멀어진다. 그것도 희망이다.

인생

        차르박 호수는 침간산 중산간에 조성된 인공 호수다. 침간산에서 흘러내린 물로 댐을 건설해 타슈겐트 시내의 식수로 사용하고 있다고 한다. 영상 40도의 폭염이 여름날을 사정없이 파고들었다. 어른들은 몸을 풀면서 천천히 유영하고 있었다. 햇볕

에 검게 그을린 아이들은 헤엄치면서 놀다가 어느새 높은 다이빙 대에 올라 뛰어 내렸다. 구경꾼인 나는 박수를 치면서 호응했다.

멈칫한 아이는 선 자세로 뛰어 내렸고 어떤 아이는 돌고래처럼 다이빙을 하면서 물살을 갈랐다. 또 어떤 아이는 무릎에 깍지를 끼고 몇 번의 공중 돌기를 하면서 물속으로 사라졌다가 이내 하얀 물거품을 일으키며 포효했다.

아이들 모두는 노을이 왜 어둠 앞에 붉게 번지는지 모른다. 오늘이 가면 돌아오지 않는다는 유년의 추억도 모른다. 오늘은 그냥 물놀이 하고 노는 날이다. 나도 뒤돌아보니 먼 길을 가지 못하고 삶의 언저리에 기웃거리기만 했다. 청춘이 다 가기도 전에 인생의 물살에 떠밀리어 갔다. 저 아이들, 청춘이 피려면 아직 멀었다.

Part 8

당신의 얼굴

천황산 임도길

　　　　　　겨울 햇살이 산 그림자를 받아 조금씩 서
늘해지려고 합니다. 억새는 군락을 이루며 길 가장자리에서 선 채로
서걱거립니다. 억새는 가을만 오면 왜 이토록 연민의 대상이 되는지
모릅니다. 눈을 감았다 뜰 때마다 무거운 몸이 바람에 걸려 넘어지

는 기분이겠다는 생각도 해봅니다. 억새의 어깨에 손을 얹었습니다. 진정 위태롭게 매달린 건 억새가 아니라 나 자신이었습니다. 글 한 편을 떠올리는 건 억새에게 동냥 할 수 밖에 없는 자신이기 때문입니다. 거룩한 것은 겨울 햇살을 받은 억새입니다. 그렇지 않습니까. 슬픔과 상처의 잔해들이 가득했던 유배지에서 기뻐해야 할지, 슬퍼해야 하는 지를 모르고 오늘 나는 억새를 찬양하고 있습니다. 아니 마음을 다 빼앗기고 말았습니다. 길만 보고 걷고 억새만 바라보면서 걷다 보면 오랫동안 결여되었던 상심의 시간들도 오늘처럼 황금색 억새를 따라 나섭니다. 분명한 것은 우리의 만남이 인연이라면 우리는 서로에게 유일한 존재임을 받아들입니다. 억새 꽃이 날아간 그 자리를 유심히 바라보니 꽃대에 하얀 잔 털이 듬성듬성 붙어 있었습니다. 만물의 목숨은 빈부귀천이 없다는 것을 압축하고 있습니다. 부끄러워 해야 하는 건 억새가 아니라 은빛 물결로 출렁이는데 정신 줄을 놓았던 세속의 인간들입니다. 그들은 억새의 외로움을 알 길이 없습니다. 우수가 지나고 경첩이 건너가면 억새의 새 잎도 아이처럼 자랍니다. 그때 나는 마른 풀을 삼킨 소처럼 근근이 버티면서 서늘한 남해 천황산 임도를 되새김 질 할 것입니다.

지리산에서 태어난 운봉고원

　　　　　　남원 운봉고원에 눈이 쌓였습니다. 새벽 눈
뜨고 일어난 흰 눈들이 바래봉을 오르는 길손을 반깁니다. 운봉고원
에는 감로수 같은 람천이 인월 방면으로 흐르고 사람들은 조상 대
대로 살던 대로 살아왔습니다. 착한 밥상이 수탈 당할 때는 죽창을

들었습니다. 동학의 지도자들은 농민을 이끌고 전주에서 남원 루터를 거쳐 경상도 함양으로 진격하다가 '민보군'을 조직한 양반과 토착 부호들의 완강한 저항에 패배했습니다. 그들의 신분은 하루아침에 양민에서 토비로 전락했고 식솔은 지리산 오지 등으로 숨어들었습니다. '승전기념비'로 지리산 둘레길 2구간 들 머리에 있는 서림공원에다 '갑오토비사적비'를 세웠습니다. 동학에 있어 '농민군'이라는 존재는 언제나 '후천개벽세상'의 문턱에서 좌절했습니다. 지금의 너른 운봉고원은 더는 왕조 시대의 더 넓은 세상이 아닙니다. 지리산 맑은 물로 생산된 '쌀'이라는 칼자루는 자본 논리의 하부 구조로 전락했습니다. 그러니 사람 목줄이나 심 줄 같은 쌀은 정치 권력 지형의 관심 밖으로 밀려났습니다. 고래로부터 운봉고원은 쌀 한 톨의 의미가 축약된 고을입니다. 세상 모두가 쌀 한 끼로 연명하면서 겨울을 난다면 운봉 고원에 누운 '쌀 들'이 갑오년 그해 봄처럼 모두 일어나 함성을 지르지 않을까요. 햇살을 받으며 양팔로 누운 운봉고원은 지리산에서 태어났습니다. 햇살이 오르고 흰 눈이 녹으면 빗물로 거듭 태어날 것입니다. 이 빗물이 람천을 적시고 경호강을 거쳐 남강에 닿습니다. 남강은 다시 힘을 모아 낙동강에 합수하고 부산 다대포에 닿습니다. 너무 맑은 하늘이라 따라 나설 구름이 보이지 않지만, 운봉을 적시는 람천은 봄이 풀리기를 고대 하는지 얼음장 아래에서 소리를 만들어 진군합니다.

불연의 그대

　　　　　　겨울 연화도 뱃길은 일출이 당긴 칼바람에
볼 살이 발갛게 피었습니다. 연화도는 연꽃의 섬이라 지레짐작 그렇
게 마음에 가둔 언어로 나를 대면합니다. 얼지 않는 겨울 바다는 삶
의 바닥이 허기지면 찾아가는 고마운 존재입니다. 섬이라는 것은 떨

어질수록 그리움으로 채워지는 심연에 닿습니다. 껴안을수록 멀어지는 세속의 꽃 진 자리로 남습니다. 연화도는 그런 섬입니다. 연화봉 오르는 계단은 제법 가팔랐습니다. 나는 그림 같은 바다에 눈을 떼지 못하고 호흡을 몰아쉽니다. 나를 이렇게 눈과 호흡으로 각각의 존재로 분리 시키면 바로 나!가 바로 너!로 변신합니다. 너와 나와 다르지 않는, 온전한 충만의 결과물이 자작한 땀방울입니다. 오르막이 끝나고 연화봉을 향해 천천히 걸었습니다. 조망이 트이는 곳에는 어김 없이 바다에 앉은 조각 섬들이 새벽 잠 설친 눈을 호강시켜줍니다. 잡목이 늘어진 겨울 나무에게 피를 돌게 하는 것은 볼 품 없는 형체를 받아 먹을 마음의 준비입니다. 그런 생각이 잠기고 끊기다가 어느 순간 발톱을 숨긴 짐승 형상을 만났습니다. 자세히 보니 죽은 나무 둥치를 덮은 풀로 가륵한 생명을 이어가고 있었습니다. 생명을 다한 나무를 토닥이는 마른 풀의 사랑이야 말로 살아 생전 나무의 적선을 받아 먹은 보답입니다. 중생이 부처와 맺은 인연이 불연(佛緣)입니다. 죽은 나무가 맺은 불연은 그를 감싸는 마른 풀입니다. 죽은 나무가 말합니다. "봄이 오면 자꾸만 내 몸에 이파리고 돋아날 것 같다." 그때 나는 봄을 옮겨 심는 연화도의 사람 나무가 되고 싶습니다.

당신의 얼굴

바래봉에 안겨 조용조용 걸었다. 살다 보면 와락 기대고 싶을 때가 있다. 그런 날이면 바래봉에 기댄 오늘처럼 그렇게 하면 된다. 함박눈이 소복하다. 텅 빈 마음을 이어 붙이다 보면 들 숨이나 날 숨이 한 숨 같을 때가 있었다.

그런데 오늘은 아니다. 지금 나는 잡다하지 않는 생각 전선의 공간을 걷는다. 차가운 공기가 얼굴을 때리는데, 얼어야 제대로 깊은 맛이 숙성되는 것처럼 더 세게 때리라고 허공에 뺨을 쭉 내밀어 본다.

칼바람을 받아 치켜 올린 쪽 눈꺼풀이 안경 테에서 증발하는 두려움을 밀어 낸다. 입춘 넘긴 계절인데도 사람들로 북적인다. 간혹 어떤 사람은 눈길이 너무 가까이 있다는 듯 다람쥐처럼 뛰어다니는 얼굴로 좋알좋알 걷는다. 나는 오늘 만큼은 사람들에게 가까이 다가가고 싶은 마음이 없다.

곰곰이 생각해 보니 친분을 쌓고 나누다가 제 갈 길로 돌아설 때는 얼마나 허망했던가. 우리는 그 사람을 자세히 보면 볼수록 그를 잘 모르는 경우가 허다하다. 나도 그 사람에게 모르는 존재인지 모른다. 그 중에서도 예민해지는 정치 현안은 쉽게 상처를 주고 받는다. 한국인은 이념의 스펙트럼 만큼은 조금의 양보도 허용하지 않는 심리적 저항 선을 꽉 붙들고 산다. 어떤 진실도 편견이라는 도마에 오르면 사정 없이 난도질 당한다. 이 길에서 만난 군상들도 그렇다. 상심 밖에 안 남은 얼굴. 돌덩이처럼 무거운 얼굴. 당신에게도 슬픔이 있다는 것을 잊어버릴 것 같은 얄미운 얼굴과 가을 낙엽처럼 뒹굴다가 중심을 잡는 별의별 얼굴들이 스친다. 겨울 나무에게도 그런 얼굴이 보인다. 가지에 매달린 눈송이를 툭툭 털고 일어설 것 같은 나무는 별로 보이지 않는다. 눈송이를 달고 땅으로 휘어진 나무. 수분을 모두 소진한 앙상한 나무. 설한풍에 떨고 있는 나무는 걱정 밖에 안 남은 얼굴이다. 새봄은 그렇게 소진하고 남은, 겨우 버틸 수 있는 얼굴로 온다.

낙엽 같은 인생

정병산 정상에서 다시 우곡사로 원점 회귀
하기 위해 천천히 발걸음을 디뎠다. 하산 길은 주차장에서 출발한
오르막 길과 달리 능선 중간 이정표가 가리키는 우곡사 뒤쪽으로 천
천히 걸었다. 이 길은 낙엽이 수북하게 쌓였다. 봄 여름 가을에 잎사

귀로 눈 뜬 낙엽이 글 감에 목이 타는 길 손 앞에서 다시 눈 뜨고 있다. 이 낙엽 지난 밤 강풍에 뒹굴다가 어렵사리 열반에 들었는지 모른다. 오늘 다시 연민이 차오른 말을 걸면서 낙엽을 깨운다. 겨울 눈 감은 나무나 눈 뜬 낙엽의 생이 얼마나 고귀한 가를 생각해본다. 터벅터벅 하산 길을 걸어가는 나를 뜨겁게 반기지 않는가. 누운 주검의 낙엽을 밟는다고 생각하는 사람은 땅 속에 영양분을 비축하는 낙엽의 진심을 알지 못할 것이다. 그러면 산길에서 낙엽의 '진심'을 무엇으로 증명할 것인가. "바스락바스락" 두 음절의 소리를 연상하면 된다. 아궁이에 들어가서는 "타닥타닥" 고소한 냄새를 말아 올린 향긋한 냄새를 맡으면 된다. 이는 죽어서 남기는 선명한 흔적이다. 나무를 오랫동안 바라 보면, 수피가 갈라진 나무의 흉터가 보인다. 이는 아름다운 훈장이다. 고단한 생을 이어온 서사만큼 뜨거온 생이 남긴 지문이다. 낙엽을 오랫동안 밟다 보면 오금이 저리는 발의 발바닥 촉감이 따숩다. 겨울 산에 엎드린 낙엽을 불러 모아 인생 길에 뿌려 놓으면 감미롭기도 하고 쓸쓸하기도 한, 정말이지 낙엽 같은 인생이 된다.

광배 같은 바다

배 난간에 기대 겨울 바다에 섰습니다. 해 돋이 직전의 바다는 흥건하게 젖어 있습니다. 해마다 겨울 바다를 찾는 건 깜박 잊고 지나간 적이 없는 나와의 오래된 약속입니다. 봄 은 화사한 마음을 들뜨게 합니다. 겨울 섬 여행은 홀로 출렁입니다.

떨림이 멈출 때는 바다와 눈을 맞추고 떨림이 번질 때는 파도가 걸어오는 그 길을 물끄러미 바라봅니다. 통영만 여객선 뱃길과 갈매기 항로가 다르지 않는 것은 '새우깡'의 위력입니다. 오늘은 배 후미에서 둥근 원을 그리며 따라오던 갈매기가 보이지 않습니다. 아마 지난 밤에 먹이 질을 충분히 했든지, 아니면 꽁꽁 얼어 붙은 겨울 아침에는 체력 소모를 줄이는 방편인지 모릅니다. 시 푸른 겨울 바다가 새벽 잠 설친 나에게 왔습니다. 여객선 난간에서 바다를 바라봅니다. 오늘은 보름달과 하현달로 비워낸 동쪽 바다 위에 소실 점 같은 그믐달이 가물거립니다. 이 그믐달은 동쪽 해가 떠오르면 제 몸을 숨길 것입니다. 사라질 운명 앞에 서성이는 그믐달은 비움의 달입니다. 그 비움은 '인정'한다는 것이 아니라 '받아들인다'는 초 자연적 순응입니다. 바다는 밤에는 사납게 굴다가 아침 해가 떠오르면 공손하게 해탈을 합니다. 겨울 섬은 파고를 높이는 파도가 두렵지 않습니다. 아무도 섬을 찾지 않고 눈 길 주지 않는 세상 인심이 두려울 따름입니다. 잠시 후, 바다는 구름을 뚫고 올라 올 아침 해에 신경이 곤두서 있습니다. '통영여객선터미널'에서 연화도로 출항하는 배 난간의 겨울 아침은 차갑습니다. 마스크에 진득하게 붙은 더운 입김에 개의치 않고 광배로 덮은 바다를 응시합니다. 남쪽 다도해 어느 바다로 출항한 만선의 배가 돌아오는 뱃고동 소리가 굉음을 울립니다.

앵강다숲길

이 길은 남해의 '앵강다숲길'입니다. 홍현
해우리지 마을에서 가천 다랭이 마을로 이어진 바래길이기도 합니
다. 설흘산 자락을 감아 돌면서 잔잔한 호수 같은 앵강만을 조망하
는 길입니다. 좁은 길에는 낙엽이 수북하게 쌓였습니다. 사부작사부

작 밟히는 소리가 감미롭습니다. 미끄러질 듯한 발바닥 촉감에 놀란 낙엽도 들떠 있습니다. 조바심도, 초조함도 없는 발걸음은 가볍습니다. 낙엽에게서 갓 구운 꽈배기 냄새가 스치는 가을 향기가 남아 있다고 혼자 말로 독백을 이어갔습니다. 빨라진 겨울 해가 기우는지 이따금 차가운 바람이 깃털처럼 가볍습니다. 그럴 때마다 낙엽은 자기 몸을 조금씩 웅크리고 있습니다. 낙엽은 살고 죽는다는 개념을 모릅니다. 켜켜이 쌓이면 갓 지은 찰밥처럼 윤기가 흐르고 겨울 칼바람에 무너지면 어디론가 데굴데굴 굴러갑니다. 전쟁의 참화를 피해 떠나는 '가자 지구'의 피난 행렬도 이와 다르지 않을 것입니다. 이 길은 지긋이 눈을 감고 걷고 싶은 길입니다. 상반신을 조금 기울이면 낙엽 더미에 남아 있는 엄동의 체온을 느낍니다. 삶이라는 것도 주변을 두리번거리는 일탈일 때가 있습니다. 낙엽을 밟는 것도 순정한 일탈입니다.

가을 날 잠언

　　　　　　　　나락 익는 계절이면 그림자도 따라 익는다.
바쁜 일손도 멈추고 논두렁의 풀들도 쓰러질 듯 말듯하면서 내년을
기약하고 있다. 함양 동강 마을에서 아침 그늘을 만났다. 내일 모레
면 서리가 내린다는 상강이다. 햇살은 산 중의 절기가 웅크리고 있

는 산 능선을 넘지 못하고 있다. 어제는 지리산둘레길 5구간을 걸었다. 혼자 서있는 풀도 만났고 혼자 엎드린 풀도 만났다. 제때 수확하지 못한 나락은 고스란히 죽은 듯 살아있다.

황금색 나락이 그늘을 받아 나락(奈落)으로 떨어지고 있다. 그들이 웅크린 몸짓이 가을 풍경을 지우는 집착으로 다가오고 있다. 집착은 욕망이라는 무게에 눌린 채 쓰러진다고 하는데, 추수도 하지 못한 나락은 고단함이 베인 낮은 고개를 들었다. 자본의 논리 앞에서 가을 그림자를 불러들이고 있다. 아침의 묵가적 풍경이 어둡다. 침묵이 널려있다. 가을 해를 밀어내고 있다. 내가 생각을 멈추지 못하고 걸어간 공허처럼 잊인 존재인 나락이 걸어간다. 상강을 목 전에 두었는데도 이슬을 달지 못한 풀이 제 풀에 눌러 잠꼬대를 한다. "세상사 깊은 시름"도 뭐 특별한 게 없다. 무릇 가을을 타는 생명이란 이슬 한 방울과 가을 햇살 한 줌에 목이 메인다. 힘내라는 격려와 사랑한다는 말 한마디면 충분한 계절인 것을.

도시의 불꽃

　　　　　　사람의 수피란 몸이 반응하는 최전선의 세
포다. 삶은 살아야 하고 죽음은 곱게 보내야 한다. 곱게 보내지 못한
세포는 비천한 신분의 골짜기를 떠돌다 켜켜이 쌓인다. 이는 존재
(being)의 남루함이다. 동네 목욕탕은 오래전부터 도시에 남겨진 인

간의 죽은 세포를 수장(水葬)시켰다.

    회원천을 산책하다가 허공에 덩그러니 놓인 목욕탕 굴뚝을 바라보았다. 지금도 영업은 하고 있는지 모르겠으나 성업 과는 거리가 멀겠다는 생각이 들었다. 여기가 주택 조합 아파트가 들어설 예정이니 그런 데로 애물 단지는 피할 수 있을 것이다. 도시가 팽창할 때는 목욕탕 위세가 대단했다. 굴뚝이 천국에 가까이 있었다. 그때는 목욕 비용이 중산층을 견인하는 지렛대 역할을 했다. 지금, 동네 골목 목욕탕은 취약 계층의 휴게 장소도 되지 못하고 있다. 도시에서 영화를 누렸고 도시에서 흉물로 남았다. 목욕탕이 번창할 때는 굴뚝에서 피어 올린 검은 방카유 연기도 찬란한 불꽃으로 빛났다.

계절이 지나가는 길

　　　　　　윤동주는 그의 시 '별헤는 밤'에서 "계절이
지나가는 하늘에는 가을로 가득 차 있다고" 했습니다. 북간도의 어
머니를 이어주는 매개체는 눈(眼)이 시린 별이었습니다. 그가 나고
자란 북간도 명동마을 가을 별은 겨울 별입니다. 나라 잃은 겨울 별
은 가장 밝게 빛나는 극한의 고통입니다. 조선 백성은 슬픔에 잠기
고 시인은 모멸감을 감당하면서 슬픔을 견뎠을 것입니다. 별 하나의
정점이 어머니고 독립입니다. 그를 지탱하는 원천도 고향이고 어머
니입니다. 나에게는 이 계절은 '무엇이 아름다운가' 를 지우는 계절
입니다. 마음의 문을 열어보지만 아득한 공간은 무엇 하나 손에 잡
히지 않습니다. 겨울을 다 보내야 비로소 윤동주의 별이 뜨고 지는
가을로 가득 찰 것입니다. 사무실에서 도보로 10분 거리에 있는 메
타세쿼이아 길을 걸어보는 호젓함이 한 계절을 숙성합니다. '숙성'
은 끝까지 '아름다움'을 손에서 놓을 때 다가온다는 것을 학습하고
있습니다. 정말 무엇을 가진 적이 없어도 충분한 계절을 실감하고
있습니다. 이곳은 시간을 버리기 좋은 곳입니다. 잊힌 존재로 남아도

행복할 것 같습니다. 나는 지금 가을이 저무는 메타세쿼이아 길을 걷고 있습니다. 한 그루의 나무는 그 옆의 나무를 기억합니다. 나는 그 나무보다 더 커가는 내 안의 나에게 기대봅니다. 바람이 차갑습니다.

걷는 사람 차재문의
백百 화話 만滿 발發

초판 1쇄 2025년 11월 30일

지은이 차재문
펴낸이 김리아
펴낸곳 불휘 미디어
등 록 제567-2011-000009호
주 소 경상남도 창원시 마산 합포구 오동동 10길 87
전 화 Tel. 055) 244-2067
이메일 2442067@hanm ail.net

값   18,000원

ISBN 979-11-92576-93-0   03810

* 잘못된 책은 바꾸어 드립니다.